中国电视文艺暨

中国春节联欢晚会历史变迁探析

赵多佳 主编

中国文联出版社
http://www.clapnet.cn

图书在版编目（C I P）数据

中国电视文艺暨中国春节联欢晚会历史变迁探析/赵多佳主编. --北京:中国文联出版社, 2021.6
ISBN 978-7-5190-4610-1

Ⅰ. ①中… Ⅱ. ①赵… Ⅲ. ①电视节目—文化史—研究—中国 Ⅳ. ①G222.3

中国版本图书馆 CIP 数据核字(2021)第 116322 号

主　　编　赵多佳
责任编辑　王萌
责任校对　鸿文
装帧设计　土豆

出版发行　中国文联出版社有限公司
社　　址　北京市朝阳区农展馆南里 10 号　　　邮编　100125
电　　话　010-85923025（发行部）　　　010-85923091（总编室）
经　　销　全国新华书店等
印　　刷　北京地大彩印有限公司

开　　本　710 毫米 x 1000 毫米　　1/16
印　　张　17
字　　数　220 千字
版　　次　2021 年 6 月第 1 版第 1 次印刷
定　　价　60.00 元

《中国电视文艺暨中国春节联欢晚会历史变迁探析》

编撰名单

编委会名誉主任：廖　恳

编 委 会 主 任：范宗钗　赵多佳

编委会副主任：高　健　李　兰

编 委 会 委 员：刘　蔓　王　隽

主　　编：赵多佳

副 主 编：李　兰

撰　　写：徐　展　胡　蝶　谷　征

王　楠　文卫华　李　翔

资料统筹：王召霞

代序

胡占凡

从20世纪80年代开始，中国的语汇里多了一个专用名词“春晚”，全名是“中央电视台春节联欢晚会”。这本以中国电视文艺和春晚历史变迁为脉络的近三十万字的书稿，把兴于20世纪80年代、长于90年代、绵延和变革于21世纪的独特电视奇观“春晚”全面梳理了一遍。春晚伴随着中国改革开放历史进程，凝结了传统与现代、联结了亲情与家国，折射了转型期社会变迁、承载了国人集体记忆。这个世界唯一的文化仪式，无论是文艺表现手段、技术呈现方式这些“术”，还是传播学、社会学、文化学等方面，春晚都是值得好好挖掘的“富矿”。可能也正因为此，敢于全方位研究春晚、评析春晚的著作并不多见。这次中国视协电视文艺委员会用一年多的时间，带领团队悉心调研，获取一手信息，理性、客观地梳理春晚发展脉络，钩沉、还原历史人物和事件，实事求是地分析、论证，这种源于实践、服务实践的理论研究我认为是非常值得称道的。

这本书以“春晚历史变迁”为主题，它并不是简单地以年代为序对春晚历史性地静态描述，而是对于“历史变迁”的意义做了深入的结构性解读。比如，首次将春晚和中国电视文艺发展的脉络相关照，体现出春晚与中国现代电视文艺发展息息相关的血肉联系；首次将春晚中的广告呈现和春晚艺术相结合，将二者互为促进、互为补充、互为牵制、互为助力的关系做了详尽论述；首次全面系统地从内容层面到技术层面、从中央到地方梳理了春晚发展的历史进程；首次将春晚融入20世纪80年代以后中国现代社会文化发展的大背景中分析、研究。应该说，“历史变迁”中涵盖的艺术方法论、大众传播与社会文化意义尽在其中。

春晚，一道融汇了氛围、温度、情感、力量的“天涯共此时”盛宴，它的滋味、色彩，值得参与者、见证者、后来者好好品鉴、解读。

目录

绪 论

第一节　当代电视文艺的“新文化”思潮

一、当代电视文化的崛起与转向

作为当代影响范围最为深远、受众群体最为广泛的大众文化形式，电视曾经被认为是20世纪最为重要的发明之一，被喻为“吟游的诗人”。时至今日，借由科技进步所带来的视听产业裂变及传媒格局的变化，使得受众与媒体接触正在发生由点到面、由静态到动态的改变，由此带来了人们生活与媒介消费习惯的巨变。多屏共存、多元发布、多渠道传播成为新的视频生态。在各种媒介的相互促补、竞争与融合共存中，传统的电视媒体亦在坚守和重塑中实现着其文化角色的蜕变。

（一）“吟游诗人”的电视文化

早在电视诞生的二十世纪二三十年代，其声画并茂、视听兼备且突破时空的传播优势便引起世人关注。1936年11月2日，BBC对英国伦敦郊外亚历山大宫一场盛大歌舞的实况转播，标志着电视台制播机构雏形的初步确立，并由此被载入史册。1939年2月26日，在主题为“明天的世界”世界博览会上，NBC测试播放的电视节目《阿莫斯与安迪》（*Amos and Andy*）吸引了全球传媒界的目光。与电视传播实践相伴相生的是对于电视文化的研究。从全球范围看，电视研究起步于二十世纪三十年代中期，研究主流大致经历了从美国经验学派的功能分析阶段到欧洲批判学派的文化研究阶段。传播学者约翰·费斯克（John Fiske）认为电视将人们的生活作息与历史文化整理组织出一套又一套的故事或讯息，承担起文化“吟咏功能”——不断强化观众对自身社会身份认同以及民族文化的感知、认同和皈依。[①] 换言之，电视在引导大众完成“社会化”的过程中扮演着极其重要的作用，它通过荧幕叙事来参与塑造规范、传承文化，由此“强化社会整合、增进集体意识、沟通共同经验并取保社会价值的联系”。[②]

有研究者从本体论的角度将电视文化划分为两个维度的含义：一是作为“形象文化”的电视文化；二是作为“消费文化”的电视文化。[③] 从形象文化来探讨电视文化，主要表现为对电视文本的研究，从低到高依次包含电视声画的组织方式和文本形态、经济基础和社会机构在电视中的反映、电视所创造的虚构世界与真实世界的关系三个层次；从消费文化来探讨电视文化，则包含在受众全部的接受过程中：接受心理、接受习惯、接受环境以及电视对受众心理、行为的影响，特别是对青少年的影响等。换言之，电视机广泛普及的社会文化意义已经远远超出其作为一件电子科技产品的物质性，在某种程度上，它变更着社会的物质结构和传播演进，从而也潜移默化地影响着人们的生活状态及精神和心理。苏联电视理论家罗·尤列涅夫就曾说过，“在艺术领域，20 世纪是作为电影世纪开始的，它将作为电视世纪而告终”。[④] 随着电视作为当代最具影响力的大众文化传播形式这一地位的确立，人类文化的视觉转向也在深度和广度上有了空前的改变，这也正是我们探讨春节联欢晚会审美特点、文化意义的背景所在。没有这种视觉文化的转向，春晚在大众

① 约翰·费斯克、约翰·哈特利：《解读电视》，郑明椿译，台北远流出版公司 1993 年版，第 83 页。

② 张锦华：《电视与文化研究》，《广播与电视》1992 年第 1 期，第 7 页。

③ 陈龙、吴卫华：《电视文化新论》，国防工业出版社 2016 年版，第 6 页。

④ 陈超南、姚全兴主编：《走向新世纪的审美文化》，上海社会科学出版社 2000 年版，第 98 页。

生活中的影响力便无从谈起。

（二）新媒体时代电视仪式化传播功能的强化

在各类新媒体层出不穷的今天，多屏收视成为常态，电视曾经的传媒霸主地位遭遇挑战，电视本身亦在挑战中不断进化和改变。在新媒体冲击下，改变的是电视媒体的产业形态、制作模式、传输方式，但电视居于家庭客厅中心的位置始终没有改变。从媒介进化论的角度来看，新旧媒体之间从来都不是相互替代的关系，任何一种后继的媒介都是对过去媒介或媒介某一种先天不足功能的补救。由此，不论是传统的 DTV，还是新兴的 IPTV、OTT TV 等业务形态，其承载的社会文化属性与价值引导作用一如既往。并且，相对于新的技术形态下的媒体随时、随地、随意的“三随”特征，电视媒体相对固定的属性，使其不仅以日常化、生活化的传播特性为广大受众所接受和喜爱，同时在与其他视频媒介的对比中更彰显出其作为家庭媒介所具有的审美接受属性。受众互动或许不是电视的首要属性和强项所在，但电视传播的仪式化色彩在现代社会背景下有助于进一步重建和强化以家庭为单位的审美共同体、文化共同体和情感共同体。

仪式作为一种社会文化现象，在人类社会发展中由来已久。仪式既是文化人类学研究的重要命题，也是新闻传播学研究的重要领域。美国传播学者詹姆斯 · W. 凯瑞在《作为文化的传播》中从仪式的角度对传播进行了定义，他认为，“传播的仪式观并非只指讯息在空中的扩散，而是在时间上对一个社会的维系；不是指分享信息的行为，而是共享信仰的表征”。[①] 也就是说，从仪式的角度看传播，传播被视为一种仪式而非简单的信息传递，传播在本质上是一种基于符号与主体互动、沟通而产生的社会仪式和文化仪式。

---

① ［美］詹姆斯 · W. 凯瑞：《作为文化的传播》，丁未译，华夏出版社 2005 年版，第 7 页。

电视仪式正是仪式的一种现代性表征，电视媒体借助视听符号的渲染，将特定的文化实践行为和过程展现出来，进而构筑起意义的共享空间。尤其是在新媒体盛行的当下，电视曾经独一无二的陪伴特性正在隐退，而这种仪式化观赏特性反而更加凸显。特别是在传统节日、重大活动、重要赛事等颇具仪式感的大型媒介事件中，电视媒体将家庭成员会聚在一起，最大范围、最深层次地实现着仪式化传播的功能，树立和强化着某种价值观和世界观，彰显出其他媒体所不具备的特有优势。

不仅如此，电视媒体对于仪式感的表达和呈现往往带有审美属性。即便在后现代主义“日常生活审美化”思潮的驱动下，偏向于宏大叙事的庄严美在一定程度上受到消解，但电视仪式的美学价值依然有其独特之处。作为一种象征性的文化仪式，观众的共享与参与往往是在电视所搭建的“约会意识”中完成的，带有中国特色的电视文艺晚会、电视综

图 0-1　国内首部户外 8K 纪录片《极致中国——川西秘境》

艺节目常常将定期性狂欢作为对受众审美询唤的内在解释逻辑，邀约他们想象性参与到荧屏交往中去。①不仅如此，随着4K/8K、AR/VR等新技术、新业务的发展，电视的视听体验将更加极致，沉浸感更强，极度清晰的“真”拓展出更加独特多元的“美”，为受众带来新的观看体验，电视大屏的审美娱乐功能大为提升。

二、新时期电视文艺思潮的“多流”涌动

作为一种反映人们精神世界的创造性活动，文艺是人类在社会生活实践中对自然、对社会、对自我认知的一种方式，体现的是人类对人与自然、人与社会关系的宽泛、超越、升华性思考。习近平总书记2014年10月在文艺工作座谈会上的讲话中指出，文艺是时代前进的号角，最能代表一个时代的风貌，最能引领一个时代的风气。电视文艺是文艺百花园中的一枝绚丽奇葩，以其生动多姿的表现样态和亲近平实的话语方式而深受大众青睐，同时也深刻影响到人们的信息接收、生活体验、精神理想等各个方面，并最终促成意义的多样化、价值的多元化以及社会文化的多层次、立体化景观。

随着电视传播观念的发展，电视文艺的内涵和外延也在不断扩展和延伸。从内涵上讲，电视文艺“是指运用艺术的审美思维，把握和表现主客观世界，通过电视声画语言，发挥电视本体特征，塑造鲜明的屏幕艺术形象，给电视观众以认知、娱乐、教育、审美四位一体的综合艺术享受的电视节目类型。”②从外延上看，电视文艺涵盖了电视剧、电视综艺、真人秀节目、电视文学节目、电视音乐节目、电视舞蹈节目、电视戏曲节目等多种节目类型。根据中国广视索福瑞（CSM）的统计数据，2017—2019年，电视剧、综艺、音乐这三大类的电视文艺节目每年的

① 战迪、李凯山：《仪式感的重建与情感共同体的凝聚：电视文化未来想象》，《中国出版》2016年第14期，第13—16页。

② 张凤铸主编：《中国电视文艺学》，北京广播学院出版社1999年版，第10页。

播出比重都在 30% 以上，收视比重更是超过 40%。不难看出，电视文艺在电视内容生产和传播中的重要分量以及受欢迎程度。

表 0-1　2017—2019 年三大节目类型收视与播出比重对比

节目类型	2017 年		2018 年		2019 年	
	播出比重（%）	收视比重（%）	播出比重（%）	收视比重（%）	播出比重（%）	收视比重（%）
电视剧	26.8	30.9	28.2	31.9	29.4	33.7
新闻 / 时事	10.5	13.9	10.5	13.3	10.5	13.3
综艺	5.9	12.0	5.6	11.2	4.9	11.1
生活服务	14.6	7.2	13.3	7.1	12.5	6.7
专题	8.3	6.6	8.7	6.2	9.1	6.2
青少	4.5	5.4	4.6	5.5	4.9	5.1
电影	3.1	4.8	3.1	4.7	2.9	4.7
体育	2.4	3.0	2.5	4.2	2.7	3.7
音乐	0.9	1.0	1.0	1.0	1.4	1.2
法制	1.5	1.4	1.5	1.3	1.4	1.2
其他	19.5	12.5	18.8	12.4	18.0	11.8
电视剧 + 综艺 + 音乐	33.6	43.9	34.8	44.1	35.7	46

资料来源：CSM 媒介研究，数据为 CSM 所有调查城市。

（一）中国电视文艺的发展流变

自中国电视事业诞生以来，电视文艺就是其中一支重要力量。从发展流变来看，中国电视文艺大致经历了以“宣传片”为主导、以“作品”为主导、以“产品”为主导以及媒体融合时代四个阶段。[①]

第一，以“宣传片”为主导阶段（1958—1978 年新时期初始）。

在该阶段，秉持“文艺为工农兵服务，为社会主义事业服务”的方

① 阶段划分参照云德主编：《新时期文艺思潮概览》，中国文联出版社 2016 年版，第 188 页。

针政策，电视台播出了大批符合政治宣传精神的电视文艺节目，比如1958年6月播出的我国第一部电视剧《一口菜饼子》，就是为了配合当时“节约粮食”“忆苦思甜”的宣传主题而制作的一部短篇电视剧。

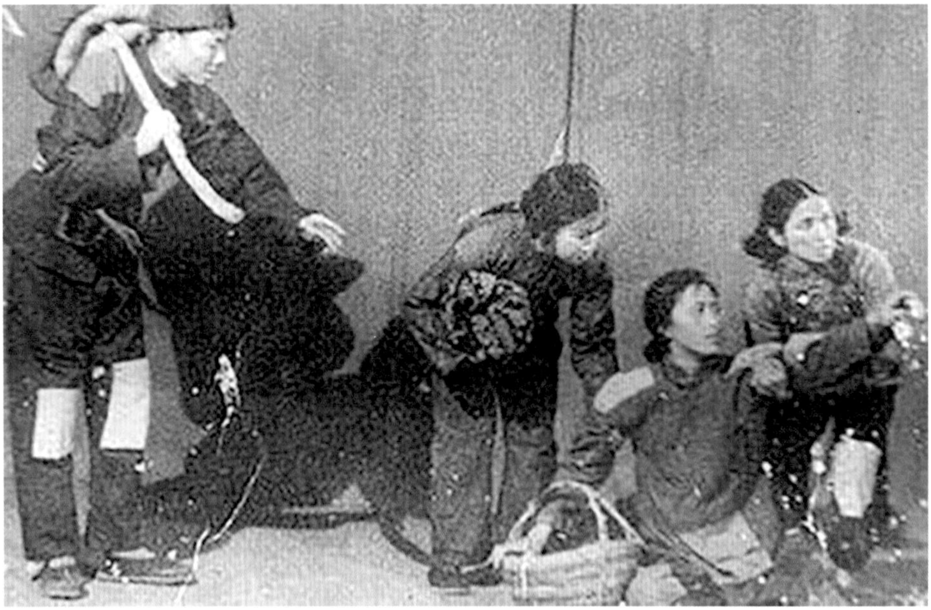

图0-2　我国第一部电视剧《一口菜饼子》

1959年国庆十周年之际，北京电视台实况转播了天安门广场的文艺晚会演出，这也是第一次大规模文艺节目实况转播。此后，各地电视台相继开播，在陆续办起自己的文艺节目的同时，也经常转播各友好国家文艺团体的访华演出，满足观众的文艺欣赏需求。1960年春节，北京电视台开始尝试自办综合性文艺晚会，首次播出春节文艺晚会，内容涉及诗朗诵、相声、戏曲、歌舞等多种节目形式，这也是之后各类大型文艺晚会的雏形。到1963年1月24日，除夕之夜的春节晚会时长已经长达4个小时。之后中国电视文艺节目才加快了创作和播出，大批优秀的文艺节目重新搬上了电视荧屏。

回忆过往，在1958年到1977年的20年时间里，中国社会经历了“大跃进”“三年自然灾害”以及长达十年的“文革”时期，但中国电视文艺依然承载着“宣传政治”“传播知识”“充实群众文化生活”的历史使命，我们的电视文艺工作者以其独特感染力和审美无条件地服从于意识形态，在社会动员和文化批判方面充当“急先锋”，在这个阶段，我们文艺节目的审美和娱乐功能往往是被忽视甚至是减弱的。此时的电视文艺所承担的是一种单一元素的艺术表现，比如将原有的不同艺术门类的舞台表演搬上荧屏，通过电波的远距离传输作用让不同地域的观众也能够欣赏到演出实况。此时的电视艺术，还远远谈不上对镜头语言、画面构图、声画运用、视觉效果等电视传播技术的运用。不过值得一提的是，由于技术限制，当时的文艺节目多数是直播和转播，现场的鲜活与生动也不失为一大特色，对当时的政治、文化、历史有了特定时期的鲜明表现，也成为我们国家特定历史阶段不可多得的珍贵电视史料。这一时期的电视文艺不仅配合着新中国政治秩序的建构与巩固，也为 20 世纪 80 年代电视文艺创作的复兴奠定了基本的影像形态和思想基调。

第二，以“作品”为主导阶段（1978 年新时期开始—20 世纪 90 年代中后期）。

1978 年，中国社会拉开了改革开放的序幕，电视传播也同样迎来新的发展曙光。1979 年 8 月，中央广播事业局召开首次全国电视节目会议，会议强调电视是具有宣传、教育、娱乐功能的宣传工具，而非电影的附属，要求电视台“自己走路”、独立自主办节目，新闻类、教育类、文艺类节目应该全面发展。从此，中国电视面貌开始出现新的改观。这一时期的电视文艺节目逐步增添了更多的文艺娱乐色彩，代表性的节目形式包括文艺晚会、文艺专题、各类竞赛节目等，尤其是集相声、小品、歌舞、杂技等各种文艺手段于一体的综合文艺节目样态一亮相，就令观众眼前一亮。从内容创作上看，这一时期电视从业者的职业化、专业化追求得到了极大的尊重和肯定，并在探索电视文艺作品的原创性、独特性、现实性上创造了丰硕的成果。

在这一阶段，蓬勃发展的电视综艺晚会成为电视文艺的典型代表。

1978 年除夕夜，北京电视台举办了粉碎“四人帮”之后的第一次春节晚会，“标志着我国电视文艺开始恢复生机”。① 随后 1979 年的除夕夜，中央电视台以“茶座”形式举办了“迎新春文艺晚会”；1980 年，中央电视台趁热打铁，又组织了一台《八十年代第一春》春节联欢晚会；1981 年春节前夕，中央电视台和广东电视台联合举办了一台春节联欢晚会。1983 年 2 月 12 日除夕夜，《1983 年中央电视台春节联欢晚会》成功举办，这是现代意义上我国春晚的开山之作，也开启了中国以春节这一最古老风俗、最具有民间文化特色的央视春晚的里程。在央视春晚发展史上，1983 年中央台的春晚具有承前启后、开拓创新的重要意义。从 80 年代开始，除了央视春晚，各地方电视台也相继推出大型综艺晚会。1982 年，北京电视台播出《迎春歌声寄深情——春节华侨大联欢》，在随后的六年时间里，总计播出近百台晚会节目；1983 年春节，上海电视台推出《群星璀璨电视歌会》，运用当时先进的激光技术，通过激光线条营造出变幻莫测的舞台效果。

此后，大大小小的各类文艺晚会成为各地电视台荧屏上的一支生力军，并逐步向文艺的多元化迈进。这一时期的电视文艺类型主要包括四大类型：第一是春节、元旦、中秋等传统佳节以及五一、十一等重要纪念日的文艺晚会；第二是配合一些重大活动专门制作播出的晚会，比如 1989 年 9 月 6 日北京首届国际电视周闭幕式上演出的大型文艺晚会《母亲河》；第三是应相关

图 0–3 《1983 年中央电视台春节联欢晚会》

① 张凤铸主编：《中国电视文艺学》，北京广播学院出版社 1999 年版，第 66 页。

部门要求或是行业需求制作的电视晚会，比如1987年播出的《中华之光》体育晚会；第四是知名栏目举办的晚会，比如1990年北京电视台《七色光》栏目推出的《七色光新年文艺晚会》。

第三，以“产品”为主导阶段（20世纪90年代中后期—2010年前后）。

20世纪90年代中后期以来，中国电视文艺进入到一个各种类型多元、新技术变革快速发展的阶段，节目制作、运营市场化、产业化程度不断深入。促成这种变化的原因是多方面的：其一源自电视台生存的需要。20世纪90年代后期，中国经济进入改革发展的快车道，广告市场开始活跃，品牌效应开始在各大电视台运营中形成共识。如何通过创办观众喜欢看的节目赢得收视率和广告，成为电视台自谋生路、自食其力的首要任务。其二是频道资源扩容竞争加剧的必然结果。电视文艺节目作为创作空间充沛、灵活性较高的一类节目，自然成为各电视台创新求变的主要试验田。其三源自人们日益提高的精神文化生活和休闲娱乐体验需求。其四则是与全球化浪潮的冲击以及节目制作市场的日趋开放密切相关。

1997年，湖南卫视《快乐大本营》为代表的游戏娱乐节目的诞生，宣告中国电视娱乐节目风潮的来临。随后，各地电视台纷纷推出主打“快乐”，以“游戏”为基本内核的综艺节目。益智答题节目、约会相亲节目也是这一时期电视荧屏的主打节目类型。直到2004年，湖南卫视推出首届《超级女声》，各种各样或是以素人参与，或是明星名人加盟为看点的各路真人秀在国内掀起一股娱乐旋风。各大电视台纷纷将开办选秀节目作为短时间内树立品牌、打响频道知名度的重要利器，一时间风起云涌。据不完全统计，在2004年至2006年这短短的三年间，全国所出现的各种选秀节目超过500档。2007年9月，国家广电总局颁布了《进一步加强群众参与的选拔类广播电视活动和节目的管理》文件，对选秀节目做出诸多规范。自此，电视选秀节目在政策的调控下开始在摸索中前行，从模仿抄袭逐渐向原创性、标准化制作提升。在题材内容的选择上，也表现出很大的包容性，涵盖了表演选秀、生存挑战、婚恋情感、求职创业、亲子教育等方方面面，出现了类型多元、题材多样的节目样态，并在一定程度上也成为了社会发展进步的折射镜。

第四，媒体融合浪潮下的发展新阶段（2010 年以来）。

新媒体时代，以互联网、移动互联网为代表的新兴媒体以势如破竹之势冲击着整个传媒生态格局，电视媒体也面临观众大量流失和老龄化加剧、渠道弱化、收入下滑等困难。但与此同时，传统电视媒体的融合转型之路也在曲折中看见了新的发展曙光。尤其是自 2014 年 8 月中央全面深化改革领导小组会议审议通过《关于推动传统媒体和新兴媒体融合发展的指导意见》以来，电视媒体不断通过体制机制创新，对内部要素进行耦合探索，在内容、产品、渠道、营运上不断进行融合发展的探索。

在电视文艺节目发展层面，这一时期呈现出两大突出特点：一是文化类节目在综艺节目中渐成风气。近年来，在《中国诗词大会》《朗读者》《国家宝藏》《上新了·故宫》等节目的示范效应以及政策春风的推

图 0-4　江苏卫视与抖音联合制作《2020 跨年演唱会》

动下，电视文化类节目层出不穷，成为荧屏一道蔚为壮观的风景线，不仅为近年来深陷模式囹圄、仅靠低级娱乐吸引观众的中国电视综艺带来一股清流，同时也以高品质的节目内容、清雅脱俗的节目风格以及背后所蕴含的深厚人文底蕴与价值关怀，彰显出电视媒体弘扬优秀传统文化、引领社会主义文化自信的责任担当。二是台网联动愈加深入，制播方式一体化，营销手段整合化。不论是在电视剧还是在文艺、综艺节目领域，先台后网、先网后台、台网深度联动的融合关系愈发频繁、深入，传统电视剧与网剧、台综与网综之间的界限也越来越模糊，融合发展的态势越来越明显。以综艺晚会为例，不仅跨年晚会、春晚等传统节庆晚会更加注重新媒体互动和营销，更是出现了诸如“猫晚”“狮晚”等定制类商业晚会以及综艺节目直播带货新风潮。

表 0-2　2019—2020 年主要卫视平台定制类晚会一览

平　台	定制晚会	播出时间
湖南卫视	2019 汽车之家 818 全球汽车夜	2019.8.18
	2019 湖南卫视苏宁易购双十一嗨爆夜	2019.11.11
	拼多多 618 超拼夜	2020.6.17
浙江卫视	浙江卫视 2019 年中音乐盛典 OPPO Reno 造乐节	2019.7.13
	浙江卫视 2019 秋季盛典 抖音美好奇妙夜	2019.10.19
	同时在优酷视频直播天猫双十一狂欢夜	2019.11.11
上海东方卫视	中国品牌日 5.10 晚会	2019.5.10
	同时在优酷视频直播天猫双十一狂欢夜	2019.11.11
	2019 阅文原创文学风云盛典	2020.1.18
	苏宁易购 618 超级秀	2020.6.17
江苏卫视	江苏卫视 99 聚划算盛典	2019.9.8
	江苏卫视聚划算百亿补贴 55 盛典青春选择之夜	2020.5.5
	天猫 618 超级晚	2020.6.16

（二）中国电视文艺思潮的主要特征及表现

所谓电视文艺思潮，可以理解为特定历史时期政治、经济、社会、文化共同作用下在电视文艺领域所反映出来的某种创作倾向和潮流。这种潮流，既可以是汹涌澎湃的时代大潮，也可以是体现在具体领域具有时代共性的涓涓细流。结合中国电视文艺的发展演进，体现在其中的电视文艺思潮大致包括主旋律思潮、大众文化思潮、现实主义思潮、后现代主义思潮、“新文化”思潮等，上述几种思潮并非是迭代关系，而是在特定时期某种思潮相对占据主流、多种思潮交织共存的关系。

一是主旋律思潮。在我国电视界，从 1958 年拍摄我国第一部电视《一口菜饼子》至今，重视主流意识宣扬与坚守的主旋律思潮占据着重要位置。[①] 主旋律的意义“不应仅止于题材和作品层面；更重要的是，它的意义在于指出一种自觉地体现时代精神和人民呼声的创作意识和创作精神，一种消融于艺术家创作主体的整个艺术思维过程中的自觉的内驱力。”[②] 在电视剧层面，从早期的《一口菜饼子》《焦裕禄》到 20 世纪八九十年代的《蹉跎岁月》《英雄无悔》，再到 21 世纪以来涌现出的《激情燃烧的岁月》《亮剑》《潜伏》《人民的名义》《大江大河》等一大批主旋律力作，主旋律电视剧紧扣时代脉搏，展现昂扬向上的精神基调，在主流意识形态的艺术化表达上不断呈现新的面貌。而以春节联欢晚会为代表的文艺晚会更是主旋律表达的有力载体。以央视春晚为例，历经近四十年发展，无论内容与形式如何变化，其中所蕴含的家国主题以及与民族记忆、国家认同有关的文化表达则是不变的主旨和内涵。不仅是主旋律表现更为直接和显性的电视文艺晚会，很多的综艺娱乐节目在主旋律话语建构上也不断创新和突破，比如户外竞技节目《奔跑吧》

---

① 桂青山：《中国当代文艺思潮研究》，北京师范大学出版社 2010 年版，第 174 页。

② 仲呈祥：《1988：中国影坛的两个热门话题——“娱乐片”与“主旋律”之我见》，《人民日报》1989 年 1 月 31 日。

《极限挑战》等系列剧目在剧情中所加入的弘扬爱国主义精神、传承传统文化、关注人民幸福等元素；再比如圆梦类节目《中国梦想秀》《梦想合唱团》《中国达人秀》等关注平民梦想、诠释积极向上力量。

二是大众文化思潮。作为一种典型的大众文化形态，电视文艺在自身的发展中不可避免地会放大其中的通俗性和大众趣味性，以最大程度满足大众的需求和口味，再加之商业化因素的膨胀，由此出现过度娱乐化等问题。最为典型的当属风靡全球的真人秀节目。20 世纪 90 年代中期，随着大量通俗娱乐节目、游戏秀和各类真人秀节目的涌现，轻娱乐成为中国电视文艺一个快速增长的领域。“真实游戏秀、真实才艺秀像一个总的驱动器，把非虚构的娱乐节目引入到中国电视的日程中。”① 电视选秀可以说是大众文化思潮在电视文艺领域的最典型表现，其最大的冲击力和卖点在于普通人价值的实现，“海选”成为千百万“草根”追求梦想、实现梦想的直通车，在某种程度上可以说实现了真正的大众参与。

三是现实主义思潮。电视文艺的创作潮流与中国社会发展进程紧密相连，在这其中始终贯穿着一条主线，那就是现实主义精神。这里所言的现实主义精神，并非是创作方法论意义上的现实主义手法，而是在文艺创作过程中所展现出的对社会现实的客观再现、对人民疾苦的深情关切、对人道精神的深刻诠释。21 世纪以来，从电视剧到综艺节目，现实主义成为拥有广泛群众基础和影响力的创作潮流。在近年来收视排名较高的电视剧榜单上，现实题材一直占据主流，比如关注女性独立的《我的前半生》、关注高考话题的《小欢喜》、关注代际矛盾的《都挺好》，等等。综艺节目方面，近几年来，《我们在行动》《我家那小子》《忘不了餐厅》一大批现实主义创作取向的综艺节目聚焦家庭关系、职

---

① Annette Hill:《流行真人秀——真实电视节目受众的定性与定量研究》，赵彦华译，中国国际广播出版社 2008 年版，作者中文版序言第 1 页。

场关系、教育痛点、老年认知障碍等现实问题，引发广泛的社会共鸣。每年的春节晚会，我们更是能从各类的小品等语言类节目中透视到当下社会发展中的种种弊端。正所谓“文章合为时而著，歌诗合为事而作”，现实主义题材和话语的回归，正是坚持以人民为中心创作导向的集中体现。

四是后现代主义思潮。无论在文艺思想还是在创作技巧上，后现代主义都表现出强烈的反传统倾向，不仅反对现实主义旧传统，也反对现代主义新规则。因此，“颠覆”“解构”是后现代主义最本质的特征。[①] 后现代主义思潮对新时期电视剧的影响主要体现在戏说类、穿越类电视剧的创作上，比如以《戏说乾隆》《还珠格格》《铁齿铜牙纪晓岚》《武林外传》等为代表的戏说类历史剧，这类剧往往将一段历史简化为一个个情节化故事，以谐代庄，带给观众感性上的愉悦和放松。再比如穿越剧，从早期的《寻秦记》《穿越时空的爱恋》再到《宫锁心玉》《步步惊心》，穿越剧甚至完全颠覆、解构了历史，通过这种天马行空式的角色转换，让观众在剧中得到一种想象性的快感满足，从而释放了情绪，满足了期待。对于电视文艺节目的创作，后现代主义思潮的影响烙印也随处可见。“后现代主义的全部特征就是距离感的消失”，[②] 21 世纪以来，文艺节目早期的精英气质和诗意内涵更多地被大众化、娱乐化的直观快感所取代，充满了调侃、戏谑、吐槽、互怼的全民狂欢成为一段时期内电视荧屏上突出的文化景观。

五是“新文化”思潮。近年来，电视文艺创作呈现出一股清新的“新文化”思潮，众多兼具文化性和娱乐性的文艺节目犹如星星之火，在电视节目泛娱乐化的潮流中，寻找到文化与娱乐之间的平衡点，做到精英视角、平民表达，国家情怀、小事件切入。“载道而不失载趣”“载

---

① 张英利:《后现代主义影响下的中国当代影视剧》2010 年第 4 期，第 110—113 页。

② ［美］弗·杰姆逊:《后现代主义与文化理论：弗·杰姆逊教授讲演录》，唐小兵译，陕西师范大学出版社 1987 年版，第 168 页。

趣亦有道”，在文化与娱乐的融合发展上创造了宝贵的实践经验。事实上，一方面，随着国内综艺大战愈演愈烈，国家新闻出版广电总局先后下发“限娱令”“限歌令”“限星令”等多项调控措施，一再督促各级电视媒体自觉抵制不良风气，引导积极健康的社会风尚，并明确提出进一步强化上星综合频道的公益属性和文化属性，鼓励公益、文化、科技、经济类节目的播出。另一方面，受众对精神文化产品的需求也呈现新趋势，更加注重对文化情怀的追求和对精神境界的朴实回归，一大批触摸当代社会本真的作品唤醒受众欣赏热情。这种“供”与“需”的转变突出体现在两个方面：其一，一系列原创文化类节目实现厚积薄发，赢得市场与受众的认可。2016 年以来，以《中国诗词大会》《朗读者》《国家宝藏》《上新了·故宫》《经典咏流传》等为代表的文化类节目热播不衰，一些以纪念国家重大主题为内涵的文艺节目也在主体和艺术呈现上实现新的突破。典型的代表是 2019 年中央台为纪念新中国成立 70 年而制作的文艺专题晚会《故事里的中国》，这台晚会几乎用上了所有当下能够采用的艺术手段让重大主题在新的传播时代大放异彩。而且这个时期的文化节目品类愈加丰富，展现出传统文化、人文情怀与艺术手段相结合的全新尝试，呈现出当代审美特性。其二，快节奏的娱乐类节目更加注重文化元素的融入和平衡，努力做到寓教于乐。在政策和市场的双重驱动下，众多真人秀节目也纷纷调整创作视角，将传统文化作为新的发力点，如此，既丰富了节目内涵，也更加符合当前人们精神追求的变化，也将中国深厚的传统文化在新的传播生态下得以完美传承。

图 0-5　文艺专题晚会《故事里的中国》

第二节　传播生态演进中的春晚变局

一、作为文化症候的春晚

从 1983 年中央电视台第一届春晚开始，中国的春节联欢晚会已经走过了将近 40 个年头，几乎与改革开放进程同步。除夕夜里全家团圆、守岁看春晚，已经成为当代中国社会一大独特的媒介事件，也被称之为国人的“新民俗”。尤其是央视春晚，“在由一种单纯的电视文艺晚会成长为一种具有全民认同、全民遵从、全民沿袭的民俗文化过程中，将一种非互动、非现场的观赏逐渐演变成一种习俗惯例，创造了文艺史、电视史的奇迹。这个奇迹的创造靠的是它长期不懈地对年俗的融入和年复一年的文艺创新、文艺精彩和文艺魅力。”[①] 可以说，春晚早已不是一台普通的电视联欢晚会，而是以电视文艺形式来展现社会变革、人民生活变化的一项集大成者，是当代中国社会变迁的缩影。

作为几代人集体记忆不可或缺的重要组成部分，春晚也是电视仪式化传播的典型，是将国家发展和民族认同的宏大想象与家庭团圆的个体叙事紧密相连的重要媒介事件。无论是有着近四十年传统的央视春晚，还是近十年来百花齐放的地方卫视春晚，所有春晚都是以视听语言的手段完成文化仪式的传承，唤醒观众记忆，促进社会认同。与此同时，春晚又是一场名副其实的视听盛宴，是极具代表性的媒体奇观。每年的春晚，都可谓是全民关注的现象级节目。其一，拥有超高的收视率，在为电视台带来巨大经济收益的同时，更在受众中引发“收视狂潮”和全民点评；其二，春晚的节目形态、编排都是在传承中不断创新，带给观众

① 向云驹:《央视春晚是新民俗吗？》，《光明日报》2014 年 1 月 4 日，第 009 版。

一定的新鲜感；其三，能够激发社会性话题的产生，在一段时间内成为社会各行业各层次人群讨论的焦点，并且具有一定的社会启示意义。

（一）作为“新民俗”的春晚

所谓“民俗”，是某个文化人群通过漫长的历史过程在群体内部的“约定俗成”，即在思维和行为方式上达成一致；而这种一致的思维和行为方式一旦形成，就会产生巨大的惯性，成为这个文化群体的集体仪式。[①]一般来讲，民俗具有社会性、稳定性、地域性、民族性、传承性、时代性等特征。春节是中华儿女生活中最为隆重、最为盛大、历史也最为悠久的传统节日，它滥觞于原始的宗教活动，并在漫长的历史发展中形成了祭祀、扫尘、贴春联、放鞭炮、守岁、吃年夜饭等习俗。春节联欢晚会正是伴随着社会发展而逐渐融入春节民俗并构成“年”文化有机组成部分的一种新民俗。借助现代传播技术，电视媒体将这一中华传统文化予以视听化呈现，营造出“天涯共此时”的共情氛围，让五湖四海的中华儿女在这里、在这一刻寻找到一个类似于传统仪式行为的最佳平台，并共同完成这一集体化仪式。因此，春晚所独具的仪式性、庆典性及其所承载的社会共同记忆、文化意蕴都为其成为“新民俗”提供了不争的依据。可以说，“春节晚会是我国电视人对民俗的一个贡献，也是将现代媒体涉入民俗的一大成功创造。”[②]

首先，春晚内容上的传统文化内涵以及形式上的相对稳定性是其成为“新民俗”的原因之一。从内容设置上看，每年的春晚都会从各个角度来展现年文化、传递年风俗，建构起基于中华传统文化的价值认同和文化认同，达到凝聚人心的作用。以 2020 年鼠年央视春晚为例，晚会以一段 2 分钟的短片《春晚我来了》开场，在这 2 分钟内，出现了众

① 何晓兵：《春节联欢晚会杂谈》，《电视研究》2003 年第 3 期。

② 耿强：《从“新民俗”的角度看春节联欢晚会》，《当代电视》2004 年第 9 期，第 58—59 页。

多的春节民俗，包括贴对联、贴窗花、挂灯笼、压岁红包、中国结、吹糖人、舞狮子、闹花灯、放鞭炮、年夜饭……浓浓的春节民俗再加上故宫、京剧等极具中国传统文化特征的元素，迅速将观众带入过年的氛围中。整台晚会中，传统文化元素更是随处可见，开场歌舞《春潮颂》中的“闹秧歌”、小品《风雪饺子情》中以过年吃饺子这一传统习俗为故事背景、歌舞《边寨喜讯》将剪纸艺术融入表演、河南郑州分会场上表演的打铁花，等等。从节目形式上看，不论是央视春晚还是省级卫视春晚，都已经形成了一些相对稳定和成熟的编排方式。以央视春晚为例，多是以大型歌舞热闹开场，以小品、相声、歌舞、戏曲等艺术形式为主体，零点钟声敲响前全场倒计时，最后以《难忘今宵》结束。正是春晚的这种传统文化内核及其相对稳定统一的表现形式，是其能够发展成为一种新民俗的条件之一。

图 0–6　2020 年央视春晚开场片《春晚我来了》

其次，春晚参与群体的集体性、广泛性、无意识性以及在时间上的延续性是其成为“新民俗”的原因之二。从受众的参与性上来看，每年春晚的高收视率无疑是中华民族“集体无意识”心理的有力体现。所谓“集体无意识”，是指“人类自原始社会以来世世代代的普遍性心理经验的长期积累”。[①] 民俗即是“集体无意识”中民族文化心理、民族精神的催生依据，是促成对人的行为做出本体选择的深层次、也是最根本的动力之一。[②] 走过近四十年历程的春晚，在年复一年的持续性浸润和渗透下，已经深刻改变了中国人的节日思维和行为方式，收看春晚已经成为大多数华人家庭除夕夜不可缺少的一道年夜大餐。数据显示，2020年央视春晚在新媒体平台直播累计达到11.16亿人次，电视端直播为5.89亿人次，另有560多家海外媒体转播和报道了春晚，其中通过YouTube、Facebook等观看春晚直播的触达人次超过2462万。[③] 因此，从某种意义上说，观众对春晚节目的评价在其次，而观看春晚活动本身的文化意义更为重要。“观看行为以春节晚会为入口把观看者囊入到有根可寻的民族文化长河中，体认个体所依赖的文化渊源，获得同宗同族同根的文化皈依感，获得己身所属华夏族群的实在感、踏实感。”[④]

最后，春晚所展现出的文化交融、文化融合是其成为“新民俗”的原因之三。春晚不仅以中华传统文化为创作根基，更是在创作和传播中十分注重文化的交融性。以2018年央视春晚为例，从中外演员融合表演到五大洲分台连线报道海外华人华侨欢度春节的盛况，多元文化融合是本年度央视春晚的一大亮点。在舞蹈《欢乐的节日》中，俄罗斯著名舞蹈团“小白桦”亮相节目，与中国戏曲碰撞出美妙的火花。节目最

---

① 朱立元:《当代西方文艺理论》，华东师范大学出版社1997年版，第167页。

② 杨华娟:《论央视春节联欢晚会对当代“新民俗”文化的建构》，《中国电视》2005年第2期，第16—20页。

③ 2020年央视春晚收视率较往年大幅增长，央视网，https: //news.china.com/socialgd/10000169/20200125/37738216_all.html。

④ 耿文婷:《春节联欢晚会的理性省思》，《文艺研究》2003年第3期。

图 0-7　2018 年央视春晚《我爱你中国》

后，“小白桦”挥舞着充满中国秧歌元素的红色绸缎，妩媚动人、云步惊鸿，让多元文化融合有了更加具象的展现，更让中国大秧歌平添了几分国际色彩。在本届春晚临近尾声之时，由张英席、金婷婷领衔，与九位来自英、美、法、意、俄等国的重量级歌唱艺术家共同演绎的《我爱你中国》更是将晚会气氛推向最高潮。可以说，节目创作中所展现出来的这种文化交融、文化融合，是春晚能够成为“新民俗”并不断向前发展的重要推动力之一，也让中国的“新民俗”文化具备了世界性眼光。

（二）作为媒介仪式的春晚

自美国传播学者詹姆斯·凯瑞于 20 世纪七八十年代提出传播的仪式观以来，仪式研究在媒介研究中逐渐受到关注。丹尼尔·戴扬和伊莱休·卡茨则将电视节目的收视分为“固定收视”和“节日收视”。“惯常性的固定收视带给观众的仅是一种放松和娱乐，这种收视体验是轻松的、昏昏欲睡的，却不具有挑战性。而另一些各种各样的‘特别节目’则超出了日常收视的界限，节日性节目、连续短片、高度戏剧化的或一次性或一年一度的演出，这种‘特别’的特征使它们跨上了节日电视样式的边缘。”[1]这种节日电视样式正是电视仪式功能的具体表现。从春晚这一节目样态诞生至今，其凭借广泛的社会影响力和高度的文化典型性，被视为当代中国社会最重要的媒介仪式之一。凯瑞的仪式观理论突出强调了“文化的共享”“时间上情感的维系”以及“文化身份的自我认同”，而一年一度的春晚，正是以一种特有的仪式感来表达人们对春节团圆的守望以及对国富民强、社会和谐的集体期盼。

春晚具有明显的仪式符号特征，具体体现在：

第一，非日常性。仪式是不同于日常生活的重大活动，在某种程度上具有一定的神圣感。自 1983 年首届春晚举办以来，央视春晚每年都是固定在大年三十晚上八点准时开播，延续近四十年，已经成为当代中国人除夕夜的一个特定时间符号标志。即便是在各路春晚竞相亮相的当下，各家春晚也基本形成了自己相对固定的播出时间，比如每年小年夜播出的湖南卫视春晚，大年初一晚上播出的北京春晚、江苏春晚、上海春晚等。一年一度且能够吸引全球华人瞩目的电视节目也非春晚莫属。

第二，共同化。共同化是仪式得以进行的前提，也是仪式的重要结果之一，正如凯瑞仪式观中所强调的，传播即仪式，传播不是信息传递的过程而是共享信仰的表征。就这一点而言，电视传播的跨时空性、即时性为天涯海角的人们观看春晚建构起一种虚拟的在场性。同时，在观看春晚的过程中，这场仪式能够有效唤起中华儿女共同的民族文化归属感，进而产生文化上的认同感和凝聚力。

第三，程式化。无论是央视春晚还是省级卫视春晚，基本都已经形成了特定的程序和节奏包括艺术手段，与仪式活动特点相一致。比如在央视春晚四个多小时的节目中，最具程式化的当属零点敲钟。每年的这

① 戴扬、卡茨:《媒介事件：历史的现场直播》，麻争旗译，北京广播学院出版社 2000 年版，第 139、144 页。

一时刻，节目和主持人串词都需要精心安排与设计，甚至更需要主持人的临场应变，以保证倒计时的准确无误，零点钟声响起的一刻也成为一场神圣而庄严的文化仪式。

第四，象征性。仪式不仅仅是过程本身，更因其所具有的符号象征性而意义重大。于国家层面，春晚代表的是国家意识形态与舆论引导；于社会层面，春晚所弥合的是各个阶层、群体之间的价值差异以及社会的公平和谐。正如学者潘知常所言，"'春节'是春节联欢晚会所提供的文化心理背景；作为一种特殊的身份象征，'联欢'是春节联欢晚会所喻示的意识形态指归；而'晚会'则是春节联欢晚会所提供的表演平台，意味着一个虚拟想象的空间。"①

图 0-8　2020 年央视春晚情景报告《爱是桥梁》

① 潘知常:《最后的晚餐——春节联欢晚会与新意识形态》，https://www.chinesefolklore.org.cn/web/index.php?NewsID=8324。

图 0-9　2020 年北京台春晚诗朗诵《我们的力量》

不仅如此，春晚具有仪式传播的显著功能，即凝聚共识、建构认同。凯瑞在《作为文化的传播》中强调了仪式观传播的社会凝聚功能，开办近 40 年的春晚，无论节目内容和形态如何创新，其所承担的重塑群体文化记忆、凝聚社会共识、增强国家和民族认同功能从未改变。这种凝聚和重塑体现在晚会的方方面面，尤其是节目内容的选择和编排。以 2020 年春晚为例，在新冠肺炎疫情肆虐的特殊背景下，2020 年鼠年春晚尤为特殊，从央视到地方卫视都临时增加了抗击疫情特别节目。作为直播的央视春晚更是上演了史上“排练时间最短”的节目——情景报告《爱是桥梁》，在这个时长五分钟的节目中，六位央视主持人以朴素而情感充沛的言语向奋战在一线的白衣天使致敬，为这个“特别”春节里的所有人鼓劲。北京台和上海台春晚都在距离播出不足 24 小时的情况下，连夜赶制完成了“抗击疫情诗朗诵”特别节目，表达对医护工作者的崇高敬意。这样的特殊安排无疑为疫情中焦虑守望的人们送去一丝慰藉，也有力提振了全国人民战胜疫情的坚定信心。

图 0-10　2020 年上海台春晚诗朗诵《因为有你》

（三）作为媒体奇观的春晚

美国当代文化研究的代表学者道格拉斯 · 凯尔纳（Douglas Kellner）立足于当代社会文化语境，提出媒体奇观的概念。他指出，媒体奇观“指那些能体现当代社会基本价值观、引导个人适应现代生活方式，并将当代社会中的冲突和解决方式戏剧化的媒体文化现象，包括媒体制造的各种豪华场面、体育比赛、政治事件以及那些用‘突发新闻’的标签来吸引受众的事件”[①]。如以麦当劳为代表的消费文化奇观、以乔丹和耐克为代表的体育文化奇观、以《X 档案》为代表的电视文化奇观等。正是在当代媒体文化的作用下，奇观现象把生活在媒体和消费社会的受众带入到由娱乐、信息和消费组成的新的符号世界，并深刻影响着人们的思想和行为。在传媒技术的不断推动下，“春晚仪式不仅具备‘共时性’因素，拜技术之赐，它还真正具备了‘历时性’因素。观众借由春晚所营造出来的视觉奇观强化了固有的家国认同，春晚作为文化仪式的固有功能，也通过新时代的技术视觉奇观得到进一步增强。”[②]

首先，春晚是一场明星奇观。春晚既是明星展示的舞台，也是制造明星的舞台。明星效应，历来是电视节目创作的一条重要法则，尤其是对于大型文艺晚会，通过邀请新老明星可以有效地扩大影响力，对观众形成收视吸引力。作为一种经由大众传媒制造的媒介形象，明星从本质上来说是一种被建构的客体，正如理查德·戴尔在《明星》一书中所言，“明星形象由媒体文本创造，它们能够将促销、宣传、影片、批评和评论集合在一起。”[③]可以说，每年的春晚舞台都是明星云集、星光熠熠，比如王菲四登央视春晚，周杰伦更是上过五届央视春晚。相较于国家级电视台的独特资源，省级卫视春晚在拼明星这方面更为明显。根据调研，某一线省级卫视 2019 年的春晚投入在 3000 万元左右，其中邀请艺人费用大约要占到三分之一。尤其是近年来兴起的“春晚代言人”，更是直接放大了春晚的明星效应，从前期营销推广到晚会播出，都能够

---

① ［美］道格拉斯·凯尔纳:《媒体奇观——当代美国社会文化透视》，史安斌译，清华大学出版社 2003 年版，第 2 页。

② 朱丽丽:《民族话语、视觉奇观与消费主义——2010 春晚的表征与传播》，《江苏行政学院学报》2010 年第 4 期，第 29—33 页。

③ ［英］理查德·戴尔:《明星》，严敏译，北京大学出版社 2010 年版，第 96 页。

有效激发起观众的收视期待。

其次，春晚是一场舞美奇观。对于电视媒体而言，其最突出的特征即是图像表达所带来的直观性，它直接作用于人的感官。也正因为如此，电视晚会视觉效果冲击力的重要性不言而喻。从春晚舞台色彩设计的普遍性上看，尚红意识根深蒂固。红色寓意着喜庆、吉祥、热烈，也成为春晚舞台最为常见的主色彩基调。比如 2020 年的央视春晚，舞美设计灵感来源于红灯笼上的黄穗子，设计者将灯笼穗子抽象化处理成圆筒状，并加以放大形似一顶灯笼座，现场观众好像坐在硕大的红色灯笼下观看节目，同时配以亮蓝色的如意花纹加以点缀。舞台正中央的生肖“鼠”被剪纸艺术中常用的如意团花图案包围，营造出富丽堂皇、喜气洋洋的节日氛围。随着技术的进步，春晚舞台也经历了从机械舞台到全息舞台的转变。早期的春晚舞台以简单的高低变化、区域分隔为主要呈现，随后升降舞台、旋转舞台的出现使得晚会现场越来越动感、绚丽。

图 0-11　2020 年北京卫视春晚代言人海报

2005 年的央视春晚首次将高科技的 LED 彩屏和机器人融入舞美设计，令人耳目一新，由此，春晚舞台从“富有工业时代气息的机械舞台走向了体现信息时代特色的视频美学”。[①] 而在 2010 年前后，全息投影技术在舞美设计中的成熟运用，开创了春晚舞美奇观的新时代。美轮美奂的全息影像技术突破了传统的声光电局限，给观众带来虚拟与现实交错的科幻感、空间感和透视感，比如 2015 年央视春晚李宇春表演的《蜀绣》、2016 年辽宁卫视春晚六小龄童带来的《金猴闹春》、2017 年丝路春晚全息投影效果的舞台设置，等等。

最后，春晚是一场商业奇观。自诞生之初，春晚就开始了商业化尝试。而春晚赞助商的变化，也反映了中国经济在不同时代的发展与变化，

图 0–12　2020 年央视春晚舞台效果

① 陈岩:《举起舞台的杠杆——2009 年央视春节晚会的舞美设计》,《演艺设备与科技》2009 年第 2 期，第 5—7 页。

图 0-13　2016 年辽宁卫视春晚《金猴闹春》

堪称“中国经济晴雨表”。[①] 根据公开报道，央视春晚 2002 年的广告收入约为 2 亿元，2006 年接近 4 亿元，2009 年接近 5 亿元，2010 年达到 6.5 亿元左右，央视春晚也因此被称为“黄金挖掘机”。[②]2015 年，单是“春节贺岁套装广告”中标价格就已经超过 3.1 亿元。除了常规硬广，植入性广告在春晚舞台上也愈演愈烈，比如 2010 年的央视春晚，在赵本山的小品《捐助》中，搜狐网的名字被反复提及十余次，某品牌白酒也被放到显著位置；小品《五十块钱》中，鲁花、中国平安等品牌标识清晰可见；还有刘谦魔术中的汇源果汁、小品演员牛莉手中的夏普手机，等等。以至于观众戏称这一年的春晚是“在广告中插播春晚”。2015 年以来，央视春晚与互联网巨头的合作愈加频繁和深入，腾讯、阿里巴巴、百度、快手等都先后以高价拿下春晚合作权，并一再刷新互动合作的流量数据。

① 柳成枝:《春晚 37 年，背后的行业兴衰与审美变迁》，https://www.bilibili.com/read/cv4558659/。

② 春晚冠名里的互联网战争：每秒 572 万 企业仍觉得值，https: //tech.ifeng.com/c/7jr6HIIUPHa。

表 0-3　2015 年以来央视春晚与互联网公司合作一览

年　份	互联网公司	赞助金额（部分）
2015 年	腾讯	5300 万 +“摇一摇”5 亿红包
2016 年	阿里巴巴	2.69 亿 + 集五福 8 亿红包
2018 年	阿里巴巴	3 亿 + 集五福 6 亿红包
2019 年	百度	10 亿 +9 亿红包
2020 年	独家互动：快手	赞助金额未公布 +10 亿红包
	独家电商：阿里巴巴	赞助金额未公布 +20 亿补贴

资料来源：柳成枝:《春晚 37 年，背后的行业兴衰与审美变迁》。

二、媒介生态变化中的春晚

电视媒体自 20 世纪初诞生以来，就凭借独特的视听特性迅速成为最具影响力的大众媒体，形成庞大的产业链条。进入 21 世纪以来，中国的电视业经历了整合竞争、重新洗牌的涤荡与洗礼。一方面，以互联网、移动互联网为代表的新兴媒体以势如破竹之势冲击着整个传媒生态格局，可以说，这一次的“媒体进化”过程超越了以往任何一次媒体变革；另一方面，电视媒体间的竞争愈加激烈和复杂，上星频道之间的覆盖大战、收视大战、广告大战持续白热化，各级电视媒体都在竞争一步步加剧的环境中不断寻求变革与创新。

在春晚的发展中，技术进步不仅推动到节目样态、舞台视效、受众互动、传播渠道等方面，更深刻影响到节目的创意、制作和传播理念。站在电视行业格局变化的维度来看，以春节为代表的节日资源已成为各级电视台的“兵家必争之地”，地方卫视春晚、网络春晚、环球春晚、动画春晚、老年春晚、打工春晚、社区春晚、财经春晚、微春晚等各种新样态、新形式的春晚陆续推出，春晚的竞争格局也从一家独大转向百花齐放，一场场关于“春晚”的饕餮大宴在虚拟世界里缤纷上演，形成了“一源多流”的春节文化。

（一）技术革新与春晚嬗变

新千年以来，传播技术发展的速度和广度超乎普通人的想象，各种新技术层出不穷，大数据、人工智能、5G网络、4K高清信号、8K高清信号……这些新技术正在或即将对传播媒介的发展、人类传播活动的规律、受众使用媒介的习惯产生深远影响。媒介技术学派的代表人物麦克卢汉就认为，传播中最本质的是媒介，媒介本身即信息，媒介发展离不开技术创新，每一次媒介革命必然带来信息传播的变化，都会影响人和环境的改变。技术革新推动着生产力，同时也为电视文艺创作提供了更为广阔的空间。对于一年一度的春晚而言，电视技术最先进、最前沿的创新和亮点，毫无疑问都会被创作者巧妙地融入到舞台呈现、幕后宣传、观众互动等方方面面，因而成就了这一场场视听盛宴。

从传播内容来看，春晚的舞美视效、各类艺术手段、后期再造不断优化提升。走过近40个年头的春晚，其舞美发展变迁就颇具代表性。“从较早的以换动景片和道具使舞台具有一定的动态变化到以LED、机械舞台、运动装置、全息投影、AR等新技术的综合呈现，春晚美轮美奂的舞美效果，

图0-14　2009年央视春晚《蝶恋花》《城市变奏曲》

着实给观众留下了深刻的记忆点。”[①] 甚至在很多时候，舞美不是单纯地作为一种节目叙事的风格和对象而存在，而是成为节目呈现链条中不可缺少的重要环节。比如在 2009 年央视春晚舞蹈《蝶恋花》的表演中，舞美设计上通过 LED 视频技术和复杂的灯光营造出梦幻般的舞台环境，舞蹈先是以神秘的深蓝色调开场，将视频图案投影在演员淡雅的纱裙上，整个舞台被装点得宛若仙境。当扮演蝴蝶的演员破茧而出时，舞台突然幻化成了流光溢彩的奇幻世界，视频投影与演员动作完美配合，营造出美轮美奂的如梦景象。这一年春晚的多媒体舞蹈《城市变奏曲》则直接是节目组为舞美设计量身定制的节目，通过技术手段让舞台上的时空穿越成为可能，浓烈的对比色给人们带来前所未有的视觉体验，展现

图 0–15　2019 年深圳卫视《拥抱春天 · 2019 央视深圳春晚》

① 林其然：《从艺术流到技术流：央视春晚舞美都经历了些什么？》，《电视指南》2019 年第 4 期，第 48—51 页。

了一座城市的百年进程。

舞美设计也从剧院、体育馆扩展到了以城市空间为大舞台，2019年深圳电视台春节联欢晚会以整个城市为背景，用现代灯光效果和技术手段呈现这座城市改革开放40年的辉煌。

从传播介质上看，画面清晰度实现飞跃，与中国电视技术整体发展水平相一致，早期春晚的画面清晰度不高，画面较为模糊。2008年央视春晚首次尝试使用高清分辨率，实现了从标清到高清的跨越。十年之后的2018年，春晚首次使用4K超高清点播服务，画面清晰度实现质的飞跃。2020年鼠年春晚，在中央广播电视总台全力推进5G+4K/8K+AI的发展战略下，鼠年春晚直播采用全要素4K制作，并首次全方位使用8K技术进行拍摄，最终制作完成了第一部8K超高清春晚。8K图像具有超高分别率、高动态、宽色域的特点，像素总量达

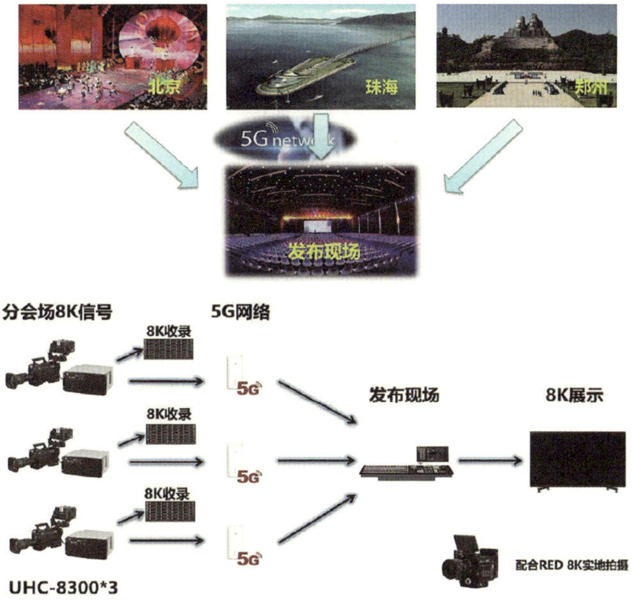

图0-16　2020年中央广播电视总台春晚5G+8K系统架构图

资料来源：吴鹏：《4K而立，8K加冠——多项创新技术亮相鼠年春晚》，《现代电视技术》2020年第4期，第24—29页。

到 3300 万，数据量是 4K 视频的四倍，大屏幕上呈现的春晚图像层次更加丰富多维、细腻逼真，让观众领略到前所未有的现场感。春晚在画面清晰度上的不断超越，不仅将舞台的光影变幻、绚丽多姿展现得更加淋漓尽致，也为今后电视传播技术的发展起到探索和带头作用，让观众对 5G 新技术环境下电视的极致观看体验有了更多展望和期待。

在传播渠道和受众互动层面，春晚实现了从单一渠道到跨媒体融合传播。早期的春晚可以说是电视春晚，电视直播冲破了时空障碍，营造出“在场”和“共时”的媒介仪式感。并且在 1983 年第一届春晚时，导演组就创造性地在演播现场开设热线电话，让观众打电话点播节目和表达自己的观感。自 2014 年媒体融合发展上升为国家战略以来，媒体融合便成为中国传媒发展的核心要义。2015 年，央视春晚的一大亮点便是实现新媒体的全程互动，晚会中增设了“秀秀全家福”“摇摇抢红包”等线上线下互动环节，据微信公布的数据显示，除夕当日微信红包收发总量达到 10.1 亿次。2017 年，新浪微博联合央视、央视网以及北京、江苏、上海东方、安徽、陕西等五家卫视共同发起 # 微博春晚大赏 #，在微博上开启十天七场春晚直播。2019 年，央视春晚的大小屏协同战略更加开放，在新媒体端，除了中央台自有新媒体平台的央视网多终端、央视新闻 App 和央视新闻移动网、央广网、国际在线等全程直播外，爱奇艺、腾讯、优酷土豆、抖音、新浪微博等商业新媒体首次成为央视春晚直播和点播战略合作伙伴。①2020 年，快手成为央视春晚独家互动合作伙伴，通过“视频 + 点赞”的互动方式，春晚直播期间观众参与红包互动累计次数达到 639 亿次，创造春晚史上最大的视频点赞纪录。②

① 2019 年央视春晚跨媒体传播创新纪录，观众总规模 11.73 亿，新华网，http://www.xinhuanet.com/2019—02/06/c_1124088387.htm。

② 快手春晚红包互动量达 639 亿次 直播间累计观看人次 7.8 亿，环球网，http://n.eastday.com/pnews/1579923548014190。

图 0-17　2020 年央视春晚新媒体互动画面

（二）传媒行业变迁与春晚发展

回顾中国电视媒体的发展历程，发生于 1997 年前后的省级台上星潮是其中重要的发展阶段之一。这一传输手段的历史性转变，深刻改变了中国电视媒体的竞争和发展格局。经过早期的探索和尝试阶段，省级卫视不断发展壮大，成为中国电视市场竞争中的重要力量。随着省级台实力的不断增强，越来越多的省级卫视将举办春晚作为展示实力、吸引受众、打响品牌、争夺广告的重要机遇。一些排名靠前的卫视还将春晚时间向前延伸至元旦和小年夜，形成了跨年晚会、小年夜春晚、环球春晚、网络春晚等系列春晚的春节晚会传播链，加快推动了春晚的品牌化、产业化发展。具体来看：

首先，地方卫视春晚强势崛起，央视春晚不再独美。

央视春晚的早期实践搭建起国内综艺晚会的基本发展框架，有力推动了中国综艺节目的整体发展。事实上，在 1983 年第一届央视春晚举办之前，一些地方电视台就已经开始了举办春晚的大胆尝试，比如前文所述北京电视台在 1982 年播出的《迎春歌声寄深情——春节华侨大联欢》，举办时间更早的如1979年春节广东电视台与香港无线电视台（TVB）在广州合办了晚会《羊城贺岁万家欢》，晚会时长4个小时，在粤港两地同时直播，内容兼容歌曲、舞蹈、杂技、小品、粤剧等多种文艺形式，穿插了广州风貌、名胜古迹、市民闹新年等热闹场面，令人耳目一新。1987年，中央电视台开始在春节期间举办全国“迎春文艺节目”展播，全国20多个省市的春节文艺节目参加展映，不仅将具有各地浓郁地方特色的文艺节目呈现给广大观众，同时也展示了地方电视台电视文艺的创作实力。从总体质量上看，在20世纪90年代初之前，地方春晚无论在编导、表演水平还是资金投入、制作实力方面，都与央视春晚有较大的差距。①

此后，地方卫视春晚开始崛起，伴随着1997年前后的地方电视台上星潮，省级卫视春晚开始大规模发展，并逐步形成自己的特色。及至2010年前后，央视与地方卫视之间的竞争愈加白热化，省级卫视在精准频道定位、大综艺大制作等一系列举措的带动下，经济实力、节目制作水准不断提升。2006年，湖南卫视广告创收突破10亿元；2012年，浙江卫视凭借《中国好声音》一举成为综艺新贵……，各地综艺节目的突飞猛进，也为春晚的明星资源储备奠定了基础。随之而来的是各家卫视在春晚、跨年晚会等节日资源上的大投入、大制作、大场面。2013年的跨年大战，包括央视和湖南、江苏、上海东方、安徽、深圳等在内的20家地方卫视举办了跨年晚会及盛典。2013年春节，地方卫视共计上演超过20台春节联欢晚会。这一年，东方卫视邀来鸟叔秀“骑马舞”；江苏卫视主打怀旧，重聚《新白娘子传奇》中的“铁三角”叶童、赵雅芝、陈美琪，以及《流星花园》中的F4；安徽卫视请来“月光女神”莎拉·布莱曼……星光熠熠，规模空前。越来越多的地方春晚结合

---

① 陈新兴：《试析地方卫视冲击下央视春晚的发展特点》，《传播力研究》2018年第23期，第8—9页。

自身资源形成鲜明的地域特色，很多省级台与本频道的品牌节目、热播电视剧、国内外热点话题等紧密结合，比如北京春晚的京味儿特色、江苏春晚的怀旧情怀、辽宁春晚的语言节目特色，等等，日益成为地域文化名片，与央视春晚各展所长、相映成趣。

在跨年大战、春晚大战不断升级的同时，电视晚会的奢华过滥问题也日渐突出，尤其是对明星资源的过度消耗和过度依赖，蚕食了春晚的创造力和创新性，不仅成本高企，且容易丧失个性，必然导致观众的审美疲劳。2013年1月31日，国家新闻出版广电总局下发《关于节俭安全办节目的通知》，要求各级电台电视台节俭办春晚等节目，在思想性、艺术性、观赏性统一上下功夫，不要讲排场、比阔气、

① 2013年东方春晚鸟叔助阵
② 2013年江苏春晚白娘子剧组重聚
③ 2013年辽宁春晚后街男孩表演
④ 2013年安徽春晚布莱曼演唱

图0-18　2013年部分省级卫视春晚节目

拼明星；要提倡节俭简约朴素大方的艺术风格和舞台效果，不要一味追求舞美灯光炫目、服饰道具奢华。[①]2013 年 8 月，中宣部等五部委联合发出关于《制止豪华铺张、提倡节俭办晚会》的通知，要求制止豪华铺张、提倡节俭办晚会。[②]为解决晚会播出扎堆问题，总局对上星综合频道举办电视晚会实行总量控制、数量集中时段错时编排的调控措施，要求各台制作晚会要坚持少而精的原则，防止奢侈浪费，明确规定重要节假日期间每日播出晚会总数不超过三台，对于未经批准的电视晚会和节庆演出不得安排播出和宣传报道。[③]

在一系列政策调控下，整个春晚市场开始回归理性，晚会的创新创意和编排更加注重凸显艺术的质朴之本。2014 年马年春晚，在“节俭办晚会”的号召下，省级卫视春晚总数为 12 台，较数量最多的 2012 年缩水三成多，且更加注重比拼创意。这一年，以“欢乐北京中国梦”为主题的北京春晚延续对普通人、平凡生活的关注，晚会原创内容比例占到七成以上。盲人小姑娘的画作变成了晚会的大舞台，随后“小臭臭”代雯奇以无比纯美的童音演唱《你是我的眼》；杨洪基、刘秉义、李光羲三位老艺术家的串烧表演，将老骥暮年之未泯童心抒发得淋漓尽致，是新时代老年人多彩生活的生动写照；围绕北京市交谊舞大赛获奖选手、北京市轮椅篮球队、童心合唱团等特别打造的普通百姓节目触动了很多观众的泪点……此外，上海东方、安徽、辽宁、天津等卫视春晚也都纷纷压缩明星嘉宾名额，取而代之的是本籍明星、自家品牌节目推出的综艺咖或者选秀节目中的人气王。总之，春晚从“烧钱”追求“高大上”开始转变为经济、温馨、接地气儿。

---

① 国家新闻出版广电总局要求节俭办春晚：不要比阔、讲排场、拼明星，扬子晚报，http://media.people.com.cn/n/2013/0202/c14677—20410561.html。

② 中宣部等五部门发通知 制止豪华，提倡节俭办晚会，京华时报，http://media.people.com.cn/n/2013/0814/c40606—22554004.html。

③ 国家新闻出版广电总局：重要节假日期间电视晚会每天不超三台，中国广播网，http://china.cnr.cn/ygxw/201310/t20131021_513879848.shtml。

与此同时，央视春晚也在发生转变。从 20 世纪八九十年代的一枝独秀、全民关注，到进入 21 世纪以后，随着春晚市场竞争的加剧以及人们欣赏水平的提升，曾经万人瞩目的年夜大餐开始变得众口难调，每年春晚结束之后的吐槽、批评与质疑之声不断。

央视春晚最为显著的变化之一体现在春晚直播期间取消广告。2010 年，央视春晚以近 6.5 亿元广告费创下历年收益新高时，观众对于春晚广告批评之猛烈也达到了前所未有的程度。舆论压力之下，央视春晚剧

① 2014 年北京春晚访谈环节
② 2014 年深圳春晚古惑仔再聚首
③ 2014 年东方春晚钟汉良陪李祥祥回家
④ 2014 年辽宁春晚郎朗与父亲合作演出

① ③
② ④

图 0-19　2014 年部分省级卫视春晚节目

组在2011年宣布春晚“零植入”；至2012年、2013年，央视更进一步发出了“春晚零广告”的声明。2012年、2013年春晚总导演哈文表示，台里能够下决心把这个广告剔除，就是基于早期的一个观众调查。“一年365天，364天你都可以有（广告），但是这一天，你让老百姓高高兴兴过个年，损失点钱又算什么。台里决定要这个口碑。”[①] 当然，春晚并非完全没有广告，而是在直播的近五个小时节目中不再有任何硬性广告和植入性广告，但依然售卖贺岁套装广告，这些广告安排在晚会前后的时段播出。

变化之二体现在最大程度地开门办春晚。2004年5月，经国家新闻出版广电总局批准，中央电视台面向全国征集2005年春节联欢晚会策划方案和节目，这意味着央视以开门姿态筹办2005年春节联欢晚会。这一年，众多民间节目登上春晚舞台，总导演朗昆反复强调“开门办春晚，大力推新人”。2007年1月，央视春晚首度开通官方网站，春晚总导演金越与副导演刘真首次面对公众解答疑问、宣布主持人名单、澄清不实消息。2008年，从《星光大道》上走出的盲人歌手杨光以及以“农民工”影视形象深入人心的演员王宝强亮相春晚，展现出“草根”明星积极进取和奋发向上的力量。2009年，两位农民歌手——“种粮高手”马广福和“养牛大户”刘仁喜与两位军旅歌唱家吕继宏、王宏伟混搭组合，演绎了《西部放歌》《今夜无人入睡》等歌曲，成为当年春晚的一大亮点，并引发了关于“春晚面向草根”“吸纳民间艺术”等话题的广泛讨论，成为“春晚草根化”的标志性事件之一。[②]2010年9月，央视开办《我要上春晚》栏目，打破了原来的节目选拔机制。随后的2011年春节，“西单女孩”任月丽、“北漂”族旭日阳刚组合登上春晚舞台，彰显出春晚对民意的尊重以及对节目和演员选择标准的变化。

---

① 揭央视春晚收益：三年“零广告”少挣17.5亿，腾讯娱乐，https://ent.qq.com/a/20130123/000075_all.htm。

② 宫承波、张君昌、王甫主编：《春晚三十年》，泰山出版社2012年版，第281页。

2014 年，央视聘请冯小刚作为春晚总导演，走过三十余年历史的央视春晚第一次从央视之外任用总导演，充分体现出“开门办春晚”的诚意。

其次表现在网络春晚为草根族搭建起梦想的舞台。

网络春晚作为一种传媒现象，从早期的萌芽阶段到井喷式出现，再到 2020 年 Bilibili 网站（B 站）跨年晚会的成功“出圈”，其发展过程大致可以分为三个阶段。

萌芽阶段（2002—2009 年）：2002 年，网易娱乐、文化、女性三个频道共同推出了“2002 年虚拟春节联欢晚会”，可以看作是网络春晚的最早尝试。这台晚会分为六个单元，共有 30 余个节目，全部都是网民的自发参与。① 从创作上看，彼时的网络春晚更多的是基于网络的虚拟特性而存在的一个概念，距离真正意义上的网络视听晚会尚有不少差距，且在大众中的关注度也不高，更多的是一种网民的自发娱乐现象。2006 年，新浪网、大河网、中国网、中国网库共同主办了“2006 全球华人春节网络联欢晚会”，晚会第一次明确使用了“网络联欢晚会”这一词语，而且开启了一个“全球华人春节网络联欢晚会”的时代，自此，“网络春晚”成为网络媒体每年春节例行关注的热点。②2007 年，新浪网、中国网、欢腾中国网、山东新闻网、山东有线电视中心等单位联合举办了“全球华人春节网络联欢晚会”，这台晚会连续举办了十届，后来由山东广播电视台主办，也成为山东广电春晚类节目的一个闪亮名片。2009 年，川籍“北漂”老孟叫板央视的“山寨春晚”成为当年极具话题性的一大文化事件，“山寨春晚”“民间春晚”开始进入主流媒体的关注视线。总的来看，这一时期的网络春晚无论在节目形式还是制作水平上，都还处于起步阶段，既是新兴网络媒体与传统电视媒体一种话语权的争夺，也是草根文化、网络文化成为大众文化重要构成的一种体

① 参见晚会链接：http://culture.163.com/editor/020208/020208_59068.html。

② 参见晚会链接：http: //ent.sina.com.cn/f/wlcjwh2006/。

现。在这一阶段，各种各样的“网络春晚”“民间春晚”纷至沓来，很多晚会仅仅是昙花一现，图个热闹，但也有少数“网络春晚”逐渐得以沉淀下来，成为一种新的春节仪式与传统，并固化形成了一些网络春晚的基本特征，比如普通老百姓是舞台表演的主角，晚会会对当年的热点网络事件进行盘点和呈现，晚会策划及播出过程中网民意见起到决定性作用，等等。

发展阶段（2010—2019 年）：2010 年，北京电视台联合新浪网、中国移动共同推出了“首届北京电视台网络互动春节联欢晚会”，并且首开“小年夜起连播七天”的约会式编排，抢占了小年夜至除夕持续一周的“春晚预热周”，与北京电视台节日期间播出的数台春晚形成一条闪亮的播出带，有力拉动了北京春晚的整体收视氛围。① 与此同时，第一视频等网站在 2 月 6 日小年夜举办了“风景这边独好 · 春网开元”网络春晚，这场晚会的特别之处在于，网民可以在不同的机位镜头之间自由切换，从不同视角欣赏节目，还可以切换到后台观看演员在后台化妆、吃东西、候场等花絮。此外，天涯社区、南海网、华声在线、搜房网等网络媒体也都纷纷加入到“网络春晚”队伍中，这一年也被称之为“网络春晚元年”。②2011 年，中央电视台正式推出首届网络春晚，且在大年初一至初六连续举办六场，形成“带状晚会群”。北京电视台、山东电视台、青海电视台等也都延续或开办了网络春晚。此后，诸多电视台也都开办了自己的网络春晚，电视台成为各种“网络春晚”的主办单位；而网络春晚的传播渠道也从早期的互联网播出转向电视渠道与互联网渠道联合播出，影响力得到极大拓展。

创新出圈阶段（2020 年以来）：2019—2020 年岁末年初，视频网站 B 站在成立十周年之际首次推出主题为“2019 最美的夜”新年晚会。

---

① 冷淞：《论“北京春晚”的突围与创新》，《现代视听》2010 年第 3 期，第 57—59 页。

② 2010 年是“网络春晚元年”？专家：娱乐文化平民化，中新网，https://www.chinanews.com/cul/news/2010/02-16/2124756.shtml。

这台晚会由B站和新华网联合主办，朱广权、陈超担任主持人，分为日落、月升、星繁三个篇章。12月31日当晚，通过B站观看直播的观众数量超过8000万人，6天之中，晚会回放量超过了6700万，弹幕数达到244万，晚会结束后两日，B站股价涨幅超过18%。除了数据表现亮眼，B站的这次晚会也收获了媒体和受众的高度好评，引发了一场关于主流文化与青年亚文化的大讨论。作为首次加入跨年晚会阵营的互联网视频平台，B站以贴合年轻人的方式，围绕年轻人喜爱的游戏、电影、动画等IP，为年轻人呈现了一场“怀旧”晚会，整体晚会呈现出三大突出特点：一是晚会节目与知名IP作品相关联。35个节目中有11个节目都和知名IP作品相关，知名IP的场景化呈现，也为观众带来了强沉浸式体验；二是艺人抉择与站内用户相契合。既有吴亦凡、胡彦斌、周笔畅等艺人，还有墨韵（Moyun）、孟晓洁（Jae）、易言音乐区知名UP主；三是贯穿全程的交响乐队全配置。交响、电声乐队成员达百余人，晚会中超过七成的节目均由交响乐队现场演奏，令观众耳目一新。总的来说，B站的这台晚会开辟了网络节庆晚会创新突围的新高度，可以看作是一次“青年亚文化向‘主流化’进军的内容创新”，① 众多自带滤镜的好评，“正是由于这场晚会的成功所代表的深度意义在于——草根文化对主流文化形成了逆袭。”②

事实上，网络春晚发展的二十年也正是中国互联网高速发展的二十年，是以开放互联、自由平等、协作共享等为特征的互联网文化快速崛起的二十年。而网络春晚作为互联网精神在文艺晚会创作领域的具体体现，彰显的是互联网时代大众话语的张扬与崛起，“我的地盘我做主”，“我”就是千千万万的普通网民、普通“草根”，“我”有自己的兴趣和

---

① 张彤、张伟：《“哔哩哔哩”新年晚会：青年亚文化和主流文化的双向“出圈”》，《声屏世界》2020年第6期，第57—58页。

② 阿莫：《B站跨年晚会“出圈”，时代真的变了？》，新京报，http: //www.bjnews.com.cn/culture/2020/01/08/671430.html。

图 0-20 Bilibili“二零一九最美的夜”新年晚会

价值观，“我”拥有了文化表达的权利与渠道，集中体现了网络文化平民化、个性化的文化属性。

总之，在中国电视文艺发展的长河中，春晚一直是一朵璀璨的奇葩，每一年都点燃着中国民众激情，引领着中国电视文艺不断走向辉煌。

第一章

探索中起航：初露锋芒的早期春晚

（1983—1992）

1983年央视春晚被人们普遍认为是我国首届电视春晚，是我国电视春晚延续近四十年历史的起点。这场晚会之所以被视为春晚的开端，是因为它“在名称、内容、形式、气氛等各方面都为以后的历届春节联欢晚会起到了奠基作用。”[①] 也是“从这一年起，电视春节晚会才开始逐渐形成内容丰富、格调鲜明、形式多样、气氛热烈的以综合艺术和现场直播见长的艺术特色，并进入成熟期。”[②]

这场春晚并非突如其来，从天而降。回望新中国成立初期，每逢临近新春，举办联欢晚会在首都文艺界乃至全国各地文艺界实际成为一个时期的惯常。最早可以追溯到1955年由《人民日报》、新华社、国家广播事业局、《大公报》等媒体联合发起的一场联合社会各界知名人士，包括工、农、商、学、兵、知识分子和曲艺界大家欢聚一堂的文艺表演汇演。这次汇演虽是在第二年以纪录电影形式面世，但当时整场汇演突破以往文艺表演范畴，发挥出了不同群体的文化示范作用。汇演呈现的“观众即演员，演员即观众”的轻松氛围和茶座式空间设计，更是称得上1983年春晚诞生前的雏形。

1958年中国电视诞生，北京电视台成立（即中央电视台前身），除

① 刘习良主编：《中国电视史》，北京：中国广播电视出版社2007年版，第231页。
② 陈志昂主编：《中国电视艺术通史》，北京：中国文联出版社2000年版，第25页。

七十年代停播外，我国电视台一直有举办庆贺新年或者春节联欢活动的传统。像 1958 年 12 月 31 日上海电视台直播的新年联欢晚会。中央电视台从成立起始也一直有春节晚会播出，年年在做，但规模不一。到六七十年代，当时主要是转播每年春节在人民大会堂由国务院办公厅、文化部、广播事业局和总政治部联合举办的一些内部联欢晚会，中央电视台只负责转播[①]，并未独立承办。

对后来春晚诞生具有重要影响和意义的是 20 世纪 60 年代初期北京电视台（中央电视台前身）举办的“笑的晚会”。1961 年，我国三年自然灾害困难时期逐渐进入尾声，6 月，周恩来在北京主持召开了“新侨会议”，倡导“双百”方针和文艺民主，这一会议在沉寂已久的文艺界激起巨大波澜。在这样的背景下，北京电视台（中央电视台前身）迅速响应，两年内举办了三次影响力甚大的“笑的晚会”，虽引发了不少批评和争议，但它仍然直接奠定了以娱乐为主要内容、以“茶座式”联欢活动为场景设置的晚会模式。

1978 年 12 月十一届三中全会之后，宣告十年“文革”的终结，中国电视事业进入一个新的起点。“这是电视文艺开始转型的标志，即从单纯配合政治宣传转变为重新确立电视文艺自身的价值与功能。”[②]尽管如此，当时的意识形态宣传领域仍然有很多的限制，这在 1978 年之后连续几届迎新春文艺晚会能窥见一斑。这些晚会都没有摆脱当时政治宣传为主的特色，大部分表演内容说教大于艺术表达，没有吸引力，观众普遍反映缺乏气氛，效果不佳。[③]加之经济发展的客观条件限制，1978 年全国电视机拥有量才 100 多万台，到 1979 年，全国电视拥有量也仅仅达到 485 万台，且绝大部分是黑白电视机，人们只有在机关单位或者

① 王一:《金牌导演的春晚态度》,《解放日报》2014 年 1 月 24 日第 9 版。

② 张凤铸主编:《中国当代广播电视文艺学》，北京：北京广播学院出版社 2004 年版，第 67 页。

③ 刘可:《春晚破土》,《北京日报》2008 年 12 月 15 日第 9 版。

少数干部家庭才能集体观看，这也直接影响了传播效果。如今，很难有人再完整地回忆起那些晚会场景，但不能否定的是，自1978年春节晚会恢复举办，标志着我国电视文艺开始迎来新的春天。[①]

也有学者对此持不同看法。1978—1982年，中央电视台举办或播出的几场迎新春文艺晚会，虽然没有沿用统一的晚会名称，也未形成固定的播出时间和广泛的影响力。但是这几场晚会均以丰富的节目形式给改革开放初期的人民群众带来耳目一新的感受，为1983年央视春晚的诞生做了相应的积淀和准备，堪称春晚序曲。[②]这里还应包括1980年中央电视台《八十年代第一春》春节文艺晚会、1981年1月29日中央电视台《首都迎春音乐相声晚会》[③]，1981年除夕，上海电视台录播播出被认为是上海春晚的雏形的《春节电视点播大联欢》[④]，1982年中央电视台播出了由39家科技出版社联合主办的《迎春联合晚会》[⑤]等晚会。

其中，1979年除夕夜，中央电视台录制播出“迎新春文艺晚会”，晚会沿用了“茶座式”表演形式，在开场部分颠覆了过去大段的政治宣传口号和新年贺词，大胆安排了当时少见的交谊舞表演，并安排相声演员进行串场。导演曾表示，就是要突出“欢乐”二字，通过这台晚会，把全国人民长期被压抑的热情充分地释放出来，表达出当时人们普遍存在的这种兴奋与炽热的情感。[⑥]也有不少人认为这台晚会才是严格意义

---

① 张凤铸主编:《中国当代广播电视文艺学》，北京：北京广播学院出版社2004年版，第66页。

② 张洁、宫承波:《试论春晚的诞生》，《当代电视》2019年第7期，第43页。

③ 于广华主编:《中央电视台大事记》，北京：人民出版社1993年版，第112页。

④ 参见上海文广新闻传媒集团电视新闻中心《深度105》特别节目《电视的记忆》，第二集《电视的记忆之春晚现象》。

⑤ 张庆、胡星亮主编:《中国电视史》，北京：中央广播电视大学出版社1996年版，第229页。

⑥ 邓在军:《1979年央视首次办春晚，〈祝酒歌〉唱响全国》，https://ie.bjd.com.cn/5b165687a010550e5ddc0e6a/contentApp/5b1a1310e4b03aa54d764016/AP5c5295ece4b03921ac4d5c29. html? isshare=1。

上的第一届“春晚”。

同年，1月29日（农历年初二），香港无线电视（TVB）与广东电视台在广州合办了《羊城贺岁万家欢》，在粤港两地同时直播，时长4小时。改革开放之初，与境外媒体合作不是一件小事，标志着十一届三中全会后国内文艺界在意识形态上的首次开放，影响深远。这场晚会在广州烈士陵园举行，星光熠熠，两地全明星阵容，晚会内容兼容歌曲、舞蹈、杂技、小品、粤剧等多种文艺形式，穿插了广州风貌、名胜古迹、市民闹新年的场面。中心舞台选在外景，多场景切换、运动镜头、表演实景、风格新异等形式令人耳目一新。晚会当晚现场观众有2000多人，而守候在9寸黑白电视机前追看的广州市民创造了“万人空巷”的绝对收视高峰。

除了之前这些晚会的积累，还有更重要的时代根源，决定了首届电视春晚诞生于1983这个年份。有学者曾评价，1983年这场具有里程碑意义的晚会并非从天而降，而是历史继承与时代需求汇聚的结果。[①]到1982年，全国形势总的来说已经比较“明朗”，人们的物质生活水平进一步提高，广大人民群众被压抑已久的情绪渴望得到释放，内心深处也亟须通过某种形式去愉悦身心、放松自己，扫除十年的阴霾。[②]1983年是改革开放初期，万象更新的年代，人们很需要一个某种程度上带有国家意志和举国范围的平台，来鼓舞民心、振奋精神。[③]1983年的央视春晚在这样的时代背景和大众需求下应运而生。春晚契合了春节的定位和主题，一是家庭团聚，二是全民狂欢，三是辞旧迎新。有了这三个因素，春晚就满足了过年时老百姓的需要，这是过年心理的需要、文化需

① 张洁、宫承波：《试论春晚的诞生》，《当代电视》2019年第7期，第41页。

② 田园、宫承波：《风雨春晚情》，北京：中国广播影视出版社2015年版，第32页。

③ 参见上海文广新闻传媒集团电视新闻中心《深度105》特别节目《电视的记忆》，第二集《电视的记忆之春晚现象》。

要和精神需要。在这样的基础上，春晚就很容易走进大众生活，成为过年的一项新内容。央视前副台长洪民生曾在2013年接受《中国周刊》的一次采访中表示，“回想第一届春晚，算不上什么创举，只不过在最匮乏的年代他们撕开一个小口子就能让观众无比满足，人们对文化与文艺的饥渴。”①

1983年央视“春晚”的诞生，如同一枚石子猛然投入平静的湖面，激荡起无数涟漪，在当时沉闷的文化界迅速引起巨大的争议。一台完全以欢歌笑语为核心的晚会，颠覆了绝大部分人多年的晚会概念。一时之间，质疑、批判四起，但更多的是全国观众的喜爱和支持。从大年初一开始，广播大院的收发室就收到了来自全国各地的慰问信件，“数量多得成千上万，到现在也不知道最终的统计数字，绝大部分都是表扬晚会办得好。”②1983年的央视春晚，在全国引起轰动，成为人们街头巷尾热议的话题。也就是从这一年开始，春节前抢购电视机，成为20世纪80年代农历新年的一大景观；除夕之夜的春节晚会，也成了中国家庭和吃年夜饭、放鞭炮一样必不可少的事情。③

其时，春晚观众还仅限于当时中国一部分经济能力和知识水平都处于社会中上等水平的城市居民，这些观众确立了春节晚会最初的文化格调：艺术的、有思想内涵的；但也是轻松的、活泼的。一句话，是大众的。④曾有观众来信时提到，“你们是人民自己的电视台”。⑤学者郭

① 闫小青：《洪民生：不愿做把关人》，http://ent.ifeng.com/tv/special/shenianchunwan/content-6/detail_2013_02/25/22445430_1.shtml。

② 刘可：《春晚破土》，《北京日报》2008年12月15日第9版。

③ 参见上海文广新闻传媒集团电视新闻中心《深度105》特别节目《电视的记忆》，第二集《电视的记忆之春晚现象》。

④ 郭镇之：《从服务人民到召唤大众——透视春晚30年》，《现代传播》2012年第十期，第7—12页。

⑤ 参见上海文广新闻传媒集团电视新闻中心《深度105》特别节目《电视的记忆》，第二集《电视的记忆之春晚现象》。

镇之也评价，以直播为特殊仪式、超级电视节目的1983年春晚是媒介事件，电视奇观。这场晚会是独特的具有历史的延续性和创新的自发性。它承前启后，是“人民”时代电视联欢的尾声，也是新时代文艺转型的发轫。[①]

图1-1　1983年央视春晚李谷一演唱《乡恋》

就这样，1983年除夕央视春晚带着自我创新破壳而出，沐浴着改革开放初期的春风春雨，在电视得以普及发展的大好条件下，大踏步走来。充分迎合了人们蓬勃向上的精神文化需求，因此，它的出现毋庸置疑地带来了前所未有的社会影响。

至此，从1983年起，中央电视台春节联欢晚会在全国观众乃至全球华人中的知名度、覆盖面和影响力，达到令人难以置信的程度。[②]根据中央电视台的收视率调查显示，1986年春节联欢晚会全国各大城市的收视率达到了86%以上，一台晚会能达到这样高的收视率，这在世界各国都是罕见的。[③]1987年据北京地区的抽样调查显示，这一年中央电视台春晚的收视率达到了87%的惊人数据。[④]1989年据全国抽样调

① 郭镇之：《从服务人民到召唤大众——透视春晚30年》，《现代传播》2012年第十期，第7—12页。

② 常江：《中国电视史：1958—2008》，北京：北京大学出版社2018年版，第278页。

③ 洪民生主编：《追忆：中央电视台1983—1989春节联欢晚会》，北京：中国国际广播出版社1990年版，第186页。

④ 郭镇之：《中国电视史》，北京：中国人民大学出版社1991年版，第216页。

查表明，那年晚会平均收视率为62%，最高地区达到78%。[①] 它与《新闻联播》一道以文艺与新闻领域的绝对文化武器，成为电视业在中国社会影响力全面凸显、从末流媒体跃升至第一媒体的关键因素，这一段的发展过程也是电视走向辉煌的重要节点。[②]

究其这一时期中国电视成功的原因，有两个重要影响的现实因素不能忽略，首先是1978年改革开放后，我国经济、政治、文化、社会等各方面有了明显的进步与提高。逐渐走出贫穷、禁锢与封闭的大众百姓对精神文化生活的需求大大提高。另一个是市场经济的发展为扩大传播提供了便利，从1982年下半年开始，国产黑白电视机降低零售价格，电视开始普及，出现在寻常百姓家。

而对于观众来说，之所以八十年代的春晚能让广大群众心悦诚服地接受并喜欢，无法超越，一是八十年代娱乐文艺相对贫瘠荒芜，文化资源相对垄断；二是电视文艺的价值取向契合了当时大众审美趣味和社会风；三是春晚赋予了中国电视观众共同的文化仪式和集体身份，[③] 使得春晚成为了春节新民俗。

自1983年到1992年整十年，成长到十岁的早期春晚从总体而言，成绩并不是多么斐然，但创新和突破一直未曾中断，作品内容越来越贴近百姓生活，许多歌曲小品相声都为人们所牢记并广为传播。[④] 早期春晚始终忠于观众的那份坚持，并实现自我突破和自我完善，为未来的发展延续打下了基础、创造了条件。

① 洪民生:《追忆：中央电视台1983—1989春节联欢晚会》，北京：中国国际广播出版社1990年版，第226页。

② 常江:《中国电视史》，北京：北京大学出版社2018年版，第278页。

③ 常江:《中国电视史》，北京：北京大学出版社2018年版，第278页。

④ 宫承波、张君昌、王甫主编:《春晚三十年》，山东：泰山出版社2012年版，第117页。

第一节　创作导向：唱响国家主旋律

一、意识形态概念的具象化

1980 年 1 月 16 日，邓小平在《目前的形势和任务》的重要讲话中指出：“为了实现安定团结，宣传、教育、理论，文艺部门的同志们，要从各个方面来共同努力……”1983 年，“春晚”正式创办。作为我国内地综艺节目的源头，“春晚”担负起传播政治文化、维护政权稳定、塑造国家形象等宣传舆论引导工作，成为连接党、政府和群众之间的桥梁。

以往党、国家、民族对于每个家庭和个人更多的是不具象的意识形态概念。它们作为一个政体概念，是高度抽象难以与个体产生直接联系的。

共时与历时性的春晚收看不仅仅意味着一个简单的节目观看行为，而是被赋予了多重政治、社会和文化功能。[①] 正是电视的普及维系了统一体，共识通过电视得到了落实。央视是党和国家重要的宣传喉舌，因此央视承办的春晚必须符合党和国家的精神。“春晚”是党和国家意识形态与传统习俗互相弥合、互相促进的舞台。[②]

在重要的传统节日节点，春晚通过电视媒体技术的呈现，使得抽象的意识形态概念转化成了具体可感的影像，再通过大众传媒传达给每个个体与家庭。更准确来说，就是通过影像表征，具象化国家年度记忆的庞大文本，以电视媒介为渠道，输出国家意识形态的理解框架而

---

① 谢卓潇：《春晚作为记忆实践——媒介记忆的书写、承携和消费》，《国际新闻界》2020 年第 1 期。

② 师力斌、刘岩：《春晚 30 年我们的记忆与反思》刘涛发言部分，《文艺理论与批评》2012 年第 2 期，第 35 页。

达到传播力的效果。这点不仅仅是在早期春晚，而是延续了春晚整个历史进程。

虽然“春晚”从一开始就通过设立热线电话和茶座来拉近与观众的距离，但是舆论内容仍局限于节目内部，引导也以宣传教化为主。20世纪80年代的早期春晚更多的是对党和国家“母亲化”“亲情化”热爱的直接表达，借助歌曲名字或者主持人的话语，表达要倡导的价值观。如1983年李谷一演唱的《问声祖国好》、1984年殷秀梅演唱的《党啊亲爱的妈妈》、1985年张建一演唱的《祖国慈祥的母亲》、1986年殷秀梅演唱的《祖国啊我永远热爱你》、1988年阎维文演唱的《我们的祖国歌甜花香》等，一听这些歌曲标题就能使观众油然升起对祖国的热爱之情。邀请港澳台同胞和海外留学游子歌唱歌颂祖国、思念家乡的歌曲，进一步表达了忠于祖国的情怀，如1984年中国香港歌手张明敏演唱的《我的中国心》、1986年赴法留学游子苏小明演唱的《军港之夜》和美籍华裔歌手费翔演唱的《故乡的云》等。一些游戏环节的设立也明确表明政治化的功能，如1983年的两个谜语“从上至下广为团结”和“制定人口政策”、1986年的谜语“四化在心上”等。①

图1-2　1986年央视春晚苏小明演唱《军港之夜》

这样对党和国家直接母亲化的赞美和讴歌，与八十年代针砭时弊的语言类作品相互依存，实际上也是对思想解放时代氛围的折射。

① 朱清河、张明珠:《央视“春晚”舆论引导的主题变迁与价值逻辑》,《教育传媒研究》2019年第四期，第14—18页。

将党和国家二者一体化具象在母亲的光环下，与“较强的时代感和社会意义”并存。这种意识形态的表述方式在当时是有着广泛的社会基础和观众的认可度的。①

有学者认为，在当时，公众包括各个阶层，其实是非常缺乏认同的，所以70年代的人，人和人之间是有断裂感的，而春晚就像一个黏合剂，大家在看春晚的时候，突然觉得，我们是一个拥有共同的国民身份，我们同属于一个国家，或者说同属于我们经常所说的华夏民族，这在80年代是有它价值的代表性。②

二、国家认同的宣教式建构

国家认同，是指一个国家的公民对自己祖国的历史文化传统、道德价值观、理想信念、国家主权等的认同。③它的主要表现是国民的归属感。而春晚作为一年一度重大的媒介事件，为国家通过媒介强化认同提供了一个强有力的途径。1997年春晚导演袁德旺曾在采访中表示，整个国家形势变化造成春晚由过去的联欢样式逐渐演变成庆典样式，由于老百姓对春晚越来越关注，每年一届的春晚都拥有中国电视文艺史上最大的目标收视人群，这就不可避免要对过去一年国家政治生活、经济生活、文化生活所带来的变化进行表述，这是春晚应该承担的责任。④

春晚中国家认同的构建，正是借助电视媒介，在辞旧迎新的关口，讲述国家一年的成就，关乎中国政治、经济、文化各方面，使人们将个

---

① 李黎丹:《央视春晚意识形态运行模式的变迁》,《现代传播》2011年第五期，第31页。

② 参见上海文广新闻传媒集团电视新闻中心《深度105》特别节目《电视的记忆》，第二集《电视的记忆之春晚现象》。

③ 贺金瑞、燕继荣:《论从民族认同到国家认同》,《中央民族大学学报》2008年第3期，第7页。

④ 中央电视台纪录频道:《春晚30年》，上海：上海科学技术文献出版社2013年版，第163页。

人情感空间转变为公共情感空间，让每个人感觉到国家与自己的联系，成为国家共同体中的一分子。从早期春晚主题看，1983 年到 1992 年，十年春晚主题都有“团结”二字，其次出现频率最高的关键词是“欢乐”。这两个基调关键词贯穿了历届晚会，分别代表了春晚的政治与艺术上的核心方针。这也显示了春晚对发挥召唤国民作用的愿望。从具体节目主题看，历届春晚无一不在刻意营造国家统一兴盛、民族团结、人民生活幸福安康等观念，于是邀请港澳台明星、展现民族歌舞、展示体育成绩、科技成果等成为春晚常见的节目主题。①

表 1-1　1983—1992 年央视春晚相关信息

节目名称	导　演	主　题
1983 年	黄一鹤、邓在军	团圆、欢乐、希望
1984 年	黄一鹤、张淑芬	爱国、统一、团结
1985 年	黄一鹤	团结、奋进、活泼、欢乐
1986 年	黄一鹤	团结、奋进、欢快、多彩
1987 年	邓在军	团结、向上、喜庆、红火
1988 年	邓在军	欢乐、团结、奋进
1989 年	赵安、张晓海	团结、欢乐、向上
1990 年	黄一鹤	团结、欢乐、祥和
1991 年	郎昆、胡森、杨东升等	团结、欢乐、多彩
1992 年	赵安	团结、欢乐、祥和

20 世纪 80 年代以来的春晚“欢乐、热烈、团结、奋进等重大导向性主题”似乎不变，但又各自有鲜明的时代印记。每一个节目都引出每个年代的一个故事，每一个节目都体现出整台晚会的时代特色，具有

① 金玉萍：《媒介中的国家认同建构——以春节联欢晚会为例》，《理论界》2010 年第 1 期，第 160 页。

强烈时代性。如 1983 年李谷一演唱《乡恋》; 1984 年张明敏演唱《我的中国心》，李富荣、张燮林的乒乓球表演; 1987 年费翔歌曲《故乡的云》《冬天里的一把火》，徐良、王虹歌曲《血染的风采》; 1989 年潘安邦歌曲《外婆的澎湖湾》和访谈《台湾老兵》; 1990 年台湾歌手文章歌曲《我是风》，张晓梅歌曲《好大一棵树》，少儿节目《京剧迪斯科》; 1991 年冯巩、牛群相声《亚运之最》和毛阿敏歌曲《都是一个爱》; 1992 年郁钧剑歌曲《说句心里话》，南京军区话剧团小品《百年》，潘长江、郭昶、黎舒兰小品《草台班子》。[①]

回顾春晚从诞生到发展至今的历史进程，学者郭镇之曾表示，春晚从最初带有朴素阶级情感的人民内部的电视联欢活动逐渐变身为维护国家意识形态的超级节目，从非商业性逐渐发展到高度的商业化。从联欢活动变为超级表演与媒介事件。而 80 年代是“人民”意识形态由惊鸿一瞥到逐渐式微的过程。[②]1983 年春晚是“人民”联欢活动，在春晚历史上实际只有这一届。[③] 从 1984 年开始，春晚开始承载政治任务，它不再是一场“土”气却亲切的平民春晚。如果说 1983 年春晚还只是在相声中添加了反映生活新变化的段子，到了 1984 年春晚，则变为直接开宗明义的“宣告”，比如直接邀请在四化各条战线的英雄模范人物上场接受“表白”。[④] 这样的转变也成为早期央视春晚延续下来的一大特点。80 年代的央视“春晚”在舆论引导方式上是直接鲜明的，舆论引导的内容是思想解放下的家国情怀。[⑤]

---

① 盛伯骥主编:《中国电视文艺通论》之实践论，北京：中国广播电视出版社 2018 年版，第 67—68 页。

② 郭镇之:《从服务人民到召唤大众——透视春晚 30 年》,《现代传播》2012 年第十期，第 7—12 页。

③ 郭镇之:《从服务人民到召唤大众——透视春晚 30 年》,《现代传播》2012 年第十期，第 9 页。

④ 宫承波、张君昌、王甫主编:《春晚三十年》，山东：泰山出版社 2012 年版，第 24 页。

⑤ 朱清河、张明珠:《央视“春晚”舆论引导的主题变迁与价值逻辑》,《教育传媒研究》2019 年第四期，第 14—18 页。

同样的，也有学者认为，春晚作为一种国家话语的组织和呈现形式，在 20 世纪 80 年代中后期开始固化。来自少数民族、解放军和社会基层的模范人物开始成为春晚不可或缺的面孔，这不仅是出于政治正确的需要，更是对洋溢在整个 80 年代社会风气中的爱国主义情怀的呼应。[①]1990 年的春晚零点报时仪式上，国家最高领导人亲临现场并致辞。在此后的 1991 年至 1995 年的“春晚”，都有国家领导人讲话和慰问基层群众的拜年视频。因此，1990 年的晚会是春晚历史上的一个重要节点。虽然央视“春晚”每年的准点直播、零点报时和盛大歌舞开场等本就具有仪式化，但是 90 年代的“春晚”舞台上出现了政治特征和情感共鸣更加显著的仪式化设定，通过设立这一具有丰富政治内涵和符号指向的环节，使人们感受到国家权威的同时也感受到国家对普通民众的重视。[②] 从 1990 年这一年起，春晚作为国家仪式的政治功能得到建制性的确认，使得 90 年代春晚无论在内容还是形式上均发生了极大变化，与 80 年代的质朴之风形成鲜明对照。[③] 有学者认为，随着国家主流话语的全面介入，央视春晚逐渐置换成为一种国家意志对国民的身份召唤，从一个在偶然中诞生的节目转变为某种必然的国家主流话语的传媒镜像。[④]

但在这样宣教式的大氛围当中，也不乏有好的尝试。如执导 1987 年和 1988 年春晚的女导演邓在军，除了相声、小品等制造欢乐的内容之外，还有意识地发掘了那些足以引起全体人民共鸣、能够强化社会共识的时新现象融入春晚。如讴歌参加对越自卫反击战的英雄战士、倡导对底层群体的“关爱”。不仅是那个时代社会意识的“政治正确”，而

① 常江:《中国电视史》，北京：北京大学出版社 2018 年版，第 277 页。

② 朱清河、张明珠:《央视“春晚”舆论引导的主题变迁与价值逻辑》，《教育传媒研究》2019 年第四期，第 14—18 页。

③ 常江:《中国电视史》，北京：北京大学出版社 2018 年版，第 278 页。

④ 李黎丹:《央视春晚意识形态运行模式的变迁》，《现代传播》2011 年第五期，第 30 页。

且为这种意识形态注入了人情和人性因素。更重要的是，在当时，这些政治正确是建立于主流社会价值观的共同基础之上，享有广泛民意支持的，20 世纪 80 年代后期的这种集体共识是心甘情愿的。① 导演邓在军曾表示，1987 年春晚之所以成功，是由于大家齐心想共同创作出一台符合时代需求、符合观众需求的晚会。无论从内容的新鲜感上，还是整个节目节奏紧凑上，都让观众随着节奏走，吸引更多观众，不让观众厌台。②

第二节　节目形式：综合文艺经典频现

一、相声小品成为顶梁柱

20 世纪 80 年代初，语言类节目主要是相声和话剧，喜剧小品仍未成型，当时被称为短节目表演。谈到语言类节目，尤其是小品的诞生，不能错过的就是 20 世纪 60 年代初三次“笑的晚会”。1962 年春节前办的第二次“笑的晚会”，这场晚会的改进与创新不仅是采用“茶座式”演出形式，改变了以舞台为中心的传统模式，打破了电视和观众之间的“第四堵墙”，这次晚会也是小品第一次登上荧幕。③ 晚会“试图突破原有文艺节目局限”，创作一些适于电视演播的喜剧节目，为探索电视文艺节目的新形式积累了有益的经验。④

---

① 郭镇之:《从服务人民到召唤大众——透视春晚 30 年》,《现代传播》2012 年第十期，第 7—12 页。

② 中央电视台纪录频道:《春晚 30 年》，上海：上海科学技术文献出版社 2013 年版，第 157 页。

③ 刘习良主编:《中国电视史》，北京：中国广播电视出版社 2007 年版，第 52 页。

④ 张凤铸主编:《中国当代广播电视文艺学》，北京：北京广播学院出版社 2004 年版，第 60 页。

1962年9月30日，第三次“笑的晚会”以国庆晚会的形式播出。由于小品效果显著，在第三次“笑的晚会”中，相声比重降低，小品上升为重头戏。晚会播出后，原以为观众的好评会更强烈，没想到寄来的信中却有不少尖锐的反对之声，有来信称这是“以廉价的方式来向小市民趣味讨好”，而且，还是在国庆前夕，在“外宾云集的首都”播出的。

80年代思想极为活跃，是人们长年政治压抑后的强劲爆发，现实主义文艺得以发展，文艺作品体现了对传统和主流文化的反思和启蒙。[①]早期春晚的小品和相声是至今都难以逾越的高峰，尤其是80年代针砭时弊的作品。

1984年的第二届春晚，晚会的形式开始有了全新的变化和突破，语言类节目开始成为春晚舞台的重头戏，当年马季以相声《宇宙牌香烟》被观众所熟知，他扮演了一个换着牌子骗人的商人，兜售劣质香烟，做一锤子买卖，因贴近生活，表现经济转轨期鱼龙混杂的现象颇受好评。他以看似温和的语言辛辣地讽刺了当时社会的不良现象，同时为无数观众制造了难忘的欢声笑语。

那个年代的相声，辛辣讽刺，紧跟时代，是春晚相声史上至今难以逾越的高峰。又如1988年，姜昆、唐杰忠的《电梯奇遇》，讲姜昆被困在电梯里，但单位领导说大话，不解决实际问题，各部门之间相互推脱，最后还不如一个小女孩儿机灵。1988年，春晚还启用了南斯拉夫卡罗尔说相声，春晚第一次出现了外国人。同样是1988年，牛群的《巧立名目》，讽刺公款吃喝，“领导，冒号”成了当年的流行语。笑林的《招聘》则讽刺改革开放后的一些不正之风，各行各业靠拼酒拉关系、做生意。[②]

从那时开始，相声开始了长达十余年的辉煌期，姜昆、侯耀文、牛

① 桂青山:《中国当代文艺思潮研究》，北京：北京师范大学出版社2010年版，第84页。

② 息相吹:《春晚1980s：一段改革开放记忆》，https: //www.sohu.com/a/293663126_383724。

群、冯巩等相声演员成了春晚的常客，当年的相声针砭时弊，贴近生活，成为观众最喜闻乐见的节目。①

图 1-3　1988 年央视春晚相声《巧立名目》

实际上，1984 年春晚的创新中，更重要的是让观众们认识了“小品演员”这一全新的工种。1983 年《逛厂甸》《阿 Q 的独白》《弹钢琴》《吃鸡》等节目，都是试验性质的小品。1984 年春晚上第一代小品王陈佩斯和朱时茂一碗接一碗地吃面条的滑稽喜感，让观众第一次了解了小品的艺术魅力。从 1984 年的《吃面条》，再到之后的《拍电影》和《羊肉串》，“小品王”陈佩斯和朱时茂搭档组合逐渐成为了 80 年代春晚的台柱子。

1983 年至 1986 年的春晚节目也“摸着石头过河”，总结出相声、小品、歌曲（加伴舞）三位一体的成功经验。最终，小品以戏剧式的夸张动作夺去了以语言幽默见长的相声的首席春晚“笑果”地位。这也是春晚受众日益大众化和文艺环境逐渐娱乐化带来的趋势。② 从此以后，电视文艺界开始了大胆的创新，“春晚”成为了业内的改革先锋，小品这种新颖的文艺形式伴随着“春晚”正式登上舞台。

1987 年春晚，相声方面延续上一年的传统，继续由黄金搭档完成，另外，群口相声首次登场，《五官争功》堪称相声领域的一面新旗帜，远超六七十年代甚至是八十年代初的相声剧及其他群口相声。③ 而在小

① 朱凯：《央视春晚 30 年之“变”》，https://ent.qq.com/a/20120123/000109.htm。

② 郭镇之：《从服务人民到召唤大众——透视春晚 30 年》，《现代传播》2012 年第十期，第 7—12 页。

③ 宫承波、张君昌、王甫主编：《春晚三十年》，山东：泰山出版社 2012 年版，第 37 页。

品节目中，除了传统的表演形式，如《恩爱夫妻》《产房门外》等，首次出现了一些蕴含小品元素的泛小品类节目，[①]包括戏曲小品《孙二娘开店》、动物小品《家庭聚会》、相声小品《拔牙》。这些节目都大胆借鉴了小品表情丰富、动作夸张的优势，并与自身节目性质相结合，打造出全新的节目央视，极大地丰富了春晚的节目品种。[②]

再后来，赵本山、宋丹丹、黄宏、蔡明、赵丽蓉、范伟等小品演员将小品这门艺术推向了巅峰。[③]1990 年，一句“傻样儿”让赵本山、黄晓娟表演的小品《相亲》广为人知，也让东北籍二人转演员赵本山开始成为全国最受欢迎的笑星，从此以后，赵本山成了每年春节晚会最受期待的演员之一，成为继陈佩斯之后的第二代“小品王”。这届春晚的创下了语言类节目的高峰，陈佩斯和朱时茂的《主角与配角》、岳红和巩汉林的《打麻将》、严顺开和黄宏的《难兄难弟》都很精彩。也正是从这一届晚会开始，从话剧教学手法借鉴过来的小品，凭借其更通俗化、更具有地方特色的方言幽默，逐渐取代传统曲艺成为春晚的压轴菜。

二、港台流行音乐文化登上舞台

表 1-2　1983—1992 年央视春晚港澳台参演人员

时间	央视春晚中出现的港澳台演出人员
1983 年	林丽芳（台湾）
1984 年	黄阿原（台湾）、黄植诚（台湾）、陈思思（香港）、张明敏（香港）、李大维（香港）
1985 年	朱苑宜（台湾）、斑斑（香港）、奚秀兰（香港）、罗文（香港）、汪明荃（香港）
1986 年	江桦（香港）、张德兰（香港）
1987 年	叶丽仪（香港）、费翔（台湾）

① 耿文婷：《中国的狂欢节：春节联欢晚会审美文化透视》，文化艺术出版社 2003 年版，第 69 页。

② 宫承波、张君昌、王甫主编：《春晚三十年》，山东：泰山出版社 2012 年版，第 58 页。

③ 朱凯：《央视春晚 30 年之“变”》，https://ent.qq.com/a/20120123/000109.htm。

续表

时间	央视春晚中出现的港澳台演出人员
1988 年	蒋丽萍（香港）、包娜娜（台湾）、万沙浪（台湾）、戚惠（台湾）
1989 年	徐小凤（香港）、潘安邦（台湾）
1990 年	张明敏（香港）、文章（台湾）、凌峰（台湾）
1991 年	甄妮（香港）、谭咏麟（香港）、邝美云（香港）、姜育恒（台湾）、潘美辰（台湾）
1992 年	刘德华（香港）、张雨生（台湾）、小虎队（台湾）、庾澄庆（台湾）、胡慧中（台湾）

早期春晚历史进程中不得不提到的重要创新，是自 1984 年起，春晚开始邀请港台演员参加表演。今天重新回顾审视，其背后的政治意义和文化意义都颇为深远。1983 年“春晚”大获成功之后，1984 年“春晚”导演顶着压力，苦苦寻找创新的突破口。1984 年中央提出“一国两制”，这一政治事件成为关键点。最终，在 1984 年这届春晚上，身着中山装的香港歌手张明敏演唱了《我的中国心》，立刻风靡全中国，它不仅激发了观众的爱国之情，更让全球华人为之触动。也正是因为春晚的存在，让全球华人在除夕夜这一特定的时刻，四海一家、欢聚一堂，凝聚起共同的民族情感。[①]

图 1-4　1984 年央视春晚张明敏演唱《我的中国心》

邀请港台流行明星上春晚，这一创

① 中央电视台纪录频道:《春晚 30 年》，上海：上海科学技术文献出版社 2013 年版，第 31 页。

新从政治角度和文化角度背后有着深刻的时代根源。港台明星上春晚成为了一个政治事件，表现了一种实现祖国统一大业的强烈决心。[①] 而在当时的背景下，香港、台湾流行歌星的演唱对内地和大陆观众来说是一个“文化炮弹”。通过这一契机，不仅使港台流行音乐走进更大众化的视野内，也使以往都在地下活动的大陆流行音乐正式得到了官方认可，正式走上中国音乐的大舞台，中国流行音乐也从此获得了蓬勃的发展。

相对于春晚自身的进步与锤炼，1984 年这种对政治意义（凝聚全球华人、两岸统一、香港回归）的文化调用策略是一次大获成功的尝试。1984 年春晚成为最受欢迎的春晚之一。1984 年的春晚成功利用官方意识形态，不经意地开创了一条以“政治正确”保驾护航、实则追求文化艺术大众目标的机敏之路。[②] 这是一次平衡政治性与艺术性的良性博弈。

自此，每一年央视春晚都有一大批港台歌手借助春晚的舞台陆续将当时港台的流行文化带进了大陆观众的视野，在早期春晚中的佼佼者，当属在 1987 年春晚大放异彩的费翔了，他也是“第一位”回到祖国大陆来的台湾歌手。20 世纪 80 年代的“春晚”让一大批新面孔一夜之间成为明星，红透大江南北，也让亿万观众在除夕之夜带着期待和惊喜，牢牢地守候在电视机旁，而这一习惯一直延续了很久。

第三节　创新探索：拓展节目品类

晚会这一形式从诞生之初，就是电视文艺中综合性最强的门类，而中央电视台的春节联欢晚会更是集大成者，将这一点凸显得更加淋漓尽

① 宫承波、张君昌、王甫主编:《春晚三十年》，山东：泰山出版社 2012 年版，第 28 页。

② 郭镇之:《从服务人民到召唤大众——透视春晚 30 年》，《现代传播》2012 年第十期，第 7—12 页。

致，是演出时间最长、演职人员最多、规模最大、人力物力耗费最大、收视率最高、传播面最广的晚会。自 1983 年，十年启航，通过不断开垦，虽不够成熟繁荣，但已经初具形态，它汇集了电视文艺各节目品类，为电视文艺的多元发展打下了坚实基础。

1983 年央视春晚之所以能被称得上开山之作，不仅仅是因为它在叫法上一改以往“迎新春文艺晚会”的叫法，它在晚会内容和形式上也有很多“第一次”，包括现场直播、观众点播、设置主持人。其中现场直播是区别 1983 年春晚与以往迎新春晚会的最显著标志，这在当年是一个巨大的突破和挑战。

图 1–5　1983 年首届央视春晚主持人阵容
（左起王景愚、刘晓庆、姜昆、马季）

在今天的中国电视行业里，使用主持人已经成了各类文艺晚会的一种固定模式。而在 1983 年以前，中国的电视行业里还没有主持人这一职务，如何把长达四个小时的节目完整、有趣地串联起来，在排除了很多方案之后，嗜创新如命，一心想带观众走出心灵“枷锁”的导演黄一鹤决定设置节目主持人。[1] 由演员和相声演员客串的主持人发挥了自己的优势，从此春晚主持人的说法传承下来。“专业主持 + 知名演员 + 相声演员”这个组合模式沿用了许多年。[2]

1983 年春晚节目涵盖歌曲、舞蹈、戏曲、短节目表演（当时还没有小品的概念）、相声、杂技、魔术等，还有与观众的互动等，整体是以歌曲和舞蹈、相声为主要节目形式。在改革开放起步之初，思想领域

① 田园、宫承波：《风雨春晚情》，北京：中国广播影视出版社 2015 年版，第 41 页。

② 朱凯：《央视春晚 30 年之“变”》，https://ent.qq.com/a/20120123/000109.htm。（此链接可打开）

内保守与改革不断发生碰撞，“春晚”也充满着变数和意外。现场直播和电话点播促使了《乡恋》这首禁曲在春晚舞台解禁，这不仅意味着思想的解放，更彰显着时代的进步。①

1983 年春晚的压轴节目还首次“引进”武术表演节目，开创性地选择播放一段正在拍摄的国产武打片的录像片段然后加入武术表演的段落。电影《武林志》尚未完全拍摄完毕，却在春晚的舞台上完成了国内影视行业最早的“晚会植入广告”。自此，之后的春晚几乎每年都有武术表演节目。

区区 600 平方米的演播室、60 多位演职人员、200 名现场观众，1983 年的“春晚”却开创了一个新时代。今天再重新审视 1983 年这台简陋的晚会，它不可阻挡地开创了电视综艺节目的先河，引发了中国电视传媒内容表达方式等方面的重大变革，这已成为毋庸置疑的铁的事实。它的成功后来在中央电视台衍生出一系列类似的节目，如《综艺大观》《正大综艺》《曲苑杂坛》、春节戏曲晚会、春节歌舞晚会、各部委春节晚会，以及国庆、五一、中秋、元旦等各种节日综艺晚会。随后，全国大大小小的地方电视台频频效仿。此外，1983 年春晚的出现，也使剧场演出形式的音乐晚会第一次以电子媒介的方式传播出来：全国人民可以在同一时间、不同地点共享同一场表演，首开电视音乐晚会的先例。②

以前，小品只是演艺界学院艺术素质考试的内容，1983 年春晚的《吃鸡》是个哑剧小品，之前曾在“文革”中和 60 年代“笑的晚会”一起被批判最多。1984 年推出有语言的小品《吃面条》，让观众第一次认识到了“小品演员”这一新“工种”，自此小品、相声、歌曲逐渐开始成为春晚节目的三大支柱，春节晚会的形式也基本确立。

---

① 宫承波、张君昌、王甫主编：《春晚三十年》，山东：泰山出版社 2012 年版，第 17 页。

② 田园、宫承波：《风雨春晚情》，北京：中国广播影视出版社 2015 年版，第 57 页。

1983 年、1984 年央视春晚之后各省市电视台都准备了晚会，且都采取同样形式，“茶座式”晚会一时间成为全国各种晚会的样板模式。[①] 1985 年辽宁电视台和江苏电视台都举办了自己第一届春节联欢晚会。其中江苏电视台的春晚《腾飞之歌》在主会场双门楼宾馆，分会场五台山体育馆举办，牛群、赵福玉演出相声《牛年谈牛》，刘嘉玲演唱《再共舞》和《赤的冲击》。

图 1-6　1985 年江苏电视台第一届春节联欢晚会刘嘉玲演唱《再共舞》和《赤的冲击》

1985 年央视春晚创新失败遭到批评，这场在工体举办的春晚虽失败，但也开创了第一次动员如此多的音响灯光设备的先河。对举办地点的选择有所突破，虽然遭到了舆论和观众的批评诟病，但也是有益的一次尝试。另外首次运用了立体化表现节目的新手段，灯光区会根据内容不断变化，我们也可以把这种变化看作今天 LED 屏的雏形。[②]

1986 年春晚重新出发，在歌曲的选择和表现方面做了相当大的突破，不再停留在独唱形式，利用歌曲大联唱、歌伴舞、吉他弹唱、双人对唱、表演唱等。[③] 前几年的一个明星“连”唱几首歌变为众多明星“联”唱一首歌，这也是春晚舞台上第一次出现“联唱”这种形式。这一先声夺人的“联唱”模式，立意巧、容量大、节奏快，充分利用了电视的特点，因此大受欢迎，现在我们早已司空见惯的歌组合、歌曲联唱等，就是由此发展而来的。具体的演唱方式也突破常规，由原先的“唱自己最拿手的歌”改为“反串唱别人的歌”，彭丽媛唱李谷一的《拜年

① 田园、宫承波:《风雨春晚情》，北京：中国广播影视出版社 2015 年版，第 92 页。
② 田园、宫承波:《风雨春晚情》，北京：中国广播影视出版社 2015 年版，第 101 页。
③ 宫承波、张君昌、王甫主编:《春晚三十年》，山东：泰山出版社 2012 年版，第 46 页。

歌》，成方圆唱沈小岑的《请到天涯海角来》，相声演员笑林学唱张明敏的《我的中国心》，刘晓庆和姜昆演《刘海砍樵》等这种各类演员的反串或客串无疑为晚会增添了节日的喜庆气氛。[①]

图 1-7　1986 年央视春晚（现场婚礼）

另外，从节目内容上看，1986 年春晚第一次将纪实性节目引入全国性的大型晚会中。在这年春晚上，导演黄一鹤安排了一个另类而新颖的节目——现场婚礼，请国家领导人做主婚人，新郎新娘分别是老山前线荣获过两次战功的杨晟和青岛市歌舞团的独唱演员于民刚，歌颂了老山前线战士的牺牲精神。巧妙的是，节目没有将这个主题直接渗透进去，而是通过除夕的"团聚"和"分别"这一典型环境中的感情颤动向人们心灵深处发起冲击。[②]

1988 年，中央电视台正式搬入位于复兴路 11 号的彩电中心大楼，客观上讲也让晚会的技术设备和艺术手段迈上了一个新台阶。技术的支持是具有决定意义的：富丽堂皇的直播仪式取代了人民联欢的简约风格。1985 年突破演播室内举办的求新，给执导 1988 年春晚的邓在军提供了新的想法，让邓导在时空关系上开始尝试做新的处理。例如在主会场外设置分会场，汇集广东、四川、黑龙江三省台的晚会实况，把观众的视野扩大到祖国的天南海北。这对传输技术上也有了更高的要求。1989 年晚会延续了这一突破。除了在剧院分会场录制外，还开辟了一

① 田园、宫承波：《风雨春晚情》，中国广播影视出版社 2015 年版，第 110 页。

② 洪民生：《追忆：中央电视台 1983—1989 春节联欢晚会》，中国国际广播出版社 1990 年版，第 31 页。

个面向广大外国友人和海外侨胞的英语晚会现场，并在节目中转播。

如果形容80年代中国电视文艺启动发展期是火爆的，那么90年代则进入了中国电视文艺成长期的壮大。来到90年代，市场经济的浪潮拍打着中国，而国人对于春晚的期待也从80年代的精神解放转向了文化消费，同时也对节目的质量越来越看重。所以这一时期春晚开始变得更加趋向于现代娱乐晚会，节目一改80年代的那种单调、死板的布局安排，家国情怀的梳理变得更加轻松，呈现出多元化的色彩。回顾1990年后的春晚，无论从舞美、灯光还是表演者服饰和妆容等都开始变得更加符合现代舞台表演的要求，晚会开始在“现代”色彩中，迎来了视听的新时代。

逐步现代化的“春晚”伴随着亿万中国家庭度过了一年又一年的除夕夜，也在改革开放、国富民强的进程中，见证了大众文化从贫乏一步步走向绚丽多彩的历程。

第四节　总结：主导大众趣味与审美

春晚作为电视奇观，亦作为媒介事件，以仪式化、普适化创造了一种新的传统，它的巨大效应具有明显的建构特点，但它自始至终得到了大众发自内心的追捧。在输出意识形态和欢乐的同时，以其显著的时代特征和独有的强大传播力，在初期文化娱乐相对不够丰富的十年，主导着大众趣味和审美。

“在布尔迪厄的理论中，趣味就是一种人们经由教育等外部因素所形成的内在‘习性’。”[①] 在大众文化的生产和引导中，重要的是审美趣味问题。审美趣味与时代文化、阶层变更、社会变迁、经济发展水平等

① 周宪：《文化表征与文化研究》，上海：上海人民出版社2015年版，第203页。

因素息息相关。[①]"每当社会发生巨大变革时，每当文化处于转型关头时，便会出现显著的趣味冲突。"[②] 80年代和90年代初期，精英文化、主流文化与大众文化是整合的。主流趣味和精英趣味在计划经济体制下，在文化资源相对垄断的条件下，获得了较大的空间。[③]

其中，80年代，长期以来以国家和集体为上的文化传统和主流趣味在政治导向的计划经济中，具有绝对的权威和优势。因此，当时的大众文化主调洪亮，以国为主。此时期春晚的主旋律除了号召大家为振兴中华实现四化的理想而奋斗外，还涌现了一批赞美党、国家和家乡的歌曲，典型的如《党啊，亲爱的妈妈》（1984）、《我的中国心》（1984）和《在那桃花盛开的地方》（1986）。此类歌曲平均每年有7首，特别是1984年有11首。[④]

80年代在文化资源体制化的环境中，知识分子在其传统的"忧国忧民"职责召唤下，在现代化的理想召唤下，利用手中的话语权弘扬和传播高精尖趣味，对大众进行教育和传播。走过特定历史时期的文化沙漠，80年代兴起的文化热也为精英趣味的传播和吸收提供了深厚土壤。[⑤]

在大众文化刚刚萌芽时，由于电视节目的稀缺性和精英知识分子的话语权，大众文化中充满了精英旨趣和人文关怀。电视电影等文艺生产完全是按照精英阶层趣味生产，进而教化和规训当时的大众文化，

---

① 洪晓、苏桂宁:《当代大众文化的审美趣味演变——以央视春晚为个案》，《暨南学报（哲学社会科学版）》2018年6月总第233期，第76—82页。

② 周宪:《文化表征与文化研究》，上海：上海人民出版社2015年版，第203页。

③ 洪晓、苏桂宁:《当代大众文化的审美趣味演变——以央视春晚为个案》，《暨南学报（哲学社会科学版）》2018年6月总第233期，第76—82页。

④ 蒋述卓、洪晓:《从春晚看当代大众文化的审美变迁》，《南方文坛》2018年第3期，第16页。

⑤ 洪晓、苏桂宁:《当代大众文化的审美趣味演变——以央视春晚为个案》，《暨南学报（哲学社会科学版）》2018年6月总第233期，第76—82页。

追求按艺术精品的规格办春晚。[①] 这种精英趣味首先体现为对理想和国家情怀的追求。节目中号召大众为共同理想而奋斗和歌颂英雄是常见主题。典型的如歌曲《年轻的朋友》（1983）、《我们的生活充满阳光》（1984）和《我们是黄河泰山》（1988）等。其次表现为对高雅文化和文化知识的推崇。不少节目从高雅文化中脱胎而来，歌曲也富于历史与文化底蕴。语言类节目追求展示才华才智的笑和寓教于乐的笑。最后，体现为批判不合理现象，特别是对商业的排斥，极力维护文化的纯洁性。[②] 当时的语言类节目非常注重内在的知识性和思想性，敢于批判不合理的现实。比如相声作为说学逗唱的艺术，以讽刺和批判见长，偏向听觉艺术。它更符合精英旨趣，因此在精英趣味盛行的 80 年代可谓是繁荣期。小品则是在 90 年代日趋成熟，后来居上的。[③] 这种雅趣受到了当时大众的肯定和欢迎，当时《中国电视报》选登的观众评价中，不少人都夸其格调高雅。[④]

春晚是制造流行艺术的武器。有学者认为，每次春晚过后，都会有相当长的一段时间，围绕公众娱乐和文化性的话题展开，它甚至可以制造出一些关键性的词以及与它关联的一种关键语、流行语，成为这个年度，可能甚至会延续几年的一种文化现象。所以从这个意义上来说，尤其是早期的春晚，它在某种程度上来说，起到了一个阶段性的文化凝结，甚至是引导和传播的作用。[⑤]

---

① 蒋述卓、洪晓：《从春晚看当代大众文化的审美变迁》，《南方文坛》2018 年第 3 期，第 17、19 页。

② 洪晓、苏桂宁：《当代大众文化的审美趣味演变——以央视春晚为个案》，《暨南学报（哲学社会科学版）》2018 年 6 月总第 233 期，第 76—82 页。

③ 蒋述卓、洪晓：《从春晚看当代大众文化的审美变迁》，《南方文坛》2018 年第 3 期，第 18 页。

④ 洪晓、苏桂宁：《当代大众文化的审美趣味演变——以央视春晚为个案》，《暨南学报（哲学社会科学版）》2018 年 6 月总第 233 期，第 76—82 页。

⑤ 参见上海文广新闻传媒集团电视新闻中心《深度 105》特别节目《电视的记忆》，第二集《电视的记忆之春晚现象》。

与此同时，春晚还催生了明星文化的表达。[①] 春晚的推星能力在这个时期也显得尤为突出。1985 年之后，每年的春晚，似乎成了“造星”的平台。费翔、姜昆、冯巩、赵丽蓉、宋丹丹、宋祖英，一批批明星你方唱罢我登场。每年春晚的内容，也会迅速成为公众话题。因为上春晚而受到更多大众喜爱的明星太多。这些大众偶像的诞生，他们所带来的作品反映的文化，无不在引领大众。虽然当年的明星文化和如今移动互联时代相比传播明显有局限，文化的艺术表现远远不够多元，但在很大程度上依然塑造了那个年代的大众趣味与审美。

早期十年的春晚做到了亲民化、平民化，为更广泛的群体的审美趣味提供了少有的精神文化服务，成为大众电视文艺的典范。在以主流趣味占绝对优势，市场经济尚未到来的年代，春晚凭借精英趣味的力量，在文化格局中攻下了一席之地，为塑造大众趣味做出了贡献。一个经过精心设计包装、具有浓烈民俗感和仪式感的晚会也在不断创新进步中得到了广大群众心悦诚服地接受和喜欢，这十年是属于春晚的黄金时代。

① 师力斌、刘岩:《春晚 30 年我们的记忆与反思》,《文艺理论与批评》2012 年第 2 期，第 32 页。

第二章

光彩夺目中成长：全民关注的文化盛宴

（1993—1999）

春晚在中国改革开放历程中曾扮演的角色，是我们无法淡忘的。“春晚”是中国社会转型的表征，尤其是改革开放以来中国社会经历了深刻的结构性变革，政治、经济、文化、阶层结构、价值观念等方面都发生了巨大的变化，而在这样的时代变迁中，中国的春晚见证着也刻录着社会生活发展变化的印迹。[①]

如果说20世纪80年代沐浴改革开放春风的第一代春晚是开垦者，那么到90年代中后期，电视走进每一个家庭后，这一时期的春晚才得到了真正意义上的全民关注，也成为了横跨几代中国人的集体记忆。

1992年邓小平发表了一系列有关改革开放的重要谈话（即“南方谈话”），指明了社会主义市场经济走向对外开放对内变革之路。几年间，商品经济的发展热潮席卷神州大地，中国社会发展涌现新的活力与契机，也带来了整个大众文化的新浪潮。有学者将1993年至1995年的经济暴热称为“商品化与大众媒体的狂欢时期”。在文艺领域，创作趋向从80年代主要致力于形而上的文化使命，转向形而下的层面。[②]春晚作为重要的文化艺术载体和电视艺术形式，同样也不例外地受到深刻影响，做出了适应性的改变。

与此同时，对春晚乃至整个电视产业造成重大影响的还有1992年6月中共中央、国务院下发了《关于加快发展第三产业的决定》。这份

① 李黎丹:《央视春晚意识形态运行模式的变迁》,《现代传播》2011年第五期，第30页。

② 桂青山:《中国当代文艺思潮研究》，北京：北京师范大学出版社2010年版，第100页。

决定是在改革开放之后 80 年代的基础上，进一步明确了广播电视的产业属性，列为第三产业，并强调指出，只有使福利型、公益型和事业型的第三产业逐步向经营型转变，实行企业化管理，做到自主经营、自负盈亏，才能建立起充满活力的第三产业自我发展机制。正是这一决定，让中国的传媒业市场化进程明显加快，广播电视在坚持以宣传为中心的大前提下，作为第三产业的重要组成部门，也加入了凭借自身的资源优势和大众公共服务平台，在服务百姓精神文化生活的同时让资源价值不断扩大。在这一重大背景下，广告业务成为广播电视走向对外营运，对内形成激励机制，提高办台节目质量的重要指标。产业属性的确立直接带来的是节目创新理念和内容生产观念的改变。如何吸引更多的观众，强调受众本位，如何将准确的受众信息销售给广告客户成为这一阶段内容创作中不可忽视的因素。也正是伴随市场经济的开放，中国广电广告收入那几年迅猛增加。据不完全统计，1998 年至 2000 年电视广告营业额从年收入 3397 万元猛增至 1 689 126 万元。广电的经营管理体制改革也随之逐步深化。在市场资本不断涌进、财政拨款减少的驱动下，广电系统产业经营的规模化和集团化成为了 2000 年前后的发展大势。

在这样的社会变革与政策变化中，中国的电视文艺也从这一节点开始不断推陈出新，各种类型的电视文艺节目开始像雨后春笋般绽放在中国电视文艺的舞台，在满足观众眼球的同时，也为百姓的精神文化消费提供了多样的选择。综艺节目更是通过引进、借鉴学习有了多种创作模式。像《正大综艺》、音乐电视节目 MTV、大型歌手竞选、益智类综合文艺节目经过从 80 年代初期开始的成长壮大后，在 90 年代中后期呈现出百花齐放的繁荣态势。[①]

① 盛伯骥主编:《中国电视文艺通论》，北京：中国广播电视出版社 2018 年版，第 26—30，97 页。

以春节联欢晚会为代表的大型晚会在这一时期则继续保持了蓬勃的发展势头，并努力尝试适应新业态。单从电视晚会发展史沿革看，1993年是其中一个重要节点，这年恰逢毛泽东100周年诞辰，全国各大电视台纷纷举办了纪念意义的电视文艺晚会，掀起了无论从规模还是数量上超过90年代电视文艺晚会的第一轮高潮。从90年代中期开始，电视文艺晚会成为我们国家传统节庆和重大事件的必备表达，至1997年，全国各电视台每年总计制作播出的晚会超过3000台，蜂拥而至的晚会几乎达到了泛滥的程度。①

此刻的春晚战局也迎来了新的参与者。随着市场放开，90年代后期，电视制作也开始走向市场化，群雄竞逐带动整个电视制作能力明显提升，蓬勃兴起的省级卫视逐渐加入争夺全国春晚“市场”。② 为了满足更多观众的需求，央视也在以往春晚基础上，新增春节戏曲晚会和春节歌舞晚会，三台晚会同时播出，让观众大饱眼福，构成了中央电视台每年春节期间文艺节目品牌集群、艺术内容绚烂多彩的格局。

电视文艺的繁荣发展直接带来的局面就是有越来越多的娱乐内容可供观众选择，这其中也包括地方卫视的春晚。随着观众的欣赏口味和要求越来越高，90年代的央视春晚也出现了各种质疑声。

春晚模式固化带来的审美疲态愈发凸显，电视晚会高度程式化的编排风格，以及相对僵化的节目类型，经常在晚会结束后引发社会群体的诟病。学者郭镇之1997年曾在著作中评价道，超级节目春节联欢晚会有着艺术上的局限性。在整个民族欢庆的日子里，电视节目限定在节目喜庆、团圆的内容。演员要选最好的，节目要选最精的，再富饶的矿藏也经不住无休止的开采。这种文艺形式的表现力已经被挖掘得差不多

① 何晓兵：《电视综艺晚会路在何方》，《粤海风》1997年第2期，第34—36页。

② 郭镇之：《从服务人民到召唤大众——透视春晚30年》，《现代传播》2012年第10期，第7—12页。

图 2-1　2000 年央视春晚赵本山、宋丹丹合演小品《钟点工》

了。[①] 春晚无论从内容形式还是表演者上均缺少突破，每一年春晚主旋律歌曲和小品都是播出数量最多的节目类型，赵本山、宋丹丹等电视明星频繁登上春晚，这些熟悉的面孔既带来了观赏期待也伴随观赏后的审美疲劳，春晚的“疲倦”现象逐年显现。

当社会主义市场经济体制发生重大转变后，市场更是将人群大体分为社会权力的有者和无者。社会层级的明确、新社会共识的出现，使得春晚所背负的意识形态试图去维护和调和集体的共同意识变得也越来越难，这与 80 年代的创作环境有了明显差异。此时，一方面国家想通过春晚对人民进行爱国教育，展现社会繁荣进步，另一方面各大电视台也需要从中获取经济利益与社会效益；而观众这一方，则期待轻松喜乐祥和的节日氛围，三者诉求相互碰撞难以调和。正如学者苗棣在 1997 年一场研讨会上所评论的：“从领导到老百姓都把电视晚会看得太重……

① 郭镇之：《中国电视史》，北京：文化艺术出版社 2004 年版，第 143 页。

要上下都喜欢，各地都喜欢，不搞成这样誓不罢休，这种沉重的心态恰是使晚会越来越不好看的一个重要原因。”[①] 有学者分析背后原因，从 80 年代开始社会各界普遍将电视晚会视为一种公共财产，因而对其央视和水准始终抱有高度严苛和挑剔的态度，甚至出现边骂边看的奇怪现象。[②]

回顾 1993—1999 年的春晚发展，关键词是保持了基本的创新性。这得益于从 1993 年开始的导演公开招标形式，使得春晚保有了持续生存的新意。这是一次内容创新机制的根本改变。春晚导演在电视综艺繁荣和观众质疑声的压力下有了更多的尝试，这也使这一阶段的春晚虽进入了发展瓶颈期，但在总体上保持着较为精良的制作水平，在摸索中逐渐形成了较之前艺术呈现更加多元丰富的晚会形态。

这一阶段的春晚仍处在不可撼动的行业地位，始终拥有极高的收视率，中央电视台在其编纂的官方台史中称，1995 年春晚收视率为 96.67%，1996 年为 82.4%，1997 年为 90.67%，1998 年为 94.2%。[③] 不得不承认的是，在受众这边，这一阶段的春晚召唤能力仍然是强劲的。一方面，春晚已经成为普遍关注的媒介事件，多数人不想与“社会”脱节；另一方面，90 年代仍有不断增加的新受众，特别是卫星覆盖的海外受众——胸怀思乡情结的海外华人尤其钟爱春晚。[④] 最重要的是这一时期的传播平台还是由国家垄断，体制内的电视机构形成了行业内一支独大、不可取代的位置。

① 参见《电视综艺晚会综论》，《现代传播》，1997 年第 5 期，第 77 页。

② 易凯：《春节晚会二三言》，《新闻战线》，1991 年第 1 期，第 35 页。

③ 杨伟光主编：《中央电视台发展史（1968—1998）》，北京：北京出版社，1998 年版，第 533—536 页。

④ 郭镇之：《从服务人民到召唤大众——透视春晚 30 年》，《现代传播》，2012 年第 10 期，第 7—12 页。

第一节　创作导向：家国情怀下的人文转向

一、大众趣味兴起与个体意识觉醒

20 世纪 80 年代处于改革开放初期，大众的审美意识刚刚萌芽。主流趣味和精英趣味在 80 年代的计划经济体制下，在“文化资源相对垄断的条件下”获得了“较大的生存空间”。进入 90 年代，社会主义市场经济地位确立，随着计划经济向市场经济的深入转型，商品经济的浪潮席卷全国，它也极大地冲击了原有的经济政治和文化格局。

在文化权力的慢慢下放中，一种以市场、大众为主导的文化在逐步形成。后者兴起的背后，是对以普通百姓为代表的人民大众的关注和迎合，是对大众利益和趣味的肯定与追求。它在解构和分化的同时开辟了新的独立的文化公共空间，“新的审美趣味由此产生”。这种新趣味乃是普通大众的趣味。它与以国家和集体为上的主流趣味相比，其核心是平民和个体意识，肯定日常生活的本体性地位及其滋生出来的价值观念和伦理道德。① 大众趣味带来了平民意识和个体意识的萌芽。在对个体意识和物质利益的追求中，大众审美价值由从集体主义转变为个人主义，由宏大叙事的理想化转向世俗化表达。

在“文化资源从中心化控制转向离散状态，特别是以市场机制的运行来调节文化生产和消费的关系时，主流和精英文化趣味的相对衰落便是不可避免的了”。② 而且面对市场经济的日渐兴盛和文化世俗化、消费化的冲击，精英趣味所受的冲击是最大的。

---

① 洪晓、苏桂宁：《当代大众文化的审美趣味演变——以央视春晚为个案》，《暨南学报（哲学社会科学版）》，2018 年第 6 期，第 76—79 页。

② 周宪：《文化表征与文化研究》，上海：上海人民出版社 2015 年版，第 209 页。

在市场的调节下，更加符合市场需求且强调个体和平民意识的大众趣味逐渐被重视和迎合，开始动摇主流趣味的主导地位，有力地解构了传统的政治文化和权威性。主流趣味虽在“两主一仆”的文化格局中仍占有一席之地，但不断地被稀释，走向与大众趣味的融合和妥协之路。[①]

在90年代后期，无论是政府、传媒，还是受众的观念、欣赏趣味都发生了深刻的变化，大众传媒尤其是电视的娱乐和服务的功能被更多地开发出来。[②]电视放低了姿态，日益关注平民和日常生活的讲述。同时，因为有了越来越多的同质化娱乐综艺节目，如《正大综艺》《综艺大观》等，春晚的独创性在削弱，甚至因为日渐模式化而有了批评之声。[③]

因此，大众趣味的兴盛牵引着主流意识形态的文化走向，致使体制内的电视机构也不得不考虑市民社会的文化需求和审美趣味，并且对其做出妥协和调整。主流趣味被分化，走向与大众趣味融合和妥协之路。[④]这一阶段的春晚在社会转型、市场调节、文化转向下，逐渐进行调整和适应，在节目中将主流趣味与大众趣味融合，同时改写了精英趣味。从审美价值上，也转变宣传思路，更加强调以人性为主导的传播思路。

首先，为振兴中华实现“四化”理想而奋斗之类的宣传语境慢慢淡化，变为平实的共同努力，开创未来之声。其次，对党中央、国家

① 洪晓、苏桂宁：《当代大众文化的审美趣味演变——以央视春晚为个案》，《暨南学报（哲学社会科学版）》，2018年第6期，第76—79页。

② 吴红雨：《中国电视受众收视需求之变迁》，《中国广播电视学刊》，2009年第9期，第33—34页。

③ 蒋述卓、洪晓：《从春晚看当代大众文化的审美变迁》，《南方文坛》，2018年第3期，第19页。

④ 洪晓、苏桂宁：《当代大众文化的审美趣味演变——以央视春晚为个案》，《暨南学报（哲学社会科学版）》，2018年第6期，第76—79页。

和家乡直抒胸臆地表达赞美的歌曲大幅度减少。同时，大众文化与精英文化、主流文化渐行渐远，在世俗文化的包围中，大众文化更多地转向日常生活的书写，平民意识越来越突出。春晚上越来越多的节目聚焦于日常生活，讲述老百姓的故事，表现普通大众在日常生活中的喜怒哀乐，表达追求美好和幸福生活的理想。大量节目日益个体化，关注日常生活和平凡人，鼓励人们用于追求自身幸福和美好生活。如小品《相亲》（1990）、《妈妈的今天》（1992）和《张三其人》（1993）等。

同时，90 年代的流行歌曲风格也是大变。不再以思家乡爱祖国和乡土味情歌为主，不再止于人道情怀和抒情曲调，而是日益个人化，更多地充满个体心灵感触、爱情体验和青春萌动，并以都市情歌为主。典型如谭咏麟的歌曲《水中花》（1991）、姜育恒的《再回首》（1991）等。[①]

进入 90 年代中后期，在市场经济的汹涌澎湃中，大众文化与精英文化愈趋愈远，精英文化逐渐被改写。市场经济的竞争与高效、快节奏的步伐使得打造艺术精品的时代一去不返。同时在日常生活的地位提升中，大众的关注更多地从彼岸落到此岸，关注着衣食住行等凡俗物质生活。平民意识慢慢瓦解了过去的英雄崇拜，人性化和感性化替代了理想化和理性化。当然，这一切也都严重侵袭了文艺生产神圣的艺术感和崇高感，也极大地冲击着文艺产品的内容层面。不仅流行歌曲的曲风转向对个体意识和生命情感的书写，而且主旋律歌曲都变得日益优美动听，富有人性化和接地气。[②] 在实用主义和功利主义思潮兴起的年代，大众慢慢丧失了乌托邦的激情和对精英文化的顶礼膜拜，日益沉迷于日常生活的感性包围和物质欲望的追求中。相比 80 年代，号召大家为理想而奋斗的高调在 90 年代的春晚上大为弱化，推崇高雅文化和文化知识的

① 蒋述卓、洪晓：《从春晚看当代大众文化的审美变迁》，《南方文坛》2018 年第 3 期，第 16 页。

② 蒋述卓、洪晓：《从春晚看当代大众文化的审美变迁》，《南方文坛》2018 年第 3 期，第 17—18 页。

节目也在大量减少。精英趣味更多地要以兼顾大众趣味的方式而被改写出现。比如涌现出了一批呼唤人间大爱和真情的节目，典型的如歌曲《同一首歌》（1991）。[①]

二、政治合法化的文本建构

“春晚”是一种被高度编码化、符号化的晚会和舞台艺术，这也就是春晚的“政治性”所在。春晚导演要求春晚中每个作品都要“先有意义，再有意思”，这与商业艺术作品的创作思路及其观众诉求是有差距的。从这里可以看出“春晚”很像主旋律的生产方式，也很像20世纪50—70年代工农兵文艺的生产方式，需要提前锚定、注入一些“主题”和“意义”。很多研究者指出，“春晚”这一有着广泛群众基础的“民俗”空间已经成为形塑“中华民族”认同的特定时刻，也从20世纪50—70年代以工农兵为主体的革命大家庭置换为以中华民族为主体的团圆时刻。[②]

央视前台长杨伟光也曾在接受采访时为春晚下了定义，“春晚是一台讲政治的文艺盛宴”。他总结20世纪90年代春晚开始被赋予反映主流意识形态的功能。进入90年代，央视要转型成为真正的国家电视台，就要接受中国的特点，要有中国的特色。一方面要考虑观众的意见，不能完全市场化；另一方面，春晚应该是一场文艺的盛宴，但是也要讲政治，只不过这个政治和新闻的政治是不一样的。[③]

20世纪90年代改革开放不断深入所带来的复杂态势，加上世界政治格局的重组和全球经济一体化的浪潮，国内舆论一度出现了“什么

---

① 洪晓、苏桂宁:《当代大众文化的审美趣味演变——以央视春晚为个案》，《暨南学报（哲学社会科学版）》2018年第6期，第76—79页。

② 引自师力斌、刘岩:《春晚30年我们的记忆与反思》张慧瑜发言部分，《文艺理论与批评》2012年第2期，第35页。

③ 引自《中国周刊》采访《杨伟光：导演背后的导演》，http: //media.sohu.com/20130225/ n366966688.shtml。

是社会主义、怎样建设社会主义”的疑问。为了回答上述问题，稳定大局，国家全面推进市场化的同时也强化了意识形态机制，加强了对广播电视电影、新闻出版、文学艺术的引导，提出“‘弘扬主旋律，提倡多样化’的官方文艺政策和‘以正面宣传为主’的传播政策”。[①]时任国家主席江泽民1996年在视察人民日报社时曾提出“在坚持正确的舆论导向的前提下，要讲求宣传艺术，提高引导水平，努力使自己的宣传报道更加贴近生活、贴近读者，使广大读者喜闻乐见”[②]的舆论引导工作的要求。

在这样的方针下，加上进入90年代后，面对晚会亘古不变的指导性主题，和社会环境变革带来的越来越难以维持的集体意识，共同使得春晚调整了它的宣传浸润方式，央视春晚对于政治合法性的建构呈现出新的策略。

20世纪90年代，从计划体制向市场经济，从文艺依附于政治到文艺多样化，从相对封闭到对外开放，从革命英雄的高扬到市场能人的呈现，都在这一阶段的“春晚”得到了表达，“春晚”是市场意识形态逐渐占据主导地位这段历史中的一个超级文本。致富、发财、竞争、个人、住房、消费、信用，“春晚”推出的是这些话语。原来政治话语中阶级、斗争、劳动、解放、集体、英雄、理想等观念与符号消失了。[③]从这一阶段春晚主题的变化中也能看出，对比上一个十年，主题元素与寓意都更加丰富，在家国情怀的大前提上，出现了人文情怀的转向。

---

① 洪晓:《央视春晚的国家意识形态表征演变（1983—2017）》,《名作欣赏》2017年第36期，第140—144页。

② 引自《江泽民文选 第一卷》，北京：人民出版社2006年版，第565页。

③ 师力斌、刘岩:《春晚30年我们的记忆与反思》,《文艺理论与批评》2012年第2期，第31页。

表 2-1　1993—1999 年春节联欢晚会主题

1993 年	欢乐、祥和、自豪、向上
1994 年	高举爱国主义旗帜，谱一曲弘扬民族精神的颂歌
1995 年	祥和、欢乐、亲切、温馨
1996 年	欢乐、祥和、凝聚、振奋、辉煌
1997 年	团结、奋进、自豪的中国人
1998 年	中华民族春节大团圆，万众一心奔向新世纪
1999 年	欢歌笑语张灯结彩春节大团圆，载歌载舞万众欢腾迈向新纪元

合法化是汤普森在意识形态与现代文化中区分的意识形态运行的五种一般模式之一。合法化意味着一种政治秩序有充分的理由和根据，得到了人们的认同和接受，任何一种社会制度都必须建立在被人们认可的基础上。韦伯区分了合法化建构的三种类型：理性根据（靠颁行规章的合法性）、传统根据（靠自古以来传统的神圣性）以及感召力根据（靠行使权威人物的卓越性）；据此意识形态的合法化运行模式有三种典型策略：一种典型策略，我们可称之为合理化，象征形式的产生者构建一系列理由来设法捍卫或辩解一套社会关系或社会体制，从而说服人们值得去支持；另一种典型的策略是普遍化。根据这项策略，服务于某些人利益的体制安排被描述为服务于全体人的利益。对合法性的一些要求也可以通过叙事化的策略来表达，讲话、纪实、历史、小说、电影被制作成叙事材料，用以描绘社会关系并揭示行动结果，使之确立和支撑权力关系。通过讲述叙事和接收（听取、阅读、观看）他人讲述的叙事，我们可能被纳入一个象征过程，而在某些环境下服务于建立并支撑统治关系。[1] 20 世纪 90 年代央视春晚对政治合法性的建构运用了韦伯区分的这三种策略。

①［英］约翰·B. 汤普森：《意识形态与现代文化》，高铦等译，译林出版社 2005 年版，第 102 页。

首先，在90年代的央视春晚中使用了叙事化策略来建构政治的合法性。在90年代后半期，央视春晚中歌曲联唱、歌曲组合成为了固定的节目形式，这些歌曲组合在内容上也具有了模式化的倾向，其中引人注目的是稳定出现的、用来颂扬新政权的建立及其带给人们崭新生活的革命老歌：1997年老唱片与激光唱盘：《众手浇开幸福花》《情深谊长》《革命人永远是年轻》；1998年往日情怀：《祖国一片新面貌》《农业又掀新高潮》《弹起我心爱的土琵琶》《北京的金山上》《红星照我去战斗》《打起手鼓唱起歌》；明星反串大拜年：《拥军花鼓》；1999年民族欢歌：《扎西德勒》《桂花开放幸福来》《编花篮》。这些由当年的名歌手演唱的老歌在将人们带回往日情境的同时，也悄悄地将宰制性话语"没有共产党就没有新中国"具体化，并以政权建立的合法化来延续政权传承的合法化。这一时期在小品的叙事中也显现了同样的逻辑：1996年赵本山、范伟等表演的小品《三鞭子》和1997年牟洋等表演的小品《戏里戏外》都是以过去党的优良革命传统来召唤与建构今日的政治秩序，强调了其一脉相承的合法性。[①]

其次，在90年代的央视春晚中使用了合理化策略来建构政治的合法性。以1994年的纪实节目《全家福》为例：主持人倪萍声情并茂地介绍了从新中国成立到当下四十多年的时间里一户普通农民家庭的生活变迁；最后，倪萍深情地总结道："朋友们，这四幅照片已经被中国历史博物馆所收藏，是我们年轻的共和国由贫穷走向富裕的历史见证。"从个体的角度切入国家的历史，辅以真实记录的影像为佐证，在时间层面上连接过去与现在，将过去的重要事件和对它们的回忆以影像的形式凝固保存下来，并不断使其重现以获得现实意义，在这样的建构中，"只有在中国共产党的领导下，中国才能走向繁荣富强"接续"没有共产党，就没有新中国"成为一种自然化、合法化的逻辑，为民众的支持

① 李黎丹：《央视春晚意识形态运行模式的变迁》，《现代传播》2011年第5期，第31—32页。

提供了合理的确据。[①]

这样的例子还包括同样是歌颂与赞扬，1993 年，主持人倪萍讲述一位普通而又伟大母亲的故事，并现场组织捐款。1998 年，纪实访谈节目《母亲河》邀请海峡两岸同胞将黄河、日月潭、长江三峡三地之水融为一体，寄托了中国人期盼山河一统、源远流长的美好愿望。[②] 相较于 1984 年春晚开始负载政治任务后，主题色彩鲜明，宣教手段开宗明义，直接邀请英雄模范人物上台接受献花、设定专门歌颂“引滦入津”工程的歌曲与宣布观众来电感谢工程指战员和中央领导的直接“表白”相比，要更加润物细无声。

合理化策略的建构方式在小品中也不难见到。1998 年赵本山与宋丹丹合演的小品《昨天今天明天》，在一对来自东北的老年农民夫妇“包袱”不断的讲述中，“自然”地展现了今昔生活的巨大差异，以今日的富裕生活证明了政治秩序的合理性，更以时事作为背景来沟通现实与虚构，共同见证着政权的优越性。通信工具的发展所带来的“时空抽离化”和“传递型经验”导致了人们越来越多地通过符号或象征系统理解和维系日常生活，因此，占据着媒介场域、掌握媒体话语权力的群体便拥有更多的力量去塑造社会现实，并建构出对自己有利的“对象”或“他者”的身份。[③]

歌曲也同样是这样不再进行口号式宣教，而是通过为百姓幸福生活代言，展示社会主义建设的成绩，坚持社会主义道路的正确舆论导向，如 1992 年《大步流星奔小康》、1993 年《好年头好兆头》、1995 年《今儿个真高兴》、1997 年《春天的故事》、1998 年《走进新时代》《好日子》

① 李黎丹:《央视春晚意识形态运行模式的变迁》,《现代传播》2011 年第 5 期，第 32 页。

② 朱清河、张明珠:《央视“春晚”舆论引导的主题变迁与价值逻辑》,《教育传媒研究》2019 年第 4 期，第 14—18 页。

③ 李黎丹:《央视春晚意识形态运行模式的变迁》,《现代传播》2011 年第 5 期，第 32 页。

等歌曲，[1]还有些歌曲是表达了对祖国美景的赞美和对家乡亲人的思念，也是采取了这一方式，合理具象了对祖国的歌颂。例如1990年《前门情思大碗茶》、1991年《江南情思》、1993年《想家的时候》、1994年《回家的人》、1995年《不朽的黄河》。[2]

90年代的央视春晚中建构政治的合法性所使用的第三个策略是普遍化。进入90年代，对于国家直抒胸臆的爱恋、亲情化的表达消失了，"祖国"的称谓被"中国"所代替，也不再用"母亲"将国家加以人格化，称谓"亲情化"表达消失。改为强调了每一个人与国家的平等关系，今日中国的成就属于每一个人：1990《你我是中国》《在中国大地上》，1994《今日的中国人》，1995《中国大舞台》，1996《我属于中国》《中国我可爱的故乡》，1997《中国娃》。[3]除此之外，还有一类是赞美不同岗位为祖国做出贡献的人们的歌曲。如1991年彭丽媛演唱的《在中国大地上》是向坚守在工作岗位上的干部职工致敬，安冬演唱的《闪光的心灵》是向人民解放军、武警官兵、公安干警们致敬，张丽华演唱的《一点烛光》是献给关注和帮助残疾人的人们，张暴默演唱的《路》是向科技教育工作者致敬。除此之外，还有为普通教师、运动员等各行各业人们谱写的歌曲。这些歌曲将宰制性话语巧妙地以民间话语的方式加以表达，使得改革的受益群体普遍化为整个社会，并与除夕之夜人们禳灾祈福的传统心理相契合，用未来的美满来安抚现实生活的艰难，本来无序的生活景象被赋予了一个有意义的、乐观向上的形式。[4]

---

① 朱清河、张明珠：《央视"春晚"舆论引导的主题变迁与价值逻辑》，《教育传媒研究》2019年第4期，第14—18页。

② 朱清河、张明珠：《央视"春晚"舆论引导的主题变迁与价值逻辑》，《教育传媒研究》2019年第4期，第14—18页。

③ 李黎丹：《央视春晚意识形态运行模式的变迁》，《现代传播》2011年第5期，第32—33页。

④ 李黎丹：《央视春晚意识形态运行模式的变迁》，《现代传播》2011年第5期，第33页。

第二节　节目形式：与时代潮流的碰撞

一、流行文化汇聚

与主旋律歌曲形成鲜明对比的是，这一时期流行音乐开始在“春晚”舞台崭露头角。从 90 年代春晚开始，越来越多来自港台地区的流行歌手出现在春晚舞台。他们演唱的歌曲代表了港台地区红极一时的流行音乐，而这股新鲜的音乐风也被他们带进了中国内地。如 1991 年姜育恒的《再回首》、潘美辰的《我想有个家》，1992 年三地歌手合作的《心中常驻芳华》、庾澄庆的《让我一次爱个够》，1993 年卫星传送的王杰的《回家》，1995 年孟庭苇的《风中有朵雨做的云》、刘德华的《忘情水》……这些内地观众耳熟能详的歌曲，到如今仍是经典传唱的歌曲，在 90 年代的春晚中不胜枚举。

“春晚”对流行音乐和流行偶像的选择，自然也要考虑舆论引导的功能。1991 年姜育恒的《再回首》鼓励人们不管人生经历了多少的大起大落，都要保持初心；1992 年毛阿敏、刘德华、张雨生的《心中常驻芳华》表达了对团圆的美好祝愿；同年，中国台湾地区偶像团体“小虎队”通过录像带向全国人民祝愿《新年快乐》；1997 年解晓东的《中国娃》让人们找到强烈的归属感和中华民族经久不衰的记忆；1999 年陈红和蔡国庆等人的《常回家看看》引发了人们的思家之情……这些歌曲在“春晚”一经传唱，迅速成为当时的流行歌曲，歌曲所传达的寓意也自然而然地在大众舆论间广泛传播。[①]

这一阶段中，1995 年春晚是具有重要意义的一年，1994 年中国流

① 朱清河、张明珠：《央视“春晚”舆论引导的主题变迁与价值逻辑》，《教育传媒研究》2019 年第 4 期，第 16 页。

行音乐迎来了一次大繁荣，中国流行音乐工业“造星”出现第一代成品，这些歌手共同被冠以“94 新生代”。与此同时，校园里还刮起了民谣风。从 1995 年春晚开始，晚会开始有意识地邀请出过流行唱片的歌手登台表演，很多歌曲都是已经经过市场考验，在百姓中广为传唱的作品。如 1995 年“94 新生代”歌组合：老狼的《同桌的你》，于文华、尹相杰的《天不下雨天不刮风天上有太阳》等，1998 年刘欢的《好汉歌》和韩磊的《走四方》……有学者因此将 1995 年春晚看作现代化的开始。

1997 年 7 月 1 日香港回归，1997 年、1998 年两届春晚注定要有特别之处。以 1997 年来说，晚会开始的《手挽手心连心》便揭示了主题，内地和香港歌手共同唱响《我的一九九七》。而 1998 年为庆祝香港回归而创作的《相约一九九八》更是成为了经典中的经典。又如 1999 年春晚专门为澳门回归而创作的《七子之歌——澳门》。这些歌虽是为国家宏大主题而作，但由于它的表达方式之细腻，获得了观众的追捧，成为了大流行的曲目。

图 2–2　1999 年央视春晚《七子之歌——澳门》

二、现代化新视听呈现

1990 年到 1999 年是中国电视文艺逐步走向成熟的时期，国家的富强带来了社会财力、物质水平的提高，也促使电视技术获得了长足进步，一台大型的文艺晚会，无论是制作方式、编创方式还是舞美、灯光、照明、音响等配套设施，加上编导人员、演员，都已经能够达到“豪华”和“现代化”的水准了。20世纪末的中国电视文艺彻底摆脱了它在整个中国电视新闻改革潮流中的辅助地位，成为电视屏幕上具备传播效能和影响力的节目品种。①

在各省级卫视逐渐加入电视晚会竞争的大环境下，1993年的央视春晚开始大刀阔斧自我改革。1993年的春晚在当时36岁的年轻导演张子扬的率领下进行了诸多现代化的探索与创新。春晚在审美上紧跟潮流，拥有了新风尚，由此跨入了视听现代化的新阶段。

首先是对空间的创造性开拓，央视春晚一改以往演员与观众面对面的旧模式，将观众席改成两层包厢式，三面环绕舞台。立体的改变使得观众和舞台不再是平视状态，并且充分利用了二层空间。

图2-3　1993年央视春晚牛群、冯巩表演的相声《拍卖》

① 田园、宫承波:《风雨春晚情》，北京：中国广播影视出版社2015年版，第148页。

1993年还在视听呈现方面创下了众多第一次：第一次使用打出来的光都是图案的电脑等，第一次采用伸出式舞台，第一次把演员人数扩大到600多人……[①]这些突破为春节联欢晚会开启了新的一页，新技术带来的革新逐渐推动春晚在舞台布置和节目表现力的变化和升级，颠覆了电视观众原有的感官感受和审美习惯。[②]有学者认为，这一调整是从民主化的插座式观众席变成格局森严的剧院式座席，相比80年代这样的春晚体现出更为鲜明的秩序感。[③]

这场春晚对于空间的突破不仅仅是舞台，1992年10月中央电视台中文国际频道开播，1993年的春晚斥巨资租用了亚洲3个卫星频道，同时还有北美洲的两套卫星向海内外同步直播，这是在春晚播出覆盖范围上的一个全新纪录。[④]

1996年春晚继续延续了两层包厢式立体场景，并且设计了北京、西安和上海三地联演的模式，三个会场画面交叉显示，也增强了舞台呈现的立体感和观赏性，一改单一会场平面的单调视觉。这届春晚的舞美设计还在探索时空的变化上做出突破，三地联演联播的形式将空间无限延展，三地会场画面的自由切换，使得大型歌舞也具有了恢宏的气势和宏大的舞台调度，营造出一种“天涯共此时”的共同庆贺氛围。如联舞《贺岁锣鼓》，三个会场分别展示了京剧表演、女子群舞和腰鼓表演。又如歌舞表演《兵哥哥》，上海会场的宋祖英与北京会场的张玉萍隔空合作。三地跨时空的合作在这届春晚的歌舞节目上得到了充分利用，虽然这样的尝试遇到了一些技术问题，但也促成了如今春晚视听观感的日益完善。[⑤]

---

① 杨晓民、陈亦文:《难忘今宵——中央电视台历届春节联欢晚会大写真》，武汉：长江文艺出版社1998年版，第65页。

② 宫承波、张君昌、王甫主编:《春晚三十年》，山东：泰山出版社2012年版，第127页。

③ 常江:《中国电视史：1958—2008》，北京：北京大学出版社2018年版，第365页。

④ 宫承波、张君昌、王甫主编:《春晚三十年》，山东：泰山出版社2012年版，第126页。

⑤ 宫承波、张君昌、王甫主编:《春晚三十年》，山东：泰山出版社2012年版，第157页。

1997 年春晚在节目上已经逐步开始将现代化元素融入，给观众欣赏口味带来了许多现代气息。如那英在旋转舞台演唱的《青青世界》和歌舞组合《青春季节》服装都各具特色，歌曲节奏感强烈，配合灯光，色彩丰富，整个节目现代味浓郁。除了这些在与原有节目形态的基础上加入了现代元素，还有一个节目是完全具备了现代的特质。《天长地久》作为一部微型音乐剧，以拍结婚照为线索，独立又串联了一段段爱情故事，《纤夫的爱》《祝你平安》等脍炙人口的经典歌曲也被重新演绎嵌入其中，与情节搭配。歌手边唱边演，形式颇具创意。[1]

图 2-4　1997 年央视春晚微型音乐剧《天长地久》

1998 年春晚最具有里程碑意义的是这届春晚启用了当时全国最新最大的演播大厅——近 2000 平方米的中央电视台一号演播厅，从这一年起直至今日，春晚都是在这里举办。当年春晚对于一号演播大厅的掌握是值得称赞的，虽然还是出现了一定的调度问题，但在舞美设计方面，无论是开场缓缓打开的龙柱，还是舞台中央的喷泉，抑或是灯光的使用，都是有着明显进步的。[2]

还有一些元素则是这一阶段春晚在舞美上一直坚持的，包括对红色、龙凤图腾、春节吉祥元素，如灯笼、春联、传统住宅等的运用。1992 年、1994 年春节联欢晚会中就已经把灯笼这一代表吉祥和喜庆的物象作为主要的造型元素在舞台美术上运用。

① 宫承波、张君昌、王甫主编:《春晚三十年》，山东：泰山出版社 2012 年版，第 166 页。

② 宫承波、张君昌、王甫主编:《春晚三十年》，山东：泰山出版社 2012 年版，第 177 页。

在 1994 年晚会第一个节目结束的时候，还有一对巨大的红地金字对联从圆形舞台的台口上方垂直滑落下来，过年的喜庆气氛随之扑面而来。在 1996 年舞美设计中，通过夸张放大的造型手法把在春节带来喜庆、欢乐、吉祥的灯笼作为主要造型物件，将其置于舞台中心的上方，成为整个舞台最主要的造型来塑造，使整个舞台都笼罩在巨大灯笼的大红喜悦之中，以此来与该年晚会的主题“欢乐、祥和、凝聚、振奋、辉煌”相吻合，更好地传递晚会的喜庆与热情。1999 年春晚的舞美上运用了大量的中国传统住宅的大门的造型，传统院落中影壁以及门元素的重新组合与运用。这些元素的运用正好符合了住宅环境日益现代化，传统住宅环境日益远离我们而去的心理观照。①

图 2-5　1994 年央视春晚

图 2-6　1998 年央视春晚

另外，主持人作为春晚舞台上唯一一个贯穿全场的要素，他们的外

① 杨建蓉：《从传统到全息：央视春晚舞美的奇观演绎》，《影视制作》2010 年第 5 期，第 70 页。

图 2-7 1999 年央视春晚

形风貌不仅体现着整台晚会的主题和基调，更是向全球华人乃至直接展现中国面貌的一个窗口。主持人服装也在 1994 年出现了现代化的突变。这一年首次出现了晚会中更换服装的现象。主持人倪萍在开场时身穿红色无袖旗袍，并采取了大胆的露背设计，传达了国内审美标准与国际时尚前沿接轨的信号；数个节目之后，倪萍换上了绿装黑裙，让观众眼前一亮。这与春晚前十一届的情况截然不同，之前的晚会，主持人的服装朴素、庄重，符合当时政治氛围浓厚的时代背景。当时的中国老百姓还不懂什么是晚礼服，男主持人大多着中山装或卡其布工装。①

第三节 创新探索：形成多元繁荣的成熟晚会形态

对于一个相对固定的宏大命题，每年都要推陈出新，实属难事，春晚始终没能摆脱成长的烦恼与阵痛。谈及 20 世纪 90 年代春晚，央视前台长杨伟光曾指出，“早期的春晚，可以说是全国人民春节时最大的精神寄托。因为平时的电视节目和文艺节目较少。90 年代以后，电视机里电视节目和文艺节目丰富了，晚会也增加了。因此，春节时尽管可以

① 宫承波、张君昌、王甫主编：《春晚三十年》，山东：泰山出版社 2012 年版，第 382 页。

集中一批优秀的人才参加晚会，但未必能比平时的水平高明很多。”①

不仅如此，到 90 年代，如何黏合社会阶层分化的现状，已经变成日益迫切的政治任务。80 年代不难发现的社会动情点，已变成了刻意寻找并竭力张扬的集体道德意识。每一个时代都有一些特殊的社会文化现象，就春晚本身的尺寸和性质看，本不应该有这么高的地位、这么重的分量，之所以引发这么高、这么多的关注度，是因为它背负包含了更多的意识形态的政治内容。“春晚”在改革开放初期背负着特定的意识形态内容，它的地位和影响力，与大家对未来的憧憬、与改革开放这样一个新的历史时期许诺给大家的新生活理想是密切相关的，“春晚”的形式非常恰当地表达了这样一个意识形态内容。改革共识应该说是“春晚”的精神支柱，一旦改革共识出现新动向新偏差，那么“春晚”火爆的基础就动摇了，而这就是九十年代以来我们看到的现象：无论怎样办“春晚”，“春晚”似乎注定是口碑难以达标，因为主客观条件都发生了变化。②

国家目标和准官方体制的身份也使得春晚这一“人造民俗”承载了太多的宣传意味，而且很难脱离仪式的氛围。虽一直在追求“亲民”风格和与民同乐，但长期形成的制度性内在紧张、有意无意的“官方”标榜，包括富丽堂皇的宏大场景和频繁更换的华丽服装似乎都在提醒人们，这是一场如临大敌的表演。③

即便如此，在压力与质疑面前，这一阶段的春晚还是进行了许多创新和调整。1993 年最先改革的就是总导演选拔制度，1993 年之前，春晚的总导演是由央视有关领导指定的。为了鼓励大家的创新精神，打破

---

① 引自《中国周刊》采访《杨伟光：导演背后的导演》，http: //media.sohu.com/20130225/n366966688.shtml。

② 引自师力斌、刘岩：《春晚 30 年我们的记忆与反思》祝东力发言部分，《文艺理论与批评》2012 年第 2 期，第 37 页。

③ 郭镇之：《从服务人民到召唤大众——透视春晚 30 年》，《现代传播》2012 年第 10 期，第 7—12 页。

旧的模式，创造新的模式，台里决定取消指定，这年春晚首次引入竞争机制，对春晚导演实行招标，从此确立了“春晚”总导演招标制。

这一根本性的变化使得1993年的春晚成为大胆创新的一届。它不仅实现了中国香港、中国台湾和新加坡电视节目与中央电视台春晚节目的对传，同步海外直播，还在舞美设计上营造了两层包厢式的立体场景，改变了以往台上台下、平面相向的现场图景。

1994年春晚开始采用部分演员现场真唱，不再对口型。再后来，春晚希望在形式上有更进一步的突破，到1996年，上海和西安办了分会场，春晚首次实现三地同播，这对于春晚的晚会形态来说也是具有里程碑意义的第一次。同样也是在1996年的春晚舞台上，东北籍小品演员成为了主场，东北文化、“草根”文化大放异彩。1997年的关键词是“香港回归”，春节晚会的舞台上自然也少不了这么有意义的大题材。1998年的春晚是中央电视台付出极大辛苦的一届。当时仅仅用了86天

图 2-8　1998年央视春晚

建好了 1800 平方米的一号演播厅，给 1998 年春晚乃至到现在的春晚开启了大场面之路。有学者对这年春晚给出了以下评价：1998 年春晚是一台广场艺术、舞台艺术与电视艺术相结合的晚会。①

具体到这一时期的春晚最鲜明的变化，就是小品逐渐替代相声成为春晚语言类节目的重要构成。这样一种文艺形态为春晚在这一阶段形成更多元繁荣的成熟晚会做出了巨大的贡献。

说到小品逐渐替代相声成为春晚语言类节目的重要构成，最早应该追溯到 1993 年春晚。从这一点看，也能够体现出春晚的自我革命是从 1993 年开始的。这一年小品的数量达到有史以来的最高峰——7 个，分别是《擦皮鞋》《老拜年》《张三其人》《桥》《推销》《黄土坡》《市场速写》，相声则少一个，共 6 个，分别是姜昆与唐杰忠的《楼道曲》、牛群和冯巩的《拍卖》、侯耀文和石富宽的《侯大明白》、杨振华和杨瑞库的《“8”字谜》、陆鸣和孙仲江的《多多关照》以及高洪胜和李立山的《新名词》。对比前一年 1992 年春晚是相声数量创下了新高，达到 7 个，小品是 5 个。到了 1994 年春晚，相声开始真正退居其次，小品数量为 7 个，不仅数量多，题材也丰富，而相声节目仅有牛群和冯巩的《点子公司》一个。小品为主，相声为辅的语

图 2-9　1993 年央视春晚黄宏、魏积安表演的小品《擦皮鞋》

① 赵化勇主编：《中央电视台发展史 1998—2008》，北京：中国广播电视出版社 2008 年版，第 106 页。

言类节目的格局也一直延续至今。小品这个后来居上者，以其艺术的综合性、多样性、贴近性赢得观众，在这一时期的繁荣发展中获得了更多受众的喜爱和追捧，撼动了相声在春晚舞台的地位，挑起了春晚语言类节目的“大梁”。

这一时期在舆论引导和传播影响力上大放光彩的当属小品节目，很多小品在揶揄搞笑、针砭时弊之后留给人们的是对社会现状产生的深刻思考。例如 1994 年的小品《打扑克》通过用名片打扑克的方式，揭露和批判腐败、造假、崇洋媚外等社会丑恶现象，上演了“小小一把牌，社会大舞台”这出针砭时弊的社会活报剧。1995 年的《有事您说话》中展现了一个“死要面子活受罪”的人物形象，折射了当时社会很多人的“面子心态”，最后用教训证明与其戴着面具做个虚伪的人，不如踏踏实实做个实在人。1996 年的《打工奇遇》里打工学本事的老太太碰上了哄抬物价的老板，最终老太太举报了这种不法行为，告诉我们无论是做人还是做生意，都要清清白白、脚踏实地、货真价实……大到社会现象，小到家庭琐事，这一时期的小品表明了“春晚”营造健康积极的舆论环境的努力。①

十多次担任春晚策划的秦新民曾这样评价这一阶段的春晚小品，90 年代以来，春晚打造小品的一个主旨，就是一定要反映本年度的社会生活当中的一些特征，年度特征的核心主题诉求就是真善美三个字。通过批判和鞭挞，反过来树立和弘扬真善美。1995 年春晚上赵丽蓉和巩汉林的巅峰之作《如此包装》，选题针砭时弊，反映了当时随着市场经济的活跃，部分走进过度包装误区的真实文艺生态，也给存在不良包装现象的个人和企业敲了警钟。诚信也是从那个时候市场经济逐渐活跃和繁荣的时候受到重视的，作品成为信任危机的绝妙象征。另外，1994 年

① 朱清河、张明珠:《央视“春晚”舆论引导的主题变迁与价值逻辑》,《教育传媒研究》2019 年第 4 期，第 14—18 页。

侯耀文和黄宏小品《打扑克》，讽刺的是当时机关干部中存在的不正之风。当时市场经济刚刚起步，有很多不法商人投机倒把。作品及时抓住这点，让观众在欢笑当中悟出道理。[1]

图 2-10　1994 年央视春晚黄宏、侯耀文表演的小品《打扑克》

而春晚小品历史中，不得不提到的重要人物就是赵本山，他一共上过 21 届春晚。1990 年赵本山第一次走上春晚舞台，自此之后成为春晚小品的标杆人物。他的经典之作是 1999 年的《昨天今天和明天》，这个节目结构完整，内容与当时的社会和时代贴合紧密，深深打动观众并引发共鸣。之所以会有这么强的传播效果，离不开 1999 年这个特定的年份，在回望过去准备迎接新世纪到来之时，我们会发现，中国的农民

① 中央电视台纪录频道：《春晚 30 年》，上海：上海科学技术文献出版社 2013 年版，第 193、196—197 页。

生活经过二十年的改革开放已经发生了翻天覆地的变化，农村与城市接轨，城乡关系也形成新的极致，农民生活富裕后精神面貌、精神文化需求都在改变。乡土文化与都市文化发生强烈碰撞、融合，喜剧效果也在这里诞生。这在赵本山的作品中都折射出来，体现了他作品内容与当代乡土文化融合后给受众观赏情绪带来的喜剧冲击。在一个真实存在的品牌栏目《实话实说》里两位来自东北农村的老两口真实地谈了对过去、今天和未来的感想，连接了虚构的艺术意图和真实的品牌栏目。①

20 世纪 90 年代市场经济的确立和电视产业属性的确定除了带来晚会艺术形态上的成熟外，商业化的推进也是这一时期的特点之一，它也构成了央视春晚这一时期在政治属性与商业属性之间调和的成长点。央视春晚从 1984 年起，开始出现商业广告，1986 年康巴斯钟表的直播报时和零点报时则正式开启了央视春晚报时广告的先河，这一品牌一直独占这一黄金位置至 1993 年。这一阶段是物质匮乏的十年，也是“老三样”叱咤风云的时代。1994 年黄金位置则被深圳中华自行车集团竞得。到了 1995 年，央视零点倒计时广告进入酒业和药业广告大轰炸时期，直至千禧年后。1995 年由贵州长寿长乐集团获得，1996 年开始出现白酒广告大战，1996 年山东孔府家酒竞得，1997—1998 年则为沱牌曲酒。唯一例外的是 1999 年，步步高电器 VCD 广告登上央视春晚零点倒计时广告时段。

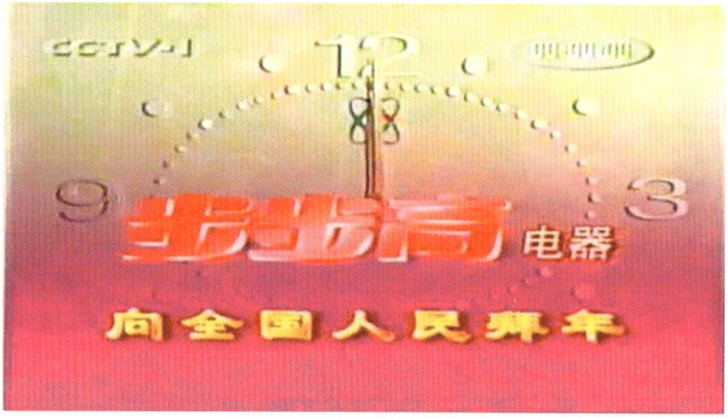

图 2-11　1999 年央视春晚倒计时广告

① 中央电视台纪录频道：《春晚 30 年》，上海：上海科学技术文献出版社 2013 年版，第 194—195 页。

不仅是零点倒计时广告，整场晚会上商业广告的形式和数量都在不断丰富和增加，如 90 年代的春晚在直播进行当中不断出现的宣读贺电环节是一种明码标价的广告经营行为，体现出了 90 年代春晚明确的市场化运作模式。

1992 年启动的“我最喜欢的中央电视台春节联欢晚会节目”评选实际上也很能体现央视春晚的商业意识。这不仅是对观众参与互动的一种拓展，也反映出春晚品牌意识的自我觉醒。从社会经济发展的角度透视春晚发展，90 年代春晚从最初博得民众一笑的公益属性，开始融进了传媒经济学角度上争夺观众注意力资源的商业属性，[①] 这也是传媒业态变革中的重要一笔。

第四节　总结：文化消费下的新年俗

20 世纪 90 年代，随着计划经济向市场经济的深入转型，“政治场”的传统势力在削弱，而“经济场”的影响力越发突出。文化生产和消费不再是自上而下，而是由“市场之手”调节。[②]

布迪厄对文化消费行为的探讨是离不开经济资本、文化资本以及社会资本三个维度共同界定的社会阶级划分的。而这三个维度正是市场经济所带来的层级差距。在《区隔：品味判断的社会批判》一书中，布迪厄认为，社会空间中有着相似位置的个人，他们有着相似的生活处境，培养了相似的阶级惯习，其所处的社会空间以及在此基础上产生的阶级

① 高红波：《集群化：央视春晚 30 年节目形态的历时性考察》，《青年记者》2013 年第 5 期，第 54 页。

② 洪晓、苏桂宁：《当代大众文化的审美趣味演变——以央视春晚为个案》，《暨南学报（哲学社会科学版）》2018 年第 6 期，第 76—79 页。

惯习二者共同作用形成了特定的消费品位以及包括艺术审美、饮食习惯、消费习惯等在内的相似的文化实践。而该消费行为通过惯习的复杂作用，又反过来建构了阶级区分。即“结构产生惯习，惯习决定实践，实践再生结构”。①

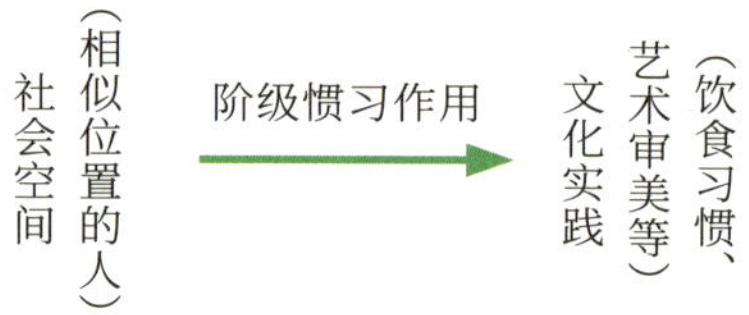

图 2-12　布迪厄文化消费理论框架

春晚作为电视文化产品，在大众对这一时期春晚的消费上，受到了来自阶层差异所带来与 80 年代截然不同的社会变化的影响，想要在这样的背景和环境下寻找有效的共识点变得越来越难。“春晚”想要营造一个有效的共识，应该建立在一个社会整体利益格局在较大程度和范围内具有可整合性的基础上；而社会分层已经产生了多层的、深刻的、难以再做出这样整合的区隔。②这一时期的春晚从 80 年代的精神解放转向文化消费，这也意味着受“市场之手”影响，主流趣味和精英趣味要逐渐向大众趣味转化。此时，多元化、现代化、商业化色彩的景象就呈现了。

80 年代因文化娱乐匮乏，春晚成为了观众们春节文化消费的唯一且最佳选择，可以称得上是春节里的新民俗，即使它只是针对当时能够拥有电视的少数人群。进入 90 年代，电视文艺的繁荣带来可供选择的文化娱乐产品越来越多，但春晚仍获得了超高收视率。不管观众是否真的喜爱，惯习性观看这一行为没有受到大环境变化的影响，在这一时期

① 朱伟珏 姚瑶：《阶级、阶层与文化消费——布迪厄文化消费理论研究》，《湖南社会科学》2012 年 4 期，第 57 页

② 引自师力斌、刘岩：《春晚 30 年我们的记忆与反思》卢燕娟发言部分，《文艺理论与批评》2012 年第 2 期，第 38 页。

更凸显了其作为一种惯习，乃至一种真正意义上的新民俗的存在。作家冯骥才曾评价，春晚毫无疑问是春节年文化和年生活中重要的角色，起码应该说已经踏进了我们的民俗，尽管它由于电视这种工具的本身性质和年俗性质有不一致的地方，但春晚已经成为过年中不可缺少的一部分。[①]

中央电视台原台长赵化勇曾于1998年《难忘今宵——中央电视台历届春节联欢晚会大写真》一书的序言中表示，现在，春节联欢晚会已从一般性的综艺节目发展成为电视文艺中的一个特殊品种，成为亿万中国人民欢度春节这个传统节日必不可少的“年夜饭”。春节联欢晚会已成为海内外华人瞩目的焦点，成为人们欢度节日的文化庆典、文化礼仪，它和传统节日中的吃团年饭、包饺子、围炉守岁，一同成为亿万观众除夕之夜的新民俗。[②]

它之所以能够和其他传统习俗一起成为春节民俗之一，最根本的原因是因为它在情感层面契合春节这个节日“团圆”的精神内核。有学者认为，春节联欢晚会是乡村节庆社戏传统跟现代电视媒体结合的产物。虽然长在现代社会，可是它的根子还是在上万年的农业文明里。到了除夕，全家上下几代人都聚集在一起，吃团圆饭和说团圆话，看春晚这样的团圆戏。这是用亲情来维系大家族纽带的需要。[③]

从另一方面来说，春晚的出现是一种人为的话语组建行为，它企图将原有的民间仪式搬到现代大众传媒上，从而使其产生超想象的社会效果。春晚早些年确实是达到了这一目的，无论是作为一种不完整的电视屏幕上的民间仪式，还是被偷偷置换成国家话语舞台的电视晚会，曾

---

① 中央电视台纪录频道：《春晚30年》，上海：上海科学技术文献出版社2013年版，第272页。

② 杨晓民、陈亦文：《难忘今宵——中央电视台历届春节联欢晚会大写真》，武汉：长江文艺出版社1998年版。

③ 参见上海文广新闻传媒集团电视新闻中心《深度105》特别节目《电视的记忆》，第二集《电视的记忆之春晚现象》。

经的春晚确实有民俗意义上的媒介仪式感。[①]春晚选择春节最重要的时刻——除夕之夜，融入民间传统的守岁、燃放鞭炮、祈福等习俗，通过老百姓喜闻乐见的形式，并使其日常化和仪式化（自 1983 年开始，每年除夕之夜举办，从未间断），从而创造了一种新的传统。[②]春晚上固定的仪式，如新年钟声倒计时、主持人拜年送祝福，它们的延续和重复都成为标签化的固定模式，是最具典型意义的民俗仪式，“除夕倒计时”和“拜年祝福”的行为动机原本就是“年文化”中所蕴含的内容，因此根植于古老传统的新记忆理所当然地被纳入到共识的范畴里来。[③]

总的来说，当社会成员需要在“节日”当天以“仪式”“场域”等方式进行纪念和庆祝时，春晚通过一台指向明确的晚会暗合了群体需求，建构了符合记忆心理的表达空间，并随着时间的推进，将这一过程本身也逐渐融入到了集体框架下的过去记忆中，最终成为获得社会认同和共享价值的“新民俗”形态。[④]

---

① 宫承波、张君昌、王甫主编:《春晚三十年》，山东：泰山出版社 2012 年版，第 493 页。

② 金玉萍:《媒介中的国家认同建构——以春节联欢晚会为例》，《理论界》2010 年第 1 期，第 160 页。

③ 吴迪:《春晚：属于中国人的集体记忆》，《新闻研究导刊》2014 年第 1 期，第 16 页。

④ 吴迪:《春晚：属于中国人的集体记忆》，《新闻研究导刊》2014 年第 1 期，第 15 页。

第三章

困顿中坚守：众口难调的年夜大餐

（2000—2007）

新千年迎来新气象，北京申奥成功、中国正式加入世界贸易组织（WTO）、中国男子足球队首次也是迄今唯一一次闯入世界杯决赛圈，我国改革开放持续深入，市场经济飞速发展，春晚在强调家国情怀的同时，也开始向市场化倾斜。进入21世纪，国泰民安、蒸蒸日上的时代里，观众对节目的要求不断增长。另一方面，人们对春晚这个概念的认识发生了很大转变。新的娱乐手段与守岁方式层出不穷，春晚不再是不可或缺的春节活动，不再是除夕夜家中的唯一“主角”，春晚在很多家庭成为一种伴随习惯。一方面是观众的评头论足，一方面是主创者的焦虑与忐忑，交织成一张永无休止的对峙、碰撞乃至矛盾的网。这就加大了央视春晚的制作难度，同时也有了春节晚会主创者的尴尬处境，参与春节晚会所获得的崇高荣誉和众口难调带来的尖刻的批评与指责，这已成为众所周知的电视春节晚会的所谓怪圈的集中体现。[①] 面对众口难调的观众与市场化的影响，春晚在困顿中坚守与前行。

与此同时，除了央视春晚，各大地方卫视在这一时期开始发力，想在这特殊的节日里分得一杯羹，竭尽所能吸引更多观众的注意。如果将央视春晚比作一场“年夜大餐”，地方卫视的春晚就是“私房菜”，凝聚着各式各样的地方特色。央视春晚是对家国情怀的沉淀，是特有文化身份与政治诉求的彰显，地方卫视春晚则尽显个性，娱乐性与本土性成为

① 胡智锋，赵帆．电视春节晚会三论——从CCTV2002春节联欢晚会说起[J]．中国电视，2002（5）：16—19．

其取胜的法宝。[①] 电视春晚从“一家独大”到“百家争鸣”的局势越来越显著，在众多选择中，观众的喜好和观看点也变得更加丰富且复杂。

面对上述困境，各方面都希望春晚能有所“突破”甚至有所“颠覆”。进入21世纪，赵忠祥和倪萍先后退出央视春晚主持，周涛、朱军开始担当重任；陈佩斯、赵丽蓉这些之前活跃的小品明星由于种种原因离开了春晚舞台，冯巩、牛群也各自有了新的搭档，而本山大叔此时则势头正猛，《卖拐》三部曲、《小崔说事》等作品成为当时的经典。虽然这些作品大获成功，但是由于我国地域广阔，南北方和东中西部在自然和人文方面差异明显，不同地区观众对于春晚的需求并不完全相同。春晚这桌五味俱全的“年夜大餐”，想要做到老少皆宜，东西南北中都“可口”，难度很大。新千年新气象，为了满足观众多元化、个性化的审美需要，在保证传播主流文化，宣传正确思想的同时，“开门办春晚”提上日程，这提升了春晚的包容性和开放性，增进了春晚与老百姓之间的黏性。

第一节　创作导向：政治与市场的角力

春晚作为我国独有的电视节目形式，不仅集中展现了中国电视文艺界的最高水准，也肩负着传播主流意识形态话语与宣传党和国家各项方针政策的职能和责任。因此，春晚与其他综艺娱乐节目不同，承担着重要的政治使命与社会文化责任，尤其是央视春晚更是可以看作是国家话语权的娱乐“代言人”，春晚“带给亿万观众的绝对不仅仅是娱乐，它

① 萧盈盈，李露倩．近年七大省级卫视春晚比较研究 [J]．青年记者，2013（15）：66—67.

更应通过对主流话语的诠释与传递使身在其中的中国老百姓获得某种踏实感，从而成为影响当代节日生活的精神力量。”① 虽然国家作为春晚的主导力量，家国情怀也依然是春晚不变的主题，但这并不影响春晚及其媒体对市场的追逐。尤其在 2000 年以后，表现尤为明显，春晚吸金能力逐年递增，“这是市场之势也是利益所趋，且将随着国内广告产业发展的成熟与运作水平的提高以及晚会制作概念的市场化改革而进一步得到发展”。②

一、主流意识的传播

从 2000 年到 2007 年，面对复杂多变的国际格局和艰巨繁重的改革发展环境，全国各族人民在中国共产党的带领下，高举邓小平理论和“三个代表”重要思想伟大旗帜，战胜各种困难和风险，开创了中国特色社会主义事业新局面，我国国民经济持续快速健康发展，社会主义现代化建设取得新的辉煌成就，社会主义的精神文明建设和民主法制建设也取得了丰硕成果。人民生活显著改善，农业税被全面取消，各族人民的衣食住行用水平不断提高，享有的公共服务明显增强。祖国和平统一的步伐，有了历史性的进步，回归后的香港、澳门继续保持繁荣稳定，与内地的经贸关系更加紧密。而这些成就的取得，离不开全国各族人民的齐心协力，同时，这些成就也使得中国每个家庭更加其乐融融，和谐社会、以人为本等成为这一时期春晚的核心议题。

此时的春晚作为集政治、经济、文化于一体的春节集体仪式，已经逐步成为中国社会的关注焦点，其任何细小的变动都能映射出我国政治经济文化的发展变迁和走向。央视春晚作为国家传播社会主流价值观与意识形态不可或缺的重要载体，展现出一幅幅我国和谐社会的发展繁荣

---

① 张步中 . 对 2006 年春节联欢晚会的传播学解读 [J]. 中国电视，2006（4）：11—13.

② 张芬芳 . 春节联欢晚会植入式广告关注度研究——以 2006 年央视春晚为例 [J]. 广告研究（理论版），2006（6）：32—37.

景象以及普通百姓幸福生活的真实写照。

（一）和谐社会与家国同庆

“和”自古以来就是中国人的重要文化追求。2004年，中共十六届四中全会首次完整提出“构建社会主义和谐社会”这一概念，物质生活逐渐丰富的中国人对和谐的渴望与追求愈发强烈，和谐社会的主旋律开始在中国大地上奏响。

春节作为中华民族最盛大的传统节日，欢乐喜庆、合家欢乐的氛围和仪式感的营造是每届春节联欢晚会不可或缺的要素，团圆、和谐是春节联欢晚会不变的话题。在家庭层面，团圆的文化在中国流传已久，中国人一直喜聚不喜散，追求家的大团圆。父母双亲的牵挂、兄弟姐妹的情感在春节期间会被无限放大，于是阖家团圆作为中国人的传统观念，已经深入华夏儿女的血液中，是每个炎黄子孙在春节期间最强烈的期盼。春节期间，家人围坐在一起，共看春晚，已成为当代中国的新民俗与新仪式。同时，这种亲人间的和谐感受不仅仅局限在家的层面，会依次向外推广，亲朋好友的想念、邻里街坊的祝福，更要上升到社会和国家的层面，在更大的圈层寻求社会各个阶层的和睦、民族的团结、祖国的统一，和谐社会与家国同庆成为这一时期春晚的主旋律。

2001年的春晚主题为“盛世中国、和谐社会”，2006年春节联欢晚会的主题为“爱与和谐、天地人和万事兴”，2007年是党的十七大召开之年，这一年的春晚主题则是更加明确地提出“欢乐和谐中国年”这一口号。不仅如此，“和谐”一词还被广泛地用于节目名称的设定、主持人的串词之中。以2007年春晚为例，一共33个节目，包含“和谐”一词的节目名称就高达10个，如宋祖英演唱的《和谐乐章》，歌舞《欢乐和谐·四季风》，《欢乐和谐·民族情》等歌组合，《欢乐和谐·流行色》《欢乐和谐·闹新春》等联唱，占了节目总数将近1/3。和谐文化已经渗透到社会生活的各个角落，“和谐”已经成为当时春节联欢晚会的一个核心词汇。

表 3-1　2000—2007 年央视春晚主题内容①

年　份	央视春晚主题
2000	千禧盛会、与民同乐
2001	盛世中国、和谐社会
2002	普天同庆、祥和向上、这边风景独好
2003	新民俗、快乐、创新
2004	祝福、平安、快乐
2005	金鸡报晓、盛世大联欢、飞翔
2006	爱与和谐、天地人和万事兴
2007	欢乐和谐中国年

春晚在节目的内容安排上同样贯彻了主题的定位，分别表现在家的和谐与团圆、民族的团结与和谐、社会的和睦与和谐、国家的统一与和谐四个方面。

1. 家的团圆与和谐。2000 年春晚的歌曲《家和万事兴》、2001 年春晚的歌曲《全家福》、2006 年春晚的歌曲《万家欢乐》唱出了春的快乐，唱出了团圆的喜悦。2001 年春晚小品《家有老爸》里希望儿女们常回家看看的父亲，2003 年春晚小品《我和爸爸换角色》里互换角色的父子，2003 年春晚小品《足疗》、2005 年春晚小品《浪漫的事》里彼此关爱的夫妻，还有 2006 年春晚赵本山、宋丹丹小品《说事儿》里延续的白云、黑土这对老两口的幸福故事，都体现出和谐家庭的积极主题。

春晚还特别注重营造回家的氛围，2001 年春晚民族对歌中彝人制造组合演唱的《回家》，2003 年春晚的综艺表演节目《吉祥送给您》中

① 常慧 . 央视春节联欢晚会主题探析 [D]. 陕西师范大学，2014：7—8；2000—2007 年央视春节联欢晚会百度百科 .

江涛的萨克斯演奏《回家》，2005 年春晚的歌曲《回家的人》，2007 年春晚郭冬临、邵峰表演的小品《回家》，通过不同形式述说了想办法赶往家中，奔向阖家团圆的回家故事。2004 年山东卫视的春晚直接以“回家”作为整个晚会的主题。

2. 民族的团结与和谐。除了家庭团圆和谐，春晚还包含了许多中华大团圆的考虑。大型的歌舞表演最易表现国家的繁荣富强和欣欣向荣，各民族的民歌联唱配以各具特色的民族服装、民族乐器和民族舞蹈更能展现各民族大团结的主题①，这些表现形式可以充分调动起中华儿女的自豪感和归属感，提升中华儿女的凝聚力。2000 年龙年春晚的少数民族歌舞乐《爱我中华》、2001 年春晚的民族对歌《回家》《蒙古人》《无字歌》《三朵花》、2002 年春晚歌曲《中华全家福》、2003 年春晚的少数民族组歌《阿里郎》《暖吉娅》《新疆好》《举起欢乐的酒杯》、2005 年的民族歌舞《争奇斗艳——民族风》、2007 年春晚的歌组合《欢乐和谐 · 民族情》等节目，在春晚的舞台上演绎了中华各族儿女的大团圆。正如《中华全家福》里所唱:“让春天来做和谐社会新背景，照一张大中华的全家福，让世界看看中华儿女心使一股劲。”

3. 社会的和睦与和谐。中国的“和”文化，不是没有个性的同一化，而是包括着矛盾与对立的“和”，是蕴含着“异”的“和”。春晚的语言类节目则更多地体现出社会中的这种“和而不同”，2002 年春晚歌舞小品《三号楼长》、2002 年春晚小品《邻里之间》、2005 年春晚小品《男子汉大丈夫》、2006 年春晚小品《马大姐外传》、2006 年与 2007 年春晚的系列小品《装修》《邻居》，都讲述了邻里关系从矛盾到和睦的故事，展现了“远亲不如近邻”的和谐一幕，邻里间共同奏响建构和谐社会的时代主旋律。此外，小品《都是亲人》里从误会到亲如一家的陌生

① 邹媛媛 . 盛世中国和谐社会——央视“春晚”主题内容浅论 [J]. 黔南民族师范学院学报，2009，29（4）: 58—62.

人，复合相声《马路情歌》里最后互相理解的交警与出租司机，一个个职业地位不同、性格各异的人物串起了中华大地的和睦与和谐，社会各个方面的不同特点、个性与整个社会的和谐相互融合、统一。

4. 国家的统一与和谐。港澳台明星一直是春晚一道亮丽的风景线，从早期的张明敏、费翔等开始，在一定程度上领引着春晚的流行风潮。随着香港和澳门的相继回归，两岸三地的交往更加频繁、融合逐步加深，内地与港澳、大陆与台湾地区的明星、艺术家齐聚春晚舞台，同庆中华民族共同的节日——春节，通过各种形式的节目展现骨肉亲情，诠释祖国统一。2000 年春晚黄宏、凌峰的小品《小站故事》以 1999 年台湾“9 · 21”大地震为背景，反映了海峡两岸人民在灾难面前相互帮助、亲如一家的故事。2000 年春晚温兆伦、伊扬等合唱的《大年三十》与梁咏琪、黄伟麟、周冰倩、蔡国庆合唱的《澳门——我带你回家》、2001 年春晚祖海与姜育恒演唱的《盼团圆》、2003 年春晚解晓东、张柏芝演唱的《DV 今晚》等节目都是由内地演员与港澳明星、大陆演员与台湾明星共同表演。

2005 年 3 月，全国人大通过《反分裂国家法》，2006 年春晚的许多串词与节目设置都表达出海峡两岸人民对祖国统一的热切期盼。来自台湾的相声演员刘增锴、朱德刚两人唇枪舌剑、你来我往地“新说绕口令”。香港歌手谢霆锋、台湾歌手庾澄庆、澳门武打女星李菲与内地歌手满文军共同演绎了具有中国传统文化特色的歌曲《百家姓》。2006 年的春晚，还特地设置了一个现场揭晓赠台大熊猫乳名的环节，吸引了众多观众的参与，“团团”和“圆圆”高票当选，喻示着对祖国统一和海峡两岸团圆的美好愿景。

从家到国，由国到家，家国一体，进入 21 世纪的春晚在继续凸显团圆主题的基础上，也体现了“和谐”这一重要的主流意识。这一阶段的春晚将个人、家庭、社会结合在一起，将个人的感情、家庭的亲情作为构建意识形态的基点。从一个个体扩展到一个家庭直至一个中华大家庭，将个人的情感延伸到家庭的亲情、民族的情感，乃至实现对国家主流意识形态的认同。[①]

（二）“三贴近”和与民同乐

2003年，党中央对各新闻单位提出了“三贴近”的重要要求，新闻单位要“努力使新闻报道贴近实际、贴近群众、贴近生活，为社会主义服务，为党和国家工作大局服务”。春晚作为电视媒体为国人呈现的春节大餐，在节目的选取上需要更加注重“贴近实际、贴近生活、贴近群众”的原则。这一时期的春晚，书写着中国人这一年的年度记忆，讲述了普通基层群众自己的故事，描绘出老百姓日常生活的真实景象，国家与百姓同庆同乐。

“三贴近”原则在相声、小品等语言类节目中更能得到充分的展现。2001年北京申办2008年第29届夏季奥运会成功，2001年春晚的小品《动物运动会》、2005年春晚的小品《魔力奥运》都契合了奥运主题，在让观众回顾2000年悉尼奥运会与2004年雅典奥运会中国体育健儿雄风的同时，也让观众分别感受到了申奥前与2008年北京奥运举办前的沸腾氛围。2007年，“奥运”已成为北京最热门的大事，奥运内容多次出现在当年北京卫视春晚，展现了北京人喜迎奥运的激动心情。看到小品《我和爸爸换角色》里为了家庭在外打拼而忽视儿子教育的父亲，《浪漫的事》中寻找初恋感觉的中年夫妻，《男子汉大丈夫》里巧劝妻子要与邻居和睦相处的丈夫，无不能感受到普通中国人的情感经历，无不贴近普通中国人的现实生活。而刚刚经历问题广告、被人忽悠、求人办事、乔迁之喜等的观众们，也多少能体会到相声《免费电话》、小品《卖拐》《送礼》《装修》等节目中主人公当时的人生境遇。

此外，2001年春晚，王宏伟等人共同演唱的歌曲《西部放歌》，响应了《国务院关于实施西部大开发若干政策措施》的号召，展望了西部

① 常慧．央视春节联欢晚会主题探析 [D]. 陕西师范大学，2014：34.

的美好愿景。2004年春晚，藏族歌手亚东与歌手李琼共同演唱的新歌《老王》，用通俗易懂的歌词讲述了边远山区基层干部带领群众脱贫致富奔小康的故事。2007年春晚的小品《策划》和相声《咱村的事》都反映出农民生活水平不断提高、社会主义新农村建设政策卓有成效的现实情况；舞蹈《进城》，表现了进城农民的喜怒哀乐；由北京行知打工子弟学校的30名学生朗诵的《心里话》，发出了打工子弟感人肺腑的心声，也体现着温暖人心的人文关怀。①

2002年湖南卫视晚会更是以一档名叫《问卷三湘》的新闻节目为发展脉络，通过具体新闻环节的形式将城市建设、大型国有企业、民营企业、农村建设、科技教育这五个与现实生活紧密相关的部分串联起来。这些节目都来源于现实生活，从不同的角度表现了丰富的社会生活，是春节联欢晚会贴近实际、贴近群众、贴近生活的真实写照。

主流意识的彰显，关系着一个国家的政治稳定和政治发展，影响着一个国家的经济社会发展环境和境况。春晚节目对主流价值观的传播是主流媒体的责任与社会担当，为春晚赢得了良好的口碑，也是春晚政治价值的重要体现。

二、市场因素的渗入

在市场经济发展的大背景下，媒体在完成其政治、社会、文化功能的基础上，并不排斥经济效益与市场规律。一方面，作为一档大型综艺娱乐晚会，春晚如何在困顿中营销自己，更好地传播主旋律，需要借助市场的力量。另一方面，春晚要想发展，吸引更多观众，同样需要资金的支持。人员、道具、舞台、技术等众多方面，都需要大量资金支持。其中幕后人员和演出人员就达数千人，先进技术的引用使得成本也随之增加。这就需要运用好春晚的“一寸光阴一寸金”，做好广告经营，塑

① 靳斌．丰富多元 欢乐和谐——2007年春节联欢晚会评析[J]．电视研究，2007（5）：12—13.

造春晚与其媒体的文化品牌，提升春晚与媒体的无形资产。面对这些问题，央视春晚早在20世纪90年代，就开始尝试引入大规模的市场运作。进入21世纪，市场因素对春晚的影响更加明显，主要表现在自身定位的转变、传播策略的提升、植入广告的增多等方面。

（一）传播策略的提升

市场经济的快速发展，文化生活的日益丰富和审美观念的不断提升，春节联欢晚会作为央视的经典品牌节目，不仅节目内容要与时俱进，晚会的角色定位也要顺应时代发展。郎昆在2006年1月29日做客新浪嘉宾聊天室时明确指出:“连续20多年的春节晚会，已经由主导型向伴随型过渡了，你不要把它当成很主要的行为，而当成伴随行为。你们全家和朋友聚会，开着电视，喜欢看就看，不喜欢看就做自己的事情，让春节晚会伴随你度过除夕，这样的定位是准确的定位。”从黄一鹤时代的“万人空巷”，到进入21世纪的众口难调，春晚的主创人员应当重新审视，寻找更为理性的定位，并在市场定位的转变过程中进行客观分析，及时调整，摆正位置。

伴随着各大卫视的异军突起，各省市电视台在这一时期都在筹备更具地方特色的春节晚会，播放时间与节目形态更自由多变，成为一种更具本地文化特征的民俗景象。这让观众的选择逐渐从单一变得多样，拓宽观众视野的同时，也让观众的审美观念变得挑剔且严苛。

当传受双方地位相互转换、而竞争对手又虎视眈眈之际，在收视市场的压力下，春晚越来越向娱乐化和大众化倾斜，其自我营销推广策略也不断提升。央视春晚改变了以往“养在深宫人未识”“好酒不怕巷子深”的做法，皇帝的女儿也愁嫁，因此在春节期间展开大力宣传。2006年的中央电视台春节晚会及春节节目新闻通气会，除了中央电视台相关领导，以及春节联欢晚会、歌舞晚会、戏曲晚会——三大晚会的导演，还有央视和各大地方相关媒体共计62家。同时，央视国际网站还高调对新闻通气会进行现场图文直播。[①]春晚传播的成功，要归功于它自身的品牌，以及全方位的议题设置与参演人员的流量话题。从春晚节目的筛选到演员的选拔，整个晚会的制作过程，都会设置悬念，引发关注，吸引多家媒体的联合报道。参演人员的退出或变更也会调动大众的神经，当观众看到自己喜欢的节目或明星出现在节目单时，则会满怀期待，而那些看不到自己钟意的明星的则会大失所望，这些成为人们茶余饭后热议话题。这种“低成本高回报”的宣传方式，不仅满足了观众的好奇心，也为春晚做了优质的前期宣传准备。

面对央视这个强大的对手，地方卫视春晚的宣传推广工作显得更加主动。要想在全国诸多电视台春节晚会中脱颖而出，需要主动出击，吸引眼球。一方面，确定好定位和主题，把握好宣传节奏，善于运用不同的宣传渠道，突出亮点，让观众对晚会产生收视期待。2007 年浙江卫视春晚直接将主题定为“天下浙商”，干脆明了，又具有浙江特色。2007 年正值香港回归 10 周年，于是北京卫视春晚携手香港无线（TVB），突出云集京港两地明星大腕这一亮点进行宣传。另一方面，利用热点话题或新闻事件，提高关注度。2006 年湖南卫视春晚组织“新年心愿”的征集活动，聆听普通民众的美好心愿故事，这种方式不仅能够促进前期的预热、提高宣传影响力，同时也能够发现和挖掘到温暖人心的感人事迹。

（二）植入广告的增多

市场因素的影响还主要体现在大量商业广告的出现。一方面是春晚的投入越来越大，另一方面，随着春晚热度不断升高，作为春节期间万众瞩目的年度大戏，其商业价值被众多商家看中，成为众多企业青睐的对象。这一期间，春晚已经发展成为春节期间任何广告商都不能忽视的

① 张步中 . 对 2006 年春节联欢晚会的传播学解读 [J]. 中国电视，2006（4）：11—13.

重要广告投放平台，春晚的主创人员利用春晚自身优势，最大限度地将春晚的商业价值发掘出来。根据相关调查，2002 年，春晚广告收入为 2 亿元，2006 年约 4 亿元。[①] 有报道显示，2005 年央视春晚前后的广告套装起价定在每 5 秒为 159 万元至 233 万元、每 15 秒为 298 万元至 438 万元；定于 20 时和零时的两则报时广告，更是分别喊出了 480 万元和 680 万元的起拍价。[②]

面对春晚的巨大影响力和高收视，广告商已经不满足仅仅在常规广告时段投放广告，在 2000 年到 2007 年，最为突出的变化是大规模植入广告的出现。这种以节目为依托，视听相结合的植入广告形式，其最大魅力在于顺其自然，在无形之中能够收到较之硬广告更好的效果。植入广告大体可以分为视觉和听觉两种类型。视觉方面，主要有节目道具、主持人台前字幕、企业鸣谢字幕等形式。听觉方面，主要包括春晚零点报时、“我最喜爱的春节联欢晚会节目”评选活动冠名（2001 年的“非常可乐杯”、2002 年的“森达杯”、2003 年“健力宝杯”、2004 年“珍奥核酸杯”、2005 年“绿鸟鸡杯”、2006 年“民生 21 金维他杯”、2007 年“汇源果汁杯”）、企业贺电、演员台词和演唱、企业提供奖品等形式，部分植入广告兼具视觉和听觉两种形式。

2001 年春晚，李玟演唱的《好心情》、章子怡和郑伊健的《选择你的爱》本身就是广告歌曲，“地球人都知道”“喂，小丽呀”等当时耳熟能详的广告语也出现在语言类节目中。美的集团则从这一时期开始连续多年赞助春晚报时，成为零点报时专业户。2004 年春晚新增两种崭新的广告形式：一种是冠名赞助，此前春晚我最喜爱的节目的评选活动已举办了多届，但 2004 年这个活动经过包装改头换面，赞助企业在春晚中不断被重复提及；一种是贺电，当主持人热情洋溢地宣读驻外使馆、

① 每年央视春晚，到底能挣多少钱？ https://baijiahao.baidu.com/s?id=1593153883491165310&wfr=spider&for=pc。

② 周健森 . 春晚广告欲冲击 4 亿元大关 [N]. 北京日报，2005-2-3.

武警官兵的春节祝福时，不少企业也“混迹其中”。①

2005 年春晚的植入广告最为明显，小品《浪漫的事》中，出场时郭达拿的礼盒和后来扮演儿子的演员手里拿的牛奶均为蒙牛，为了更加清楚地展现商标，儿子一直横着拿牛奶，以至于在做出喝牛奶的动作时竟然开口向外；小品《祝寿》中，演员手中所提“娃哈哈非常可乐”“珍奥核酸”的包装礼盒一次次不自然地朝向观众，并且通过镜头特写予以展示。情景相声《笑谈人生》中，朱军、冯巩则多次拿起喜力啤酒。2006 年吸取了上一年植入广告太多而被广为诟病的经验，植入形式则相对隐晦，在小品《马大姐外传》《实诚人》等中，汇源果汁和

图 3-1　2005 年央视春晚小品《祝寿》

① 陈欣、白蓓 . 传统仪式的异化——从春节联欢晚会广告看消费文化 [J]. 南京政治学院学报，2007（S1）：137—140.

贵州茅台酒作为推动情节发展的道具出现；其他形式如以贺电的形式发出企业向全国人民的祝福，不定时插播由企业冠名的评选活动信息，还在零点报时的基础上增加了20点报时环节。

春晚出现上的各类广告及相关产品，特别是植入广告，往往带来海量的关注度与讨论度，与春晚流行语、经典节目一样，这些从春晚走出去的“符号”会在晚会结束后传播很长时间，甚至是深深刻印在人们的记忆长河中。可以说，这种传播效果，正是广告商们希望看到的。对于日趋理性的广告商来说，这种以精品节目为依托的广告形式，既保证了传播的广度与卷入度，还具有传播的长期性。特别是相比于地方春晚，央视春晚在这些方面更具优势。但是各方在赚得盆满钵盈的同时，越发露骨的市场行为也广受诟病，这种形式存在不少争议，有很多需要改进之处。

春晚在传播主流意识与主流价值、提升国家和社会的凝聚力、展现国家主旋律方面有着重要作用，但在随着春晚排练次数越来越多，审查标准越来越严格，特别是语言类节目的“政治属性”“命题色彩”和“教化意味”较为明显，创作者和表演者的压力增大。[①]而社会整体环境的变迁使媒体对晚会有了消费性需求，春晚开始向商业运作倾斜，这种对市场利益的欲望又促使其不断与企业合作。国家主流意识的传播是政治性的，而市场化导向虽然能保证春晚的资金投入，提高春晚质量水准，难免使春晚受到消费主义的影响，更加物质、世俗和娱乐化。面对政治和商业权力两大强势话语的角力，如何实现双赢共谋，是摆在这一时期春晚创作者面前的一道难题。

① 陈寅．央视春晚导演选聘机制的变迁与影响[J]．现代传播，2014，36（3）：20—26.

第二节　节目形式：个体审美意识的强化

人们的审美活动、审美方式与审美意识与其所在的社会经济文化环境有着密切关系。改革开放以来，我国在经济、政治、文化、教育、科技等方面取得了举世瞩目的成就，经济体制从高度集中的计划向充满活力的社会主义市场经济体制转变，城镇化进程逐步加快，社会结构发生变化，大众文化时代来临。90 年代以后，《渴望》《我爱我家》《编辑部的故事》等一批通俗生活题材电视剧红遍大江南北，大众文化获得认可，传统文化被重新审视，审美文化被重新定义，观众个体的审美意识得到强化。

“大众审美文化”并非仅仅是大众的、流行的，它既是大众化的，又是个性化的，或者说越是大众化的越是个性化的。这里所说的“大众”已经不是那种无定性的、无名众生的集结，而是能够自由选择、积极参与、大胆创新的个性化的人的整合。因此在大众审美文化中，仍然是个体而不是群体作为真正的主体。这一点乃是由大众审美文化的本性、载体和机制内在地决定的[①]。

进入 21 世纪，人们生活越来越富裕的同时，对文化生活有了更高的追求，审美能力不断提升，大众审美文化中的个性化特点更加鲜明地表现出来，这自然会反映在这一时期春晚的节目形式变化中。地方春晚崛起，春晚经历了从“一枝独秀”到“百花齐放”的转变，多方因素都在影响着观众对春晚的审美走向。北京卫视春晚用京剧等节目展现京腔

① 姚文放．个性化：大众审美文化的内核 [J]. 福建论坛（文史哲版），1993（1）：63—65.

京韵，辽宁卫视春晚则大胆将东北方言贯穿于整台春晚，湖南春晚上充分上演了湘味方言的诙谐幽默，河北卫视春晚则能看到梆子戏和传统吴桥杂技的表演。

当观众个性化、娱乐性的审美倾向日益明显，无论是央视春晚还是地方春晚，这一阶段都在追求着个性鲜明、新颖特色、令人印象深刻的节目形式，一些非专业演员或者出身“草根”阶层的选秀节目选手相继参加春晚，吸引了观众的眼球，给观众留下深刻印象。

一、个体审美意识强化的表现：内容题材的变化

春晚非常关注娱乐界的流行趋势与热点话题、留意大众喜欢的明星、节目与热播剧，不仅邀请近年走红的各类娱乐流行明星登上春晚舞台，节目内容也经常从中取材。首届春晚就曾邀请电影明星刘晓庆担任主持，《渴望》剧组也曾参加1991年的春晚并表演小品。大众接受并喜爱某个节目后，就会对相似的审美倾向与节目类型产生兴趣。春晚这一大众化、流行化的趋势一直保留，当《东北人都是活雷锋》《老鼠爱大米》《两只蝴蝶》等网络歌曲传遍大街小巷，央视春晚立刻请来雪村、杨臣刚与庞龙等人。《大长今》热播后，何晶晶等表演的小品《你是我的大长今》在2006年湖南卫视春晚播出，赢得了观众的一致好评和广泛关注。

但是，这一时期的春晚，在节目的选题上也开始关注普通人的生活，注重捕捉普通人、普通家庭的幸福生活和感情世界。2003年春晚，作为观众征集歌曲的《让爱住我家》，其演唱者并不为大众所熟知，这个普通的一家四口，在歌中融入了他们从恋爱到结婚，再到生儿育女的充满爱的生活感受，唱出了所有家庭的心声，反映了普通家庭的亲情。2006年春晚，大获成功的《吉祥三宝》其实就是父母与女儿日常的一问一答，父母不忍拒绝孩子天真的提问，用平等的姿态与女儿交流，并将这些问答用音乐的方式记录下来。

此时春晚的语言类节目更是如此，其内容大多是邻里间的家长里短（如《三号楼长》《邻里之间》《男子汉大丈夫》《马大姐外传》等）、夫妻间的情感问题（如《足疗》《浪漫的事》等）、家庭中的矛盾冲突（如《家有老爸》《我和爸爸换角色》），鸡毛蒜皮、人间烟火，演绎中国普通人的平凡生活。就连赵本山的“忽悠三部曲”刻画的也是生活在我们周围的小人物，讲述着我们身边的小事，传递着要时刻防骗的小技巧。

其次，这一时期春晚节目中所表现的个体意识逐渐加强。在日益商品化和现代化的社会中，竞争意识、效率观念和风险意识越来越突出，更加强了个体意识与个人奋斗的色彩，春晚上张扬个性、努力奋斗的歌曲越来越多。[①] 如 2002 年春晚雪村演唱的《出门在外》、2005 年春晚的武术歌舞《壮志凌云》、2007 年春晚的舞蹈《进城》皆是如此。

二、个体审美意识强化的保证：舞美技术的升级

在人类文明发展的历史长河中，审美意识的演变，都会伴随着科学技术的革新而不断发展。新技术的运用，在大幅度拓展审美文化领域的同时，也推进了大众接近文化的民主化进程，消解了历史上许多固有的文化界线和方式，改变了人们的审美意识、审美趣味和审美价值。[②]

技术的进步让我们解决了之前的难题，舞美设计不再仅仅作为节目的背景，能够呈现以前难以想象的效果，比如历史境况的再现，现实生活的保存，梦幻世界的营造，想象空间被放大，原本的局限被打破，演员不再受到限制，能在时间、空间中自由穿梭。在节目创新乏力之际，舞美技术的创新升级，以“技术带动艺术”成为春晚能力吸引年轻化、个性化观众的最有力的着眼点和创新点。

1998 年，央视一号演播大厅投入使用，一号演播厅实际上是一个

① 蒋述卓、洪晓 . 从春晚看当代大众文化的审美变迁 [J]. 南方文坛，2018（3）: 16—20.

② 王军 . 论当代国人审美意识的转变 [J]. 社会科学辑刊，2001（3）: 35—40.

圆形大厅，因此，春晚的舞台多为拱型圆顶设计，这种设计也能够进一步突出晚会的凝聚力。但是舞台面积的增加，给晚会创作人员带来创作空间扩展的同时，也限制了节目的形式，“20个人的舞蹈队根本撑不住舞台，必须在60人、80人甚至120人以上，一上舞台就是巨型节目，舞台大，阵容大，观众参与难度越来越大，春晚正式迈入了殿堂化时代。”[①] 因此为了晚会的视觉效果，歌舞有可能会大都沦为大型团体节目，拉大了与普通观众的距离，节目形式再难有所突破，春晚也很难提升自身的艺术水准。为了满足不同观众的个性化审美需求，也为了实现春晚的再度创新，依托技术手段来表达艺术效果的应用在春晚中越来越多。

2005年春晚，LED屏开始大面积试用，舞蹈作品《千手观音》的表演与舞美设计完美结合，实现了从机械舞台向数字全息舞台的转变，获得了观众的热烈反响。2006年春晚最大的特点是将“水”引入设计元素，林俊杰、水木年华等歌手或组合在演唱歌曲串烧《2005流行风》时，磅礴的水幕与梦幻的灯光相互融合，歌手在水幕中演唱，演员在水池中起舞，营造出美轮美奂的舞台空间。《俏夕阳》等舞蹈则使用数码影像等多种科技手段，实现了从现实空间到虚拟空间的相互转化，制造出不一样的收视体验，满足了不同需求的观众。[②]2007年舞蹈节目《小城雨巷》则将大屏幕的三维虚拟成像影像与实景道具进行了很好的视觉结合，视觉上的冲击为个体审美意识的增强提供了契机。[③] 能够凸显画面感的LED大屏同样开始运用在地方春晚的舞台上，2007年北京卫视春晚中，女子群舞《山水素描》以泼墨山水为舞台背景，舞台背景与节目内容更加深刻地融合在一起，生动地表达出故事的诗情画意，增强了

① 李曼、魏波、潘星望．央视春晚不同时期导播风格比较研究[J]．新闻界，2009（3）：142—143．

② 蔡蔚．和谐之光——2006年中央电视台春节联欢晚会灯光设计方案[J]．现代电视技术，2006（6）：110—113．

③ 曲国军．浅谈2014年央视春晚舞美灯光设计的特点[J]．现代电视技术，2014（3）：30—33．

观众的视觉感受力，更好地满足了受众的审美偏好。

三、个体审美意识强化的彰显：选秀歌手的加盟

随着观众个体审美意识的提升，展现自我的愿望愈加强烈，同时受到国外《美国偶像》等节目大获成功的影响，这一阶段我国“选秀节目”大量出现。湖南卫视的《超级女声》《快乐男声》《快乐女声》，上海卫视的《加油好男儿》《我型我秀》，央视的《梦想中国》《星光大道》，等等，都诞生在那个年代，李宇春、张靓颖、周笔畅、张杰等至今活跃在歌坛的明星则都出道于当时的这些选秀节目。而且这一节目形态由于契合了观众的个性审美需求，不断创新发展，从全面技能选秀到某一技能选秀，从素人选秀到明星选秀，从个人选秀到团体选秀，《好声音》《歌手》《创造 101》《偶像练习生》《明日之子》等一直层出不穷。

《快乐大本营》《玫瑰之约》等节目的成功，以湖南卫视为代表的省级卫视频道开启了市场化实践之路，利用综艺娱乐节目与强大的央视竞争、蚕食城市地方频道的收视份额，改写了国内电视节目已有的形态和风格导向。2001 年湖南卫视春晚便将其几档名牌栏目如《今日谈》《有话好好说》和《玫瑰之约》等成功串入晚会之中。

2005 年，湖南卫视在成功推出《2003 超级男声》《2004 超级女声》的基础上，继续推出了《2005 超级女声》，火爆程度至今令人印象深刻。湖南卫视将这些个性十足的“超女”选手请到 2006 年的春晚舞台，让已然习惯了明星的春晚观众眼前一亮。晚会在“超女”们《家的方向》的歌声中拉开序幕，李宇春、张靓颖、何洁、纪敏佳等一众当时的歌坛新秀则成了晚会的主角。晚会还发出“超级 Fans”招募令，观众在晚会中能与“超女”进行互动，尤其吸引了年轻观众的关注。此外，其他地方春晚也积极邀请选秀歌手加盟，《加油好男儿》《我型我秀》的选手同样出现在上海东方卫视的春节晚会与跨年晚会中。

不仅地方春晚如此，央视春晚也开始关注选秀节目。2004 年，中

图 3-2　湖南卫视春节晚会“超级 Fans”招募令

截图来源：湖南卫视网站

央电视台推出了自己的两档选秀节目：《梦想中国》和《星光大道》，《梦想中国》最开始是《非常 6+1》栏目的升级版，打造“梦想”概念，塑造平民偶像，圆普通人的明星梦。《星光大道》则本着“百姓自娱自乐”的宗旨，突出大众的参与性、娱乐性，力求为全国各行各业的普通劳动者提供一个放声歌唱、展现自我的舞台。① 星光大道首届年度总冠军阿宝在 2006 年登上了央视春晚的舞台，将其独具特色的陕北风情演唱展现在全国人民的面前。2006 年《梦想中国》冠亚军熊汝霖、海明威则在 2007 年春晚共同演唱了《今儿个真高兴》。

① 魏南江．百姓舞台　放飞梦想——中央电视台《星光大道》解析 [J]. 中国电视，2013（7）：23—26.

长期以来，春节晚会一直是由专业演员精心准备而成，精致有余，但总觉缺少个性，与之相比，选秀选手多是怀揣梦想的“草根”阶层。他们的加入，为春晚注入了新鲜的力量，彰显出春晚节目个体审美意识的加强。

四、个体审美意识强化的延展：网络春晚的出现

1994 年 4 月 20 日，我国实现了与国际互联网的全功能连接，20 世纪 90 年代末，我国的互联网开始井喷式发展，BBS、聊天室兴起，网易、新浪、搜狐等门户网站一时风光无二。进入 21 世纪，百度、微信、淘宝相继开始影响我们的生活，互联网时代真正迎来蓬勃发展时期，网络文化逐渐渗透于人们的生活之中。

网络春晚可以追溯到网易娱乐、女性、文化三个频道联袂推出的“2002 年虚拟春节联欢晚会”。这台“晚会”用生动的网络文字、Flash 动画、声音和图画等形式对春节联欢晚会的模式和语言来了一次小小的颠覆。[①] 但直到 2006 年前后，网络春晚才真正引起了人们的注意，进入大众的视野。

2006 年，当电视春晚像往年一样如火如荼播出的时候，三台网络春晚不约而同地出现在互联网上，分别是由中国互联网协会主办、中国节网站等承办的“2006 FLASH 动画春节联欢晚会”，由中国网通与中国唱片总公司联合主办的“国内首届宽带春节联欢节”以及由新浪网、中国网、大河网和巨酷网主办的“2006 全球华人春节网络联欢晚会”。尽管这三台网络春晚风格不同，但是都显示出网络的互动性、娱乐性、个性化、大众化等特点。

Flash 版春晚的各类节目，均以 Flash 动画形式呈现，更具娱乐性。宽带春晚则围绕网络金唱片、我炫我舞、狗年遛狗、我的春晚秀、

① 付敏．网络春晚中小品语言的多维研究 [D]. 曲阜师范大学，2012：5—6.

2005 往事、奇彩缤纷等 8 个更加年轻时尚的板块展开，并通过春晚网站的视频窗播出。由于有中国唱片总公司的介入，“网络金唱片”板块可以帮助一些有才华的网民脱颖而出，成为唱片公司的签约歌手。①全球版春晚则更充分地体现了网络互动性的特点，部分出场的演员和嘉宾扮演何种角色、表演何种节目等可以由网民投票决定，同时网民也可以自己制作节目，一旦获得其他网民的支持，就直接登上“网络春晚”。②

首先，较之传统电视春晚尤其是央视春晚的宏大叙事，网络春晚节目更具娱乐性，更倾向于普通网民的自我狂欢，大众的个性审美需求进一步得到释放和满足。全球版春晚《狗仔队的一天》《韩剧杀手锏》《七贱下天山》等节目，将 2005 年的流行电影、社会现象和热门话题进行了一番调侃，让观众在幽默中感受批评的快感。③同时，网络春晚的播放地点较为灵活，观众的自主性更强，更容易接触网络春晚。

其次，网络春晚的生产方式更具互动性，能够吸引普通网民广泛参与、成为掌握权利的节目生产者。一方面，三台网络春晚的大部分节目均在网上征集节目或创意，更多的网民有机会加入其中。另一方面，不同于制作电视春晚的专业精英，网络春晚的制作者多是普通网民。“以前只能乖乖坐在电视机前的娱乐文化的被动消费型受众，转眼之间变成了娱乐文化的主动生产者。”④借助网络春晚，普通“草根”可以更好地展现自己能力，行使自己的权利，按照自己的个性爱好进行节目生产。

这一时期，网络春晚刚刚起步，尚未对电视春晚有所冲击，但它打破了传统“电视播什么，我们看什么”的收视模式，真正做到了全面互

① 侯智勇 . 网络春晚：网民们的春节狂欢 [J]. 中国新通信，2006（3）：11—12.

② 郑媛 . 网络春晚：只为缓解“审美疲劳”[N]. 中华新闻报，2006-1-4（E02）.

③ 张晓鹤 . 从网络春晚看网络电视节目的新发展 [J]. 中国广告，2007（10）：149—150.

④ 柳珊 . 传媒格局变革中主流媒体的战略抉择——从“央视春晚”与“网络春晚”的比较谈起 [J]. 新闻记者，2007（4）：16—18.

动，观众从被动转向主动，从受传者转向传播者；网络春晚的节目内容更加个性，更加贴近人民大众的生活，这些都为大众个体审美意识的进一步表达提供了契机。

第三节　创新探索：开门办春晚

从1983年开始，20多年的习惯培养，春节联欢晚会此时早已成为中国人不可或缺的“新民俗”。但是这个民俗也在不断变化，从全家围坐在一起，守着电视机专心看春晚，到一家老小在客厅里，一边包饺子一边顺便看节目。观看场景的变化，加之网络春晚等其他过年娱乐方式的出现，手机短信等新兴拜年手段的流行，春晚在观众心中的分量渐渐变轻。为了更好地满足观众需求、留住观众，晚会形式和节目内容需要不断地推陈出新，“开门办春晚”提上日程。2002年、2003年一些普通人表演的节目（如网络歌手雪村、《让爱住我家》的一家四口）相继在春晚亮相，鼓舞了人们参加春晚的热情。2004年5月，原国家新闻出版广电总局向各省、自治区、直辖市广播影视局（厅），新疆生产建设兵团广电局发出《关于向2005年中央电视台春节联欢晚会推荐策划方案和节目的通知》，更明确地提出了“开门办春晚”。

2005年春晚的改革力度应该是那几年最大的一次，其筹备工作启动较早，在形式上主要采取以下几个步骤：第一，面向全国征集2005年春节联欢晚会策划案。第二，面向全国征集晚会优秀节目。第三，对入选节目进行修改。第四，对节目优秀组织者进行奖励。总导演郎昆也强调2005年要“开门办春晚，大力推新人”，在2005年春晚的演员中共650人，其中第一次上春晚的新人大约有100人，这在当时，是历届春晚新人最多的一次。[①]

但是当时到底如何“开门办”，向谁“开门办”并不清晰。多次担任央视春晚总导演的金越指出：“坚持开门办春节联欢晚会，应该面向全社会开放，向全民开放，向海外华人华侨开放，向艺术成果开放。通过报纸、网站、短信等媒体和平台使央视春节联欢晚会的筹办成为全民参与的互动过程，成为百姓共同创作的组织过程。”[②]通过开门办春晚，使得更多的人参与到春晚的创作中来，使得一大批优秀演员和优秀文化艺术成果脱颖而出、登上春晚舞台。他们竭力展示自己的才艺，为春晚引入了新鲜血液，激发出春晚蓬勃向上的生机。

一、向全社会开放

开门办春晚，首先要向全社会开放，使春晚广泛吸纳社会各界的意见。社会各界人士献计献策，大批优秀方案、优秀节目才得以进入晚会策划之中。

如果说央视春晚更多是通过发通知的方式自上而下地向全社会发出邀请，地方卫视则更多采取联合的模式进行合作。2007 年，北京卫视（BTV）春晚携手香港无线（TVB），打出“京港携手、普天同庆”的口号；河南卫视春晚则联合澳亚卫视、凤凰卫视实现三地直播，后两者分别派出自己的当家花旦参与主持。通过联合，两家春晚都会聚了更加强大的明星阵容，传播效果得到提升。

网络由于其便捷性、互动性等特点，成为这一时期春晚向全社会开放、征求意见的重要载体和方式。早在 2002 年，央视春晚就开通“现场互动演播室”，尝试通过网络与网民沟通、互动，同时开通短信留言服务，观众可通过短信提出建议或表达祝福。也正是从这个时期开始，

---

① 宫承波、张君昌、王甫．春晚三十年 [M]. 山东：泰山出版社，2012：239.

② 伊尔·赵荣璋．弘扬主旋律，倾心打造“欢乐和谐中国年”——访 2007 年春节联欢晚会总导演金越 [J]. 电视研究，2007（05）：20—22.

雪村、杨臣刚、庞龙等当时走红的网络歌手相继出现在春晚舞台，演唱了《出门在外》《老鼠爱大米》《你是我的玫瑰花》等歌曲。2006 年，央视春晚联合 CCTV.com 与网民进行网络互动，调动网民的参与性与创造性，鼓励网民创作作品，试图从中选择好素材和好点子。①

2007 年，央视春晚加大“开门办春晚”的力度，成立春晚开门网络联盟，同时开通 CCTV.com 春晚官方网站，进一步方便海内外观众、网民了解春晚，参与春晚。CCTV.com 2007 春晚官方网站还联合新浪、搜狐、腾讯、TOH 在线、网易等当时六大知名网站一起推动“春晚开门”，推出六大联盟产品。CCTV.com 联合搜狐网推出“春晚明星墙”，网友可评选出最喜爱的优秀演员、最想看的、最想见的历届演员；联合 TOH 在线推出“春晚搜星”，能够向春晚推荐歌手，向音乐爱好者推荐自己喜爱的作品；联合百度推出的“春晚百问”；联合腾讯网推出“春晚大家谈”；联合新浪推出“全球网友大拜年”；联合网易推出“春晚朋友圈”，让网友与春晚总导演、主创、主持人能零距离接触。②

通过网络向社会开放，专业媒体与制作团队借助论坛、博客、社区等平台，了解大众日常生活的兴趣点，从而能够更好地把握观众与网民的脉搏，充实自己的传播创作内容，为大众呈现出更加喜闻乐见的春晚节目。

二、向全民开放

“开门办春晚”，其次是要向基层开放，向百姓“开门”。春晚改变了过去明星垄断晚会舞台的做法，除了之前提到的选秀节目选手、网络歌手的加盟，要让更多的基层普通百姓参与进来。向全民开放，从百姓的视角办春晚，拉近了春晚与普通观众之间的距离，让春晚开始从高居

① CCTV.com. 2006 年央视春节联欢晚会联合 CCTV.com 进行网络互动 [J]. 电视研究，2006（1）: 41.

② 曹亚宁 . 2007 春晚开门网络联盟成立 [N]. 中国新闻出版报，2007-1-31（3）.

庙堂的殿堂仪式向普通大众的年度狂欢转向，更加包容和开放。

2006 年春晚的舞蹈《俏夕阳》是继 2005 年《千手观音》之后的又一经典节目，整个节目以浓郁的冀东皮影音乐为背景，十二位老大妈舞艺精湛，将皮影戏中影人的动作模仿得惟妙惟肖，充满了生命力。她们并不是舞蹈表演艺术家或者专业舞蹈演员，而是来自河北省唐山市的普通离退休职工。这支誉满神州的“俏夕阳”舞蹈队，最初竟然源自一群晨练的退休老人。正是因为春晚“大门”的敞开，这个题材源自民间、演员来自基层的节目在春晚舞台大放异彩，获得空前成功，也使得民间艺术得以充分展示。

2007 年河北电视台春节晚会开启了“魅力河北”春晚节目征集、“祝福河北”春联征集等活动，晚会导演卢敬爱表示，晚会部分节目就是在征集节目的基础上再创作而成，并从征集的春联中选取优秀春联融入节目串联，让普通百姓走上春晚舞台。晚会还特地选取了来自民间的 3 个“幸福使者”，走进城镇、乡村，传递新春祝福。另外晚会在“地方特色文化”上下足了功夫，推出了《美美生活好滋味》《太行山歌》《擂春》等具有地方文化特色的节目。①

2007 年，北京电视台春节晚会同样贯彻了“开门办春晚”的精神，特别是首次提出“我要上春晚”的口号，在晚会前三个月启动以普通京城百姓为主角的“我要上春晚”系列活动，通过“寻找春姑娘”“新春婚礼”“新装过大年”三项特色活动为春晚提前铺路，让北京市民得以提前步入春晚状态，营造出了火热的节日氛围与全民参与的和谐局面。等到晚会进行过程中，继续将“开门办”进行到底，数十对儿来自外地的普通新北京人在晚会现场举办了别开生面的“新春婚礼”，这个没有明星的环节令人尤其记忆深刻。② 三年后，中央电视台开办了一个以“我

① 秦菁．“开门办春晚”看到效果 [N]. 河北日报，2007-3-27（11）．

② 裴晓林．创新树品牌“真情”赢口碑——北京电视台三年“春晚”创作经验浅谈 [J]. 当代电视，2009（4）：39—41.

要上春晚”为名的节目，为想登上舞台的演艺明星和普通百姓提供展示舞台，“旭日阳刚”、民工街舞团、“西单女孩”、朱之文等都是通过这个节目走上春晚舞台的。

三、向世界开放

春晚不仅要面向全国，同时也要面向世界，向世界开放。一方面，向国际开放，需要“请进来”，邀请一些有国际声望的艺术家、表演者来春晚演出或者吸收国际上特色十足的节目加盟春晚。2003 年春晚，美国著名魔术师布雷·丹尼斯受邀表演了魔术《丹尼斯梦幻》，2004 年春晚则邀请了来自阿根廷的滑稽表演与极具爱尔兰民族特色的踢踏舞表演。尤其是北爱尔兰舞之魂舞蹈团的年轻舞者们带给观众的《踢踏风暴》，演员们凭借高超的技艺，充满力与美的舞蹈动作，蓬勃的激情和生命力，营造出精美绝伦的视听效果。[①] 这些节目不仅让国内观众在除夕之夜领略到了精彩的异域风情，也让春晚充满了国际范儿。

另一方面，春晚更要“走出去”。春节是全世界华人共同的重要节日，万众瞩目的春晚自然也是中国向世界展示自己的一个重要窗口。因此，一些带有国际化色彩的节目开始出现在这一时期的春节晚会。2001 年，北京申奥成功、中国正式加入世界贸易组织（WTO）、亚太经合组织（APEC）第九次领导人非正式会议在上海举行、中国男子足球队也闯进世界杯决赛圈，中国走向世界的步伐加快、融入全球化乃是大势所趋。面对这种机遇和挑战，为了更好地了解世界、也让世界了解中国，国人掀起了全民学外语的热潮，“外语热”成为流行话题。2002 年春晚的节目《英语大家说》就是李阳用他独特的“疯狂英语”方式教大家说英语，将民警、“的哥的姐”、空姐、售货员、老人、小朋友等所说的日常英语展现在舞台上，男女老少自信地说出：中国走向世界（China

① 孙萌．传统文化与收视心理——谈 2004 年春节联欢晚会 [J]. 电视研究，2004（02）：4—7.

goes to world)。也是在这一年的春晚，解晓东、孙燕姿演唱的歌曲《与世界联网》则向“世界”发出了邀请。此时的春晚已经做好向世界开放的准备。

1996 年，中央电视台春节晚会通过美洲东方卫星电视向北美地区进行卫星直播，北美华人得以能与国内亲友同时收看央视春晚。[①] 此后，中央电视台通过卫星电视、网络传播等形式实现了春节联欢晚会的全球直播。2004 年，央视春晚首次通过 CCTV-9 用英语向全世界现场直播，春晚不再只限于华人圈层，真正走向世界。江苏卫视还联合北美电视机构举办了 2007 年北美春节联欢晚会，该晚会由中美两国电视演艺精英合力打造，将东西方艺术形式完美地融合为一体。海外游子、华人华侨与国际友人作为春晚的重要观众，“开门办春晚”同样需要了解他们的观看需求，进一步吸引、服务于海外观众，促使更多观众和网民参与春晚。

四、向艺术成果开放

“开门办春晚”，还要向优秀的艺术成果开放，让更多展现中华民族优良传统文化、当代中国积极向上精神面貌的文化艺术精品节目荟萃一堂，一批获得国内外大奖、取得巨大成功的节目被邀请登上春晚舞台。

2005 年春晚的舞蹈《千手观音》虽然只有短短六分钟的表演，但优美的音乐和婀娜的舞姿让观众的心灵被深深触动。更令人难以想象的是，表演这个舞蹈的 21 位演员是身残志坚的聋哑人，他们平均年龄 17 岁，最小的只有 13 岁。这个经典作品其实是中国残疾人艺术团“我的梦”专场演出的保留节目，在多个国家引起轰动，特别是 2004 年 9 月 28 日，《千手观音》作为主打节目参与了雅典残奥会闭幕式 8 分钟演出，让世界为之倾倒。

2007 年春晚的舞蹈《小城雨巷》原是南京军区文工团为参加全国

① 美洲东方卫视卫星直播中央电视台春节晚会取得圆满成功 [J]. 电视研究，1996（4）：63.

图 3-3　2000 年央视春晚舞蹈《千手观音》

第五届中国舞蹈“荷花奖”评选而准备的女子集体舞作品，此作品在激烈的竞争中脱颖而出，一举夺得了编导、音乐、舞美三个金奖和表演银奖，受到评委专家和现场观众的一致好评。这个唯美的舞蹈作品在春晚上经过再创作后同样获得很大成功，那些执伞漫步在小巷深处的少女在三维场景的配合下令人回味悠长。《集体空竹 · 俏花旦》则是中国杂技团之前创作的一个精品节目，曾在国内外许多重大演出中备受好评，2005 年获得法国明日国际杂技节最高奖——法兰西共和国总统奖。被邀请登上春晚舞台后，其高超的技艺、华美的服饰同样令人印象深刻。

此外，各地方电视台也向央视春节晚会选送了很多独具地方特色、体现不同地域民俗风情的优秀节目，让央视春晚舞台更加丰富多彩。以

2005 年春晚为例，河南电视台选送了武术歌舞《壮志凌云》，配上成龙演唱的改编自古曲《将军令》的《男儿当自强》，展示出中华民族的壮志凌云、气冲霄汉的精神风貌。西藏电视台选送的由韩红演唱的歌曲《天路》，歌颂了修建青藏铁路的筑路英雄。北京电视台选送了相声《咨询热线》，浙江电视台选送了具有南方特色的小品《汇报咏叹调》，山西、广西、新疆、内蒙古、吉林等电视台共同选送了民族歌舞《争奇斗艳——民族风》等等，为整台晚会频添异彩。[①]

春晚的创意、策划、制作过程是一个艰苦的过程，“随着时代的进步，观众的欣赏口味日趋提高和多元化，单靠十几个‘圈内人士’围炉

图 3-4　2007 年央视春晚舞蹈节目《小城雨巷》

截图来源：央视网视频

① 仲呈祥 . 盛世大联欢 荧屏谱新篇——观中央电视台 2005 年春节联欢晚会感言 [J]. 中国电视，2005（3）：10—12.

夜话、闭门造车就想拿出好方案和好作品是天真的想法。再有创意的头脑，掏几次也有掏空的危险，与其小范围冥思苦想，不如发动全国的专业人士，分头创作，百花齐放。”①

春晚应该始终坚持“开门办”，张开双臂，以开放包容的心态拥抱各类优秀的人才、精彩的作品，乃至得到检验的晚会创意、策划、制作模式。向社会开放、向全民开放、向世界开放、向艺术成果开放，既要有国际范儿，又要有烟火气，聚集好的素材，在除夕夜为观众们烹制一桌美味的年夜盛宴。

第四节　总结：众矢之的的超级电视奇观

从 1983 年到 2007 年，春晚经历了 80 年代的万人空巷，90 年代的快速发展与多数赞扬，成为全国人民乃至全世界关注的超级电视奇观。但是进入 21 世纪以后，春晚显然有些“高处不胜寒”，对于春晚的评价开始褒贬不一，否定声音接踵而来。随着市场化的发展，文化多元化的影响，大众审美需求的变化，春晚仿佛陷入了困境，举步维艰，成为众矢之的。

一、市场化走向，奇观下的体验弱化

进入 21 世纪，我国的经济持续高质量发展，全球化和城市化进程继续高飞猛进，消费文化的影响日渐显露，媒介的市场化、产业化进一步向前推进，社会文化在各种因素的推动下变得世俗化和商业化。一方面，春晚在上述这场变革中同样难逃消费主义的诱惑，广告收入成为重要评价指标。另一方面，春晚成为令人向往的商业平台，具有惊人的吸

① 张明巍、姚玉芹 . 总结经验 锐意改革 与时俱进——2004 年央视春节联欢晚会观后 [J]. 中国电视，2004（4）: 47—52.

引力，令其他节目难以企及的曝光率和关注度使之市场价值获得认可。媒体、企业、广告公司、明星大腕儿都成为春晚这个商业盛宴上的座上宾与获利者，其结果是商业性元素越来越多。但当植入广告成为节目道具，赞助企业频频出现在主持人口中，春晚观众席摆满赞助商品时，春晚的结构与节目内容等难免被喧宾夺主，"'新民俗'变得不再纯粹简单，民俗和年味也被过度的商业操作所消解。"① 春晚商业诉求越来越强烈，但其艺术品质却被忽略，观众对春晚的注意力被分散，受众本位的创作理念也被动摇，观众成为市场化春晚的被动接受者。

知名作家冯骥才曾经分析观众对春晚失望的原因，"传统的年俗，无论是祭祖敬神还是民间花会，都是主动地去参与、去营造、去表达；各人心里有多么强烈的愿望，就去用多大的劲儿表达与发挥。人在民俗中始终是一种主角，但在电视前却成为过程，只是被动的接受者。年的情感与愿望无法充分地表达与释放出来，电视的性质有悖于民俗的性质。……无法参与和不能被参与的电视，先天地决定了春节晚会只能是一种跛足的'新民俗'。"②

这一时期春晚对市场追逐导致对观众的忽视，不能及时获得观众的反馈，没有注意到观众对于体验春节、体验春晚的需求，更缺少将观众带入其中的方式与能力。正如冯骥才所言，春晚的创作应该从观赏性春晚过渡到体验式春晚，打破沉默的伴随，尝试更多的体验式传播。或许这个矛盾在电视时代很难解决，只有等到移动互联网勃兴，这个问题才能迎刃而解。

二、娱乐化路线，狂欢下的精品缺席

在商业逻辑的压力下，这一阶段媒体对观众的收视情况更加关心，

---

① 陈寅．央视春晚导演选聘机制的变迁与影响 [J]. 现代传播，2014，36（3）：20—26.

② 冯骥才．春节联欢晚会是跛足的新民俗，http://www.chinanews.com/n/2003-02-14/26/272655.html。

但它关注的不是作为活生生的真实观众，而是纸面上的数字受众，比如收视率、达到率等指标，导致此间对于收视率的讨论也越发增多。春晚要获得更多的广告，赢得更多的市场收入，同样需要较高的收视数据。但在市场化影响下，创作团队只能片面解读受众日益增长的个性审美需求，在对大众娱乐简单化认同的道路上越走越远。

一方面，春晚的娱乐化倾向，会潜移默化地影响其主流意识的传播与家国情怀的表达，其履行的增强国家凝聚力与提升民族认同感的使命可能受到某些干扰。低估大众审美，以娱乐取代一切，是春晚的突出危险。尤其是央视春晚，忘却自身拥有的至高无上的国家和人民信任的荣誉，使得一味尾随时尚而缺乏高瞻远瞩的引导力。[①]

另一方面，当各类明星与演艺经纪机构使尽浑身解数，自我推销，不惜推掉其他演出低价参演来获取知名度与优势地位时，却很难沉下心来进行把握观众、打磨作品，在娱乐化的指引下往往会失去创新的动力与能力。

大众文化的娱乐化倾向也加剧了这一趋势，这一时期的春晚，《如此包装》《打工奇遇》等娱乐性与思想性并重的小品难觅踪迹，消费式、快餐化的娱乐节目越来越多。“很多歌曲和节目没有历史的意识和文化的深厚，也没有社会的广度和新颖的主题，一味强调和凸显的是当下的快乐和尽情歌舞”。[②] 春晚从年度仪式慢慢变为一场大众狂欢，语言类节目更是成为歇后语与段子的集合，看完这些杂糅的内容之后，却难以给人以思考、留下多少记忆。

春晚自然要关注大众审美意识的变化，重视大众的娱乐需求，节目要更加接地气，创作要“下沉式发展”，但是重视个性、接地气并非就

① 周星．中国“春晚”应当重建核心文化立足观——文化软实力建设视野中的中国春节联欢晚会走势与发展分析 [J]．新美术，2010，31（4）：86—90.

② 蒋述卓、洪晓．从春晚看当代大众文化的审美变迁 [J]．南方文坛，2018（3）：16—20.

要片面地娱乐化；而是应该摆脱束缚，更贴近大众生活，回归艺术本真，进而创作出更多寓教于乐式的高雅娱乐精品节目。

结 语

虽然这一时期的春晚存在一些问题，评价也褒贬不一，但如果春节真缺少了春晚的陪伴，却也难以割舍，所谓“年年难办年年办”“年年不满年年看”。面对市场化、娱乐化的侵扰，在继续强调主流意识、家国情怀的同时，以央视春晚为代表的春节联欢晚会不断改革创新，“开门办”成为主流，节目形式更加丰富多样，力求满足观众多元化的审美需求。在这种改革和发展中，春节联欢晚会也迎来了新的发展阶段。

第四章

竞争中突破：百花齐放的各路春晚

（2008—2013）

中国传统节日既是民族情感迸发的节点，也是民族文化集大成的焦点。节日文化对于民族精神和心理建设具有重要的意义。电视媒体通过综合性、大众化的文艺晚会来烘托节日气氛，召唤民族文化记忆，打造并传递某种文化仪式，强化观众对传统节日的文化感知；同时，收看电视晚会也是观众在传统节日期间的一项重要娱乐、休闲活动，并形成了相应的收视期待与收视心理。

春节是中华民族最重要的传统节日，除夕之夜收看春节联欢晚会可以说是全球华人心目中最重要的电视媒介事件之一，有着团圆、喜庆、欢聚等多重象征意义。随着时代发展和人民生活水平的不断提高，春晚也在不断丰富艺术表现和技术手段，在弘扬主旋律的基调上推陈出新，力求更加符合观众的审美需求和心理需求。2008—2013 年，在播出平台方面，除了中央电视台的春晚之外，各地方卫视也在着力打造具有地方特色的春晚；在春晚类型方面，除了传统的大联欢、综合型的晚会之外，还出现了网络春晚、环球春晚、少儿春晚等更加对象化、垂直细分的类型，可以说这一时期的春晚迎来了百花齐放、各自争春的繁荣局面。

第一节　创作导向：专业化、类型化的晚会更贴近百姓

作为实力最雄厚的央视春晚在多年的摸索制作中，采用专业导演统筹、精英艺术家演绎、先进的舞美展示、专业的演播室制播已是常态，它有着模式化的节目编排，品类也多固定为歌舞类、语言类（含小品、相声）、其他类（含魔术、戏曲、杂技）等。对于节目的规模化生产和节日庆典的规定及仪式要求，加以对受众需求的考量形成了春晚的基本模式，有其固定的制作演出模式和理念①。春晚创作的话语权更多地把握在精英阶层手中，借助象征家国的符号、仪式化的生产传播进行主流价值观倡导和文化艺术传播，构建想象共同体。为完成春晚特有的政治诉求、满足一定的意识形态制约，身为“把关人”的他们决定了观众所能接收到的节目对象和内容，这使得固有春晚模式所承载的意识形态功能和文化功能过于庞杂，使其成为经济、政治和文化共同的语义场，给春晚带来了太多的制作难度和突破难度②。“阳春白雪”的传统春晚与观众存在距离与隔阂，对观众的吸引力减弱，春晚过后各种不同的批评声纷至沓来。

随着互联网技术的进步，人民群众媒介接触渠道多元及审美能力的提高，模式化的制作方式和演出套路难以适应当下网络时代的冲击和受众审美心态的转变。加之各大卫视的崛起，角逐于春晚舞台，分流受众，强力瓜分了春节档收视率。

---

① 靳斌．春晚如何突破模式化的樊篱 [J]. 现代视听，2008（5）: 74—77.

② 杨洪涛．网络“春晚”：电视节庆晚会的新突破——以 2011 年《中央电视台首届网络“春晚”》为例 [J]. 中国电视，2011（4）: 25—28+1.

在彼此的竞争中，春节联欢晚会已然从央视的“一枝独秀”演变为全国各地“百花齐放”。央视和各大卫视纷纷突破自我，取长补短并充分运用自身优势进行春晚创作。央视制作视角从家国整体向个体拓展延伸，各级卫视则专注于放大地方特色，尽管两者在创作思路上不尽相同，但本质上均是尽可能地收编受众，以接地气为晚会方向，降低春晚身段，与受众拉近距离，保证节目制作彰显其专业水准。

一、“开门办春晚”，全民大联欢

（一）春晚创作聆听民意

春晚的创作情况按地域可简单分为央视春晚和地方春晚两类，尽管二者都主打百姓品牌，但亲民程度不一。央视春晚兼具政治宣传调控、主流价值倡导、文化艺术传播等功能，尽管其愿放下身段，但主要还是围绕着政通人和的宣传内容和当前社会情况来调控。由于上层对农民等草根阶层有关的社会现象及问题的关注和网络草根的影响力逐渐提升，央视春晚等主流媒体逐步考虑向草根民意的靠拢。2008 年的《农民工之歌》登台献唱源于农民工叶家发牵头给温总理写信表达他们想在春晚上表演的愿望，温总理收到信件后批示给中央电视台。有网友将《本草纲目》和《辣妹子》进行混合再创作，在网络上引发一定热议，而 2009 年周杰伦与宋祖英就合作演唱了专业混合版的《本草纲目》，这些直接或间接表达民意的节目演绎以及网络春晚所呈现的民众参与都是节目制作者聆听民意、顺应民心的表现。

地方春晚与央视春晚的创作情况不同，地方台的资金和资源并没有央视雄厚，因而其重心更多在展现创意及抒发乡音、乡情，相较大而广的央视春晚，多数地方台更致力于小而精。地方春晚往往选取家乡色彩浓厚的元素为符号，邀请家乡明星、草根素人，运用乡音方言，展现地方风土人情，贴近当地民生，增强地方春晚与观众的亲近感。2011 年福州电视台的《十邑春晚》充分运用福州方言，演绎具有福州特色的小品和草根节目、展示本土非物质文化遗产，凭着自身独特的乡土气息和草根参与的亲和力获得福州百姓的喜爱。借助与百姓近距离的地域优势，如北京卫视、河北卫视等还进行了“我要上春晚”的海选及社区送票等活动，以平易近人的姿态与人民群众对话，鼓励民众参与及融入当地春晚的氛围里。

（二）春晚类型丰富多元

2008 年至 2013 年央视继续秉持着“开门办春晚”的理念进行创作，各大省级卫视也纷纷效仿，因各卫视定位不同、南北文化差异不同，采取策略不一而诞生了多种多样的春晚形式，每台晚会侧重也有所不同。根据不同的对象和形式进行区分可发现已有的春晚类型较为丰富，除了传统春晚外，还诞生了更符合年轻人口味的网络春晚、迎合儿童喜好的动画春晚及少儿春晚，针对农业农村的农民春晚、为全国华人及留学生准备的环球春晚及孔子学院春晚等。

传统综合性春晚主要以通过电视播放的央视及各省级电视台春晚为主，节目选取和编排需符合时代旋律和主流价值观，把思想性放在首位，同时平衡好其与艺术性和观赏性之间的关系，这就必不可免削弱了节目的狂欢性与世俗性。春晚专业性强、技术性新、艺术性高、晚会风格大气高端、精致华丽的传统路线易与观众形成较大距离感，可能让受众陷入被仰视的落差中。当然随着春晚市场竞争越发激烈，传统春晚也为地位越发重要的观众做出了不少改变，2008 年央视春晚首次出现农民工上春晚演绎歌曲及街舞，2010 年开办“我要上春晚”，让草根阶级也有机会展示自我，登上春晚舞台。

网络春晚是在山寨春晚的创作思路上发展而来的，在节目内容及编排等方面与传统春晚有较大区别。网络春晚以电视节庆晚会的内容为依托，以电视传输和网络传输为媒介，是继传统春晚之后的又一文化景观，与网络媒介、网络文化相融合，探索新的表现方式和传播方式，并逐步形成新的大众文化审美范式①。网络春晚的特征是“互动”，包括节目内容上和形式上的互动，借助互联网的虚拟、交互、开放、多元的优势，结合传统电视媒介的视频制播能力，转变以往的受众互动方式，欢迎并邀请受众参与网络春晚的筹备及制作，不断丰富受众与晚会的互动与交流，甚至将部分受众变成节目参与者及表演者，凸显网络春晚的平民化、亲民化与年轻化。此外，晚会过程中从前期寻找热点，到中期参与制作，到后期发散结尾都会与网民互动评论、热议和网民一起用各种欢乐形式创新晚会表达。

2010 年被认为是中国网络春晚“元年”，北京电视台联合新浪网和中国移动举办了网络互动春节联欢晚会，融合电视、网络及手机三个平台的优势，进行网络直播，实现了“三屏合一”的收看方式。2011 年央视紧跟其后开启第一届网络春晚，同时多家卫视也试水网络春晚，它们都通过网络征集草根节目，并由网民决定春晚阵容，充分给予受众自主性，与其联动狂欢，其中最突出的还是北京卫视和央视所创作的网络春晚。

此外，其他诸如动画春晚、农民春晚等进行创新创作时充分满足多元的文化需求与对象需求，借助不同形式及内容的春晚将节日庆典的欢乐祥和传递给可能在传统春晚与网络春晚中形象缺失的小众群体，促进全民大联欢。始于 2009 年的北京卫视卡酷动画春晚针对 4~14 岁的小观众及其父母，运用专业的动画制作技术打造奇幻独特、新潮有趣的视听语言，发挥动画艺术魅力。农民春晚则坚持“三贴近”原则，去明星化，农民当家做主办春晚，展现原汁原味的乡土人情及草根精神，一定程度上弥补了传统春晚中草根形象的缺失与不足，增强了与农民观众的情感共鸣。

① 杨洪涛 . 网络“春晚”：电视节庆晚会的新突破——以 2011 年《中央电视台首届网络“春晚”》为例 [J]. 中国电视，2011（4）：25—28+1.

表 4-1　北京电视台动画春晚或网络春晚 2008—2013 年收视一览表，重点在人群，凸显这类春晚的对象性

节目名称	收视率（%）	市场份额（%）	观众构成（四岁及以上所有人）
2010 北京电视台新浪全国第一台三屏合一新春晚	0.48	1.39	**按性别分：**男 47.4%；女 52.6%。**按年龄分：**4~14 岁 4.7%；15~24 岁 10.1%；25~34 岁 17.8%；35~44 岁 21.5%；45~54 岁 24%；55~64 岁 14%；65 岁及以上 7.9%。**按学历分：**小学及以下 9%；初中 28.2%；高中 34.4%；大学及以上 28.4%。
2011 年 BTV 网络春晚	0.3	1.44	**按性别分：**男 48.4%；女 51.6%。**按年龄分：**4~14 岁 6.5%；15~24 岁 10.3%；25~34 岁 17.9%；35~44 岁 22%；45~54 岁 25.9%；55~64 岁 10.9%；65 岁及以上 6.4%。**按学历分：**小学及以下 10.8%；初中 25.5%；高中 36%；大学及以上 27.7%。
2012 网络春晚	1.44	3.82	**按性别分：**男 53.5%；女 46.5%。**按年龄分：**4~14 岁 3.9%；15~24 岁 8.1%；25~34 岁 25.8%；35~44 岁 13.1%；45~54 岁 30.9%；55~64 岁 12.4%；65 岁及以上 5.9%。**按学历分：**小学及以下 5.5%；初中 16.6%；高中 49.6%；大学及以上 28.4%。

二、关注热点，聚焦民生

（一）节目主题紧跟民生热点

春晚不仅仅是一场文艺晚会，它会在娱乐展演中总结这一年的社会经历与发展成果，这些事件多从群众生活中汲取，为百姓熟知，极易让观众感受这一年来国家发生的变化。每年央视春晚都少不了关于社会热点及民生大事的议题呈现，在展现议题及其背后的意识形态的同时，通过弘扬家国统一、民族团结的精神、回顾并呈现前一年社会热点和民生

大事完成对国家认同的构建。国家认同随着历史和现实语境中不断变迁，通过形成特定的集体记忆从而成为在中国共产党领导下维系一国存在和发展的重要纽带[①]。

表 4-2　2008—2013 年春晚主题与议题内容

年份	主题	主要议题
2008	“和谐盛世、团结奋进”	北京奥运会、嫦娥探月、抗击冰雪灾害
2009	“中华大联欢”	抗震救灾、北京奥运会、神舟七号发射、改革开放 30 年
2010	“虎跃龙腾贺新春”	应对国际金融危机、喜迎新中国 60 华诞
2011	“励志”	原生态民族歌舞、民间绝技绝活、草根登舞台
2012	“回家过大年”	春晚三十年
2013	“新春中国”	“新春到”“新喜来”“新意展”和“新篇开”

2008 年春晚回顾了国家发生的大事，面对南方雪灾以诗朗诵遥寄真情，安慰并鼓舞因此受到影响的人，彰显中华民族伟大的凝聚力，团结奋进，一起抗击灾害。同样在奥运板块中，以此形式回顾并对即将到来的北京奥运会，在引入主题后，运用歌曲、小品强化对主题的拓展与诠释，依托奥运会表示东道主的热情好客。2009 年以改革开放 30 年为主线，将前一年的抗震救灾、奥运会成功举办、神舟七号发射作为重点内容，从大议题切入小视角，通过追忆唤起过去场景和事件中的情感，将灾难的悲伤、感人的事件、成功的喜悦都化作前进的动力。在春晚上通过对国家及社会议题的回顾唤起受众记忆，弘扬了积极优秀的民族精神，强化了观众观看时的民族归属感和集体自豪感，将民生大事通过易于接受的形式为观众消化，发挥其作为主流媒体的社会价值与作用。

① 金玉萍 . 解读二〇〇九年央视春晚——国家认同建构的视角 [J]. 新闻传播，2009（6）：101—102.

（二）节目内容扎根于人民群众

在节目内容的呈现上，由于议题叙事过于宏大，晚会创作者往往会从社会民生延伸到人民群众的日常生活，通过艺术表达传播党和国家宣传的主流价值观，以此涵化受众。艺术来源于生活，春晚中的相声、小品等语言类节目不仅仅是在抖包袱、娱乐大众，它们共同的特征是通过对普通人的普通生活的塑造，并以此来达到反映同质的人物阶层以及社会现状①。每年国家社会的发展变革及人们观念变迁几乎都可以在语言类节目中找到缩影，批判讽刺类小品借人物结局输出主流价值观，而情感类等小品则是向观众传达生活中的真善美。讽刺类如 2008 年的小品《梦幻家园》从人们购买行为入手，直指当下房地产市场乱象对人民生活造成严重影响，讽刺批驳了唯利是图的黑心商家，最后黑心商家被查出也表明了国家对此类行为的严正立场。2011 年的《“聪明”丈夫》表达为了获得分房利益的夫妻聪明反被聪明误，最后白谋划一场，批判类似为经济利益而失去自我走上歪门邪道的行为。情感类如《军嫂上岛》，通过展现不一样的军人生活和平时默默无闻的军嫂们的情感故事，表现当代军人及其家属为了国家和平与安定做出的无私奉献和牺牲，使观众在诙谐幽默中又被其中蕴含的情谊感动。

除此之外，部分电视台根据本台情况深耕内容，与人民群众进行“近距离”的情感对话。北京电视台秉持着“不做原创则不做春晚”的理念，在晚会内容做足了创新，邀请素人上春晚，并将非节目类活动搬上春晚舞台。因电视剧《金婚》在北京电视台热播，为弘扬家庭和谐的理念，2008 年北京电视台春晚在北京征集 50 位“金婚老人”，以普通百姓为主角，展示老人们的年岁变迁及人生经历，25 位老人相濡以沫的深厚情感，让观众为之动容，传递真情温暖，成为本场春晚的亮点之

---

① 赵红勋，赖黎捷．论电视媒介的仪式传播功能——以央视“春晚”为例 [J]. 东南传播，2011（5）：74—76.

一。2009年北京卫视再度创新，与新浪联手寻找“最牛全家福”，部分全家福在北京台春晚上与观众见面并分享家庭故事，给观众传递温馨和谐、其乐融融的家庭氛围和生活真谛，这些平淡却珍贵的照片与故事也串起了节目，一同诠释“感受温暖、传递幸福”的主题。2013年又举办“爱之记忆日，家庭珍贵相册”主题活动，并邀请因分享与父亲30年合影而在网络上走红的“大萌子”一家，在蛇年春晚上献唱《让爱住我家》，与多个家庭一同向观众分享与亲人这些年的感动，照片记忆并再塑了普通百姓的幸福瞬间。

图4-1　2013年北京卫视春晚歌曲《让爱住我家》

只有源自百姓的精神才能感动老百姓，“从群众中来，到群众中去”是北京电视台新春活动的真实写照，它取材于人民群众，用新颖独特的形式补充了春晚的内容，以创新的思维办春晚，加强春晚价值表达与传播的效果，提升了受众参与表达的积极性，为之后的春晚就有关活动积累百姓资源。

（三）演绎展现多样民族民俗民情

地方文化尤其是少数民族文化是中华文化的重要组成部分，也是央视及各省级电视台春晚必不可缺的文化内容，这既有政治诉求，也有文化艺术需要。春晚对少数民族歌舞、民间杂技绝活等民间艺术的呈现一定程度上体现了民族的进步、社会的发展，有助于民族或地方形象的构建，传承并弘扬优秀的民间艺术，拉近传受双方距离，促进民族和睦团结。

由于央视春晚需要顾全家国一体的创作思路，少数民族和地方文化所占晚会篇幅得依据当年春晚主题及节目编排而定，但大平台的优势也让少数民族文化更好地传播。2011 年央视春晚以“励志”为主题，让少数民族及草根阶层等普通百姓有更多的机会登上春晚舞台，在节目《幸福大家庭》里集中展现了蒙古族、回族、壮族、维吾尔族、藏族五个少数民族的歌舞文化。各民族的表演者穿着美丽独特的民族服饰，唱着民族的歌翩翩起舞，歌颂美好幸福生活，展示民族风采。内蒙古呼麦悠远，新疆手鼓清脆……各民族的表演者用他们专业的艺术功底彰显了鲜明的地域特色，传递本民族的文化魅力。

表 4-3　2011 年央视春晚的民族节目

节目名称	民族	表演单位
《吉祥颂》	蒙古族	安达组合、内蒙古民族歌舞剧院
《数花》	回族	宁夏歌舞团
《美丽的姑娘》	壮族	广西艺术学院舞蹈学院
《刀郎麦西来甫》	维吾尔族	新建艺术剧院歌舞团
《欢歌起舞》	藏族	西藏山南地区囊县农牧民演员、西藏日喀则地区民族艺术团

作为地方电视台，举办的春节联欢晚会致力于突出原汁原味的民族风情，也正是如此，对于少数民族当家做主的春晚，民族元素占比极大增多，目的就是小而精地传播民族文化，与当地百姓欢度节庆。内蒙古汉语卫视春晚和蒙古语卫视春晚都主打内蒙古文化，二者区别是主持用

语上的不同，在挖掘本民族题材结合时代社会背景进行再创作时，既提高了艺术性又提高了文化价值。对于其他电视台，则多利用本台优势，注重本土特色，宣扬当地文化，融入城市精神。2013 年的北京电视台春晚以“京味儿”和“北京精神”为创作指导，力求打造一台凸显北京文化特色的“京味”春晚，要做到文化中有“京味”、节目中有“京人”、艺术中有“精品”、内容中有“精神”，以求最终呈现“惊人”的艺术效果[①]。节目制播地点选择北京电视台大剧院，彰显了老北京的韵味，增强了仪式感与隆重感。节目题材及选角要够“京味儿”，从中体现“爱国、创新、包容、厚德”的“北京精神”，让北京人看了有亲近感和归属感，就算外地人也照样惊喜满满、诚意十足。

此外，为了充分利用各地不同的地域文化、文艺形式及民风年俗等无形资源，解决单个电视台资金、统筹制作等方面的不足及弱势，地方各台往往考虑联动合办春晚，做到集中力量办大事，既让晚会制播专业化、艺术多元化，也使晚会内容本土化、亲民化，地域特色更为凸显。

图 4-2　2012 年十二城市百姓春晚歌曲《姹紫嫣红中国年》

2012 年十二城市百姓春晚由长春电视台承办，北京、上海、广州等 12 个城市联合主办，各台提供有地方特色的节目，以“美丽城市，幸福家园”为主题展示 12 个城市百姓的精神面貌

① 李雪萍，宋毅 . 传播主流价值锻造核心品牌——2013 BTV 春晚的品牌内涵及创作维度探讨 [J]. 中国电视，2013（11）：46—48.

及城市的历史人文气息，挖掘城市与城市之间的深厚情谊，传递百姓心声及美好愿景。海口电视台采取“走出去、请进来、横向联合办春晚”的思路，与广西、贵州、新疆、黑龙江等多家电视台共同举办春晚，逐步形成了自己的系列品牌效应，如2010年的《草原风 椰海情》、2011年的《宝塔情 琼崖春》和2013年的《幸福海口 美丽三沙》，取得了良好的演出效果，有一定的社会影响[①]。在晚会筹办中做到本地春晚百姓演，同时在节目里融合彼此的资源优势，用一场联合春晚传递各地文化风情。

可以说，联合春晚的出现实现了地方台春晚传播效益最大化，天南海北的优势节目得以跨地域联动播出，拥有合作各地最佳的制播资源，为地方、民族文化的传播提供助力，也实现了媒介双方的合作互赢。

三、草根登台，以情动人

（一）草根素人登上春晚舞台

主流媒体对大众文化的亲近使得草根素人闪耀于各大春晚舞台上成为热门现象，央视甚至于2010年专门为春晚而延伸开设一档综艺节目，“我要上春晚”堪称“开门办春晚”理念的又一大创新，引得各电视台纷纷效仿。2011年北京市推出《我的北京 我的春晚》，为旗下的传统春晚、网络春晚和环球春晚做筹备。河北电视台、辽宁电视台等单位也自行举办选秀节目寻找优秀民间表演者筹备本地春晚，这些举措都促进春晚由精英艺术转变为平民狂欢的实现，草根阶层参加春晚的渠道愈来愈多。包括《星光大道》在内，这类节目举办的目的就是打破以往春晚与人民群众的隔阂，给予普通百姓一个专业的舞台，让渴望展示自我的草根毛遂自荐。

---

① 李晓菊．春晚再出发——地方台整合资源跨地域联合办春晚的一些启发 [J]．当代电视，2013（8）：92—93．

借互联网的优势、观众多元差异化的审美及春晚自身的理念改革，草根阶层的力量和精神风貌在春晚舞台得到充分展示，也构建了不一样的草根文化形象。民俗和仪式作为一种整合机制，能够将身份、背景、文化各不相同的个体整合在一起，使人们在该集合体中相互间形成强烈的认同感，找到了彼此的情感契合[①]。2011 年央视主借“励志”主题，由观众选出的《我要上春晚》三大人气王旭日阳刚、西单女孩任月丽和民工街舞团顺利登上春晚舞台，在这些综艺节目里，工棚里的旭日阳刚、西单地下通道的任月丽、大衣哥朱之文等实现了草根阶层表演舞台的一大飞跃，唱出草根心声，引发观众共鸣。

事实上，我国的农民工群体及其他草根阶层人数占比大，草根形象可以作为介质与平民群体平等沟通，帮助主流媒体将主旋律思想传给大众。在工棚里的旭日阳刚组合皮肤黝黑、光着膀子，是数以万计的普通农民工形象的代表，大衣哥朱之文也是如此，皮肤黝黑、乡音浓厚刻画了他纯朴的农民形象，这与他们在表演时的自信从容截然相反，反差使得他们的表演更具感染力。通过叙述素人故事、塑造草根形象贴近百姓，与其具有感染力的才艺表演形成鲜明反差对比，构建出具有时代风采、敢于拼搏、实现梦想的普通大众形象，传递了普通平民也可以有梦想，可以发光发亮的价值观。

（二）草根情怀凸显亲民本质

草根情怀蕴含着平民思想，央视及省级卫视春晚也正是通过多种方式传递出对草根文化的善意与重视，从春晚上大量使用网络流行语就不难看出重视的程度。中央电视台对网络流行语在传统春晚和网络春晚的呈现形式及程度有所差别，网络流行语在传统春晚中用于根据节目需求进行引用或改编，而网络春晚与流行语的结合更紧密，从春晚主题设计

---

① 解鹏 . 电视仪式场域中的草根话语实践 [D]. 南京师范大学，2013.

到内容制作都围绕着网络流行方式展开。

传统春晚的语言类节目，尤其是小品曾经创造了很多流行语，如《不差钱》里的“这个可以有”“不差钱”，《“聪明”丈夫》里的“眼睛是黑的、心是红的。眼睛是红的、心就黑了”“我人才，你天才，不就比我多个二”等。随着多元开放的网络环境普及，网友创造了不少新颖有趣、言简意赅快速被网民接受的网络流行语。由于传统小品创作出的流行语未必受到大多观众喜爱，援引网络流行语则成为了语言类节目创新思路之一，通过直接引用、借鉴网络用语重构词句内涵等方式完成对网络流行语的吸收转化，以此吸引年轻的观众及网友们回归春晚。2009年首次采用网络流行语，《北京欢迎你》中蔡明一句“你雷死我了”逗乐无数观众。2010年小品中还反复出现“哥抽的不是烟，是寂寞”的重构版本“老爷子唱的不是歌，是寂寞”，此外还有“回家偷菜”“吓死宝宝了”“不要崇拜哥，哥只是个传说”等。网络流行语在春晚中的变换组合使节目多了几分鲜活气息，诙谐的语言增强娱乐性，使专业的春晚与互联网文化接轨，表达了以传播主流价值为主要任务的央视春晚对以网络流行语所代表的多元文化价值的亲近与接纳。

表4-4　2011—2013年央视网络春晚（分）主题词

年份	央视网络春晚（分）主题词
2011	亿万网民大联欢 全球华人大拜年；点击幸福，上传快乐，下载创意，共享奋斗，登录未来
2012	团圆online、Hold住幸福、梦想Upload
2013	我爱中国的N个理由

网络春晚则是结合网络热点，化流行语为朗朗上口的主题词，2011年作为首届央视网络春晚，运用“点击”“上传”“下载”“共享”“登录”五个具有网络意义的动作将宏大主题有形化、平民化，2012年利用“online”概念以及“Hold住”这个年度网络热词新颖地表达了对新年的美好愿景，2013年的“N个”将热爱国家的意识形态数量化、

细节化，利用新潮时尚的网络热词从以往家国天下的宏大叙事切入个人视角，一定程度上消解了春晚与观众个人的距离感，以简洁轻松的语言贴近百姓生活。

在内容呈现上，网络春晚则成为了百姓大众的狂欢乐园。尽管网络春晚仍保持着对时代精神的歌颂、主流价值体系的传播，但它不断地消弭春晚的仪式感和庄重感，增强晚会的多元性与趣味性，让受众充分沉浸于网络春晚给大家带来的欢乐与享受。北京电视台的网络互动春晚提出节目内容、演员、主持人乃至导演全部由网民投票决定的设想，集思广益形成了明星演绎网络流行用语节目，将网络用语搬上舞台好好说道一番。还把年度话题人物“贾君鹏”与对应的流行语“贾君鹏，你妈妈叫你回家吃饭”编成了小品，结合社会热点趣味玩梗令人耳目一新，借助网络文化的多元性与开放性让更多观众及网友投身到全民互动的网络狂欢之中，不仅仅建立了传受双方共同意义的交换空间，也使网络春晚更接地气，彰显晚会的亲民本质。

（三）草根及弱势群体话语权提高

大数据时代也是民意崛起的时代，象征着“草根”的弱势群体几乎都经历了从被呈现到参与，从观众到表演者的转变过程，这个转变加深了草根阶层的自我认同，有助于其找到自我归属感和自豪感。草根所展现的文化因社会语境不同而存在差异性，但他们都以自己的方式表达平民生活的酸甜苦辣、快乐幸福，具有旺盛的生命力和活力。

2013 年北京电视台春晚展示了来自门头沟淤白村的村民们演绎的《永定河畔的大河之舞》，著名的爱尔兰传统踢踏舞经村民们的演绎变成了来自门头沟的踢踏舞，让海外高雅艺术走进人民生活，热情奔放、整齐划一的步伐展示了她们的欢乐与愿景，用源自生活的情感体验与艺术诠释出中西合璧的创新节目样态，引起观众共鸣。为了响应国家政策对农民工群体的关注和重视，央视春晚列出了“农民工节目单元”，关

图 4-3　2013 年北京卫视春晚《永定河畔的大河之舞》

注农民工身份地位的提高，以农民工为主的草根阶层，突出了他们积极乐观的精神面貌和对文化审美的追求，农民工拥有了自己的文化表达空间，拥有了自己的话语权，成了被赞赏的对象。

此外，面对当前多元的观众对象，春晚也紧跟时代需要推出了少儿春晚、农民春晚等对象化、类型化的春晚，并且相当重视受众的观看感与参与感。少儿是传统春晚里较少展示的“弱势”群体，少儿春晚精准定位儿童及青少年，补充了传统春晚舞台孩童等群体的不在场，专门为全国少年儿童打造具有文化价值和思想价值的少儿春晚。央视的《盛世少儿春节大联欢》以少年儿童本身为主要演员与观众群，鼓励并给有艺术特长的小朋友提供了适合的舞台。为迎合小观众们的喜好，相关春晚尤其是北京台的卡酷动画春晚颠覆了传统春晚以歌舞曲艺为主题的内容局限，设置了贯穿始终的剧情线，精心制作动画贺岁剧，将亲情、友情蕴藏在天马行空的冒险故事中，用动画形式做到形式与内容双重创新，让小观众在趣味中感受春节氛围。农民春晚既有国家农业部牵头主办的《全国农民春节晚会》，也有地方自制春晚，如《湖北省垄上农民春节晚会》，可见从国家到地方都十分重视农民群体的精神文化诉求，紧扣“农”字将一年的农业大事融入晚会表演中，注重农味十足的原生态节目的创作与呈现，让农民成为农民春晚的主角，充分给予农民话语权，让农民主动积极地参与自己的春晚筹划，打造乡野风情的民间艺术，完成对社会发展、民生进步的情感表达。

随着普通群众话语权的提高和表达意愿的增强，很多春晚也从由专业艺术家演绎草根到让“人民当家做主”，从内容与表现形式直击百姓的内心世界，与人民群众做深度沟通与交流，精准把握人民群众的精神脉搏和需求变化。

总之，春晚的变革更新意味象征着平民及大众的草根文化在蓬勃生长，其中包含的多元文化及其背后意识形态在一次次春晚演绎中进行着交流与对抗。草根话语在媒介中扮演着日益重要的角色，并在一定程度上塑造了既有的权力格局，重构着新型的社会权利结构，带来推动社会进步的契机[①]。以贴近百姓气息为创作导向的春晚在筹备制作时有意识地向草根阶层靠拢，实现了草根话语与国家话语共存与互动，草根话语与主流意识形态在不断地冲击与融合中，双方于此逐步形成社会共识，这些共识可能并非全是草根意愿的反映，但在这个过程中一定程度上消解了精英阶层的话语控制权，使得长期边缘化的草根获得了一定的话语权，有了自我表达与发声的空间，构建了雅俗共赏的文艺景观。这也印证了毛泽东主席的名言“人民群众是创造历史的真正主人”。

① 解鹏 . 电视仪式场域中的草根话语实践 [D]. 南京师范大学，2013.

第二节　节目形式：跨界混搭　重组创新

自 1983 年央视春晚首次播出以来，春晚已然形成了自己的基本模式和程序化的环节设计：开场歌舞、喜庆节目、各界拜年、回顾与展望、零点倒计时、结束曲等。春晚模式是由仪式活动的规定性和影视节目规模化生产的特性所决定的，既是节目的内在要求，也有受众心理需求的客观依据，同时也体现了电视文艺创作的一般规律[①]。然而历经多年，观众逐渐对近乎相同的春晚模式产生“审美疲劳”，熟悉的演员面孔、相似的节目套路，曾经万人空巷的春晚开始受到越来越多的质疑诟病，观众对于春晚的收视行为也由“主导型”悄然过渡到了“伴随型”。春晚由全家人围坐在电视机前观看的节目成为除夕夜里的背景音，观众对节目的期待有所下降，春晚在整个除夕之夜的拜年中仅仅成为了喜庆气氛的一部分。

作为国家级电视台主办的文艺盛会，央视春晚在创作主题、基调和框架上拥有一定的规则不可避免，但随着时代的发展和观众审美水平的提高，约定俗成的春晚模式不应当一成不变。为了顺应时代潮流、满足观众的收视期待，春晚创作方需要对模式进行适当的调适，好比面对相似的食材，大厨们要通过变换烹饪和搭配方式给食客们创造新的口味独特的美味佳肴。因此，“变革”和“创新”开始成为 2000 年后春晚创作方必须考虑的重点。

自 2009 年起，更多地方卫视开始筹备具有地方特色的本土春节联欢晚会，以期冲击电视春晚的传统格局，促成、提升春晚“百花齐放”

① 靳斌．春晚如何突破模式化的樊篱 [J]．现代视听，2008（5）：74—77．

的新局面。竞争激发创造力，为了在收视混战中争得一席之地，各大卫视也是使出浑身解数，从主题、内容到形式都求新求变，各出奇招。随着互联网技术的发展、网络流行文化的兴起和网民数量的增加，2010年起网络春晚开始从小众走入主流，与电视春晚相比，网络春晚在节目形态上有所创新，开放形态的节目占节目总数的近一半，很好地诠释了“互动”的要义[①]。

因此，为了打造一场老少皆宜、雅俗共赏的文艺盛会，无论是营造家国情怀的央视春晚还是具有地域特色的地方春晚，包括主打娱乐、互动、年轻化的网络春晚等，都进行了更多更新的探索，致力于使春晚“年年办，年年都有新气象”。

一、跨界登台，表现丰富

（一）各界人士共同唱响大联欢

“全民大联欢”向来是春晚秉承的主题和基调，为了体现全民联欢，央视春晚在演员阵容的安排上也颇下功夫，不仅有宋祖英、李谷一、赵本山等这样的老面孔，也有SHE、周杰伦、王力宏、陈奕迅等年轻人喜爱的流行歌手；而航天英雄、奥运冠军和体育明星的加盟，更丰富了春晚本身的内涵；草根素人的登台，则体现春晚贴近百姓、贴近生活的平民化特色。

“奥运”作为2008年整个民族的重要符号，成为春晚不可或缺的表达元素，几位奥运冠军代表登上2008年央视春晚的舞台，与演艺界人士一同表演了《百年圆梦》《同一个世界》；2011年，“西单女孩”任月丽、“旭日阳刚”组合和深圳民工街舞团等草根通过《我要上春晚》栏目站上了央视春晚的大舞台，激发了万千观众的共鸣；2012年湖南卫

---

① 夏冰，韩笑．三网融合背景下的电视娱乐节目进路——对2010年北京电视台网络互动春晚的个案研究[J]. 新闻世界，2010（8）：179—180.

视小年夜春晚邀请到体育界巨星奥尼尔跨界登台献艺，同时东方卫视则邀请了姚明；2013 年央视春晚，李玉刚与“神舟九号”的三位航天英雄景海鹏、刘旺、刘洋合作完成了节目《嫦娥》，“嫦娥”扮相的李玉刚一曲唱毕，三位航天英雄从虚拟技术打造的“飞船”上走下，节目将中国古老神话传说和我国实现飞天梦想的科技成就相结合，通过电视虚拟技术的巧妙应用，给观众难以忘怀的欣赏体验[①]。

无论是文艺界工作者，还是奥运冠军、航天英雄、篮球巨星，或是草根出身的平民百姓，春晚舞台齐聚各界人士共同唱响大联欢，既把握了时代脉搏、凸显了政治内涵，又平衡了阳春白雪与平民特色，满足了不同观众群体对于节目的需求与期待。

（二）跨界合作碰撞出新火花

人们常说各司其职，但在春晚上或许并不尽然，歌手负责唱歌、舞者负责跳舞、弹钢琴的负责伴奏等，观众已经习以为常，若是唱歌的跑去说相声、弹钢琴的跑去变魔术，会产生什么效果？就像 2010 年央视春晚相声剧《不能让他走》中冯巩的一句经典台词：“一个不想当厨子的裁缝，绝不是好司机。”跨界合作表演的创新之处就在于，能够碰撞出不一样的火花，激起观众的好奇心，让人情不自禁地注目，期待节目表现的效果。

2009 年央视春晚歌唱家吕继宏、王宏伟搭档《星光大道》总决赛冠亚军刘仁喜、马广福的阵容十分有新意，是著名歌唱家与草根歌手的跨界合作。刘仁喜、马广福是两位地道的农民歌唱家，他们一个是养牛大户、一个是种粮高手，两位原生态平民歌手站在春晚的大舞台上，毫不怯场，与学院派歌唱家一起演唱了《西部放歌》《今夜无人入睡》和《超越梦想》等歌曲，一边深沉老练、一边激情喷涌，互有对比又彼此

① 吕逸涛 .2013 年央视“春晚”的创新点初探 [J]. 电视研究，2013（3）：59—61.

烘托。

2012年央视春晚中的群口相声《小合唱》则是曲艺和音乐的跨界，由吕继宏、佟铁鑫等几位歌唱家与相声演员周炜共同出演，几位歌唱家都是春晚观众的老朋友了，但在这个节目里却成了实打实的“相声新人”。一开场，四位歌唱家便以唱的方式向观众打招呼，从开头就看出来这个节目不一般。四位歌唱家虽是相声首秀，但说起笑话来毫不含糊，还夹杂着如“hold住”等网络流行词；节目中《咱老百姓》《夕阳红》《父亲》《西部放歌》《祝酒歌》等大段的现场清唱也让观众称赞不已。歌唱家表演相声，老面孔新形式，使得略显单薄枯燥的相声一下子生动起来，让人耳目一新，忍不住看看四位“新人”究竟表现如何；同时，平时穿着黑西装、白衬衫、打领结、唱美声的歌唱家来说相声，从精英化的表演转变为贴近民众的形式，使观众更有亲切感，节目也有了人情味儿。

再如2013年央视春晚中的魔术表演《魔琴》，是钢琴家李云迪和魔术师刘谦的跨界合作，正如刘谦在节目开头所说的：“魔术是一种艺术，艺术就意味着可以跨界结合。”刘谦灵活的双手随着身后优美的钢琴声摆弄扑克牌，与以往仿若“小品式”的魔术风格不同，刘谦不发一言，像是不忍心打断舒缓动听的音乐，表演了一次安静、优雅的近景魔术，让人更能专心地用眼睛欣赏他的手上表演。随后，刘谦还上演了一场舞台魔术——“大变活人”。钢琴声断，幕布掀起，空无一人，而李云迪奇迹地出现在了观众席上。欣赏着动听的钢琴，又一次见证了“奇迹的时刻”，观众掌声连连，称赞不断。

二、混搭编排，打破常规

（一）不同艺术形式嫁接重组

在春晚的各类型节目中，歌舞、小品和相声是烘托节日喜庆、欢乐气氛的三大支柱，此外还有杂技、魔术、戏曲等其他节目作为调和，旨在带给观众全面丰富的视听享受。然而若只是将各种节目固定形式，那么编排就过于单调死板，观众极易产生审美疲劳。因此，多种元素杂糅的混搭风格开始占据春晚舞台，灵活新奇的编排受到观众的欢迎与称赞。

不同音乐表演形式的混搭让人耳目一新。2009 年央视春晚“英伦组合”合作的《本草纲目》《辣妹子》就十分引人注目，《本草纲目》是以饶舌为主的流行歌曲，《辣妹子》是家喻户晓的一首民歌；周杰伦是台湾当红的流行天王，而宋祖英是大陆重量级的民歌天后，两人的联袂演出将通俗与民族、流行与传统进行了巧妙的结合。“英伦配”是一次全新的尝试，也是一个起点，在这之后混搭风不断延续。2010 年央视春晚上民歌歌手谭晶搭档香港流行歌手陈奕迅演唱《龙文》，致力于新民歌演唱形式革新的谭晶融入了更多流行唱法；2011 年北京春晚上歌唱家杨洪基等人以美声唱法演唱网络潮曲《不怕不怕》，舞蹈《跳跃的琴键》中街舞搭配钢琴则是古典与现代的结合；再如在 2012 年央视春晚的舞台上，著名钢琴演奏家李云迪与流行歌手王力宏同台竞技表演《金蛇狂舞》《龙的传人》，古典音乐、民乐与流行音乐之间激情碰撞，观众收获了新奇的视听体验。

融合多种元素的创意节目层次丰富，夺人眼球。如 2009 年央视春晚的人偶歌舞《森林舞会》和 2010 年的《玩具店之夜》，结合了杂技动作和木偶、对白等舞台剧元素，富有童趣，深受少儿观众的喜爱；2011 年的《兰亭序》结合了民乐演奏和魔术表演，北京电视台春晚的舞蹈《兔子也疯狂》则借鉴了百老汇风格，音乐设计极具喜剧张力；2012 年的儿童节目《除夕的传说》，新奇地通过“动画 + 真人”的方式讲述了一则关于过年的传说，演员韩庚与屏幕上的“怪兽”打斗时配合默契，一招一式到位精准，仿佛是真的在舞台上过招；2013 年的央视少儿春晚将体操、杂技等元素杂糅进孩子们最熟悉的跳绳运动中，将普通的体育运动上升为具有美感的舞台表演艺术形式等。

要想持久地把观众留在电视机前，节目的构思就要不断地出奇出新、不断地变化，打破固定形式和常规套路。杂糅多种形式的节目不仅带给了观众新鲜感，也能看出来春晚创作方在节目编排上的巧思和求新求变的努力。

（二）传统与现代文化巧妙融合

在文化融合的大背景下，春晚已经潜移默化地成为了文化融合的新出口。春晚作为重要的电视文艺表现形式一直以来都是展示优秀传统文化艺术的大舞台，在这个舞台上的创造者一直以来都在致力发扬传统文化，推动传统文化的传播；而在现代化的今天，要想具有悠久历史的传统文化能够适应时代快速发展，就要注入新的活力，将时尚元素融入传统艺术之中，使二者巧妙融合①。

手影戏、杂技、皮影、武术等本是传统的民间艺术形式，在春晚的舞台上却得到了别样表现，令观众眼前一亮。2008 年央视春晚首次将手影戏作为单独的节目进行表演，在《逗趣》中，两位手影演员在幕布后用两双手生动演绎了两只鸟从相恋、生育到养子、雏鸟高飞的过程，展现了“多人对唱”、狗与鸭子、人逗狗等场景，并配以惟妙惟肖的口技。手影加口技虽是手影戏中常用的套路，但《逗趣》在手影人物的对唱片段里选配了流行歌曲《今儿个真高兴》，添加的现代流行元素契合了年轻人的接受心理，且前段的鸟啼一动一静、一快一慢，节奏的起伏使节目更具观赏性。同样，切合奥运主题的杂技《花式篮球》也大受好评。与传统的杂技节目不同，没有顶碗顶缸、独轮车、走钢丝等常见套路；而与普通的篮球表演不同，舞台上不仅有篮球、篮球架，还摆上了跳板。年轻人随着动感的快节奏音乐表演花式篮球动作；杂技团演员利

① 刘麟霄，刘慧媛 . 传统文化与现代文化融合方式探析——以 2008 年中央电视台春节联欢晚会为例 [J]. 辽宁工程技术大学学报（社会科学版），2012，14（4）: 407—410.

用跳板，表演从6米高空灌篮的精彩瞬间；同时还穿插着一群年轻男女舞者时尚的街舞表演。节目将花式篮球、跳板杂技和街舞表演三种元素巧妙地结合了起来。又如2009年央视春晚的幽默武术《功夫世家》，不是简单的群体操练，而是在武术中融入角色扮演、故事情节与现代幽默元素。演员们用家庭厨具当作兵器，通过幽默的故事情节和动作展示，让观众既看到了真正的少林功夫，也感受到现代生活中的各种时尚幽默元素，如包租婆形象、PK形式等，还有央视热播剧《李小龙传奇》的主演陈国坤的参与，让内涵丰富的中华武术以一种使观众更喜闻乐见的形式表演出来。

可见，在弘扬传统文化的同时又不让内容创作显得单调乏味保守，最大程度地吸引年轻受众，春晚在有关传统艺术的节目表现形式上花费了许多心思，大胆尝试，通过添加流行、时尚元素以适应现代文化融合趋势。

（三）中外合作使春晚更加国际化

随着春节这一中国古老的节庆走向世界，春晚这一浓重的电视文艺符号也开始向世界传递。经过多年的发展，春晚已然成为全球华人每年所熟悉所期待的重要时刻，它已经不仅仅是一台节目，而且越来越成为全球性华人文化的表征[①]，同时也是全球文化多样性的象征，因此春晚走向国际化已是必然趋势。

在2009年北京电视台春晚上，歌手孙楠与瑞典钢琴家罗伯特·威尔斯和欧洲演唱比赛冠军夏洛塔·帕瑞莉合作，演唱罗伯特专为北京奥运健儿创作的《冠军》，具有强烈的古典摇滚风格，将国外与本土的音乐文化、古典与流行的音乐风格进行了融合再开发。2011年央视春晚的相声《四海之内皆兄弟》，由五位分别来自美国、俄罗斯、匈牙利、

① 张颐武．“放下”的魅力——2012年央视春晚的启示[J].艺术评论，2012（03）：95—97.

澳大利亚和肯尼亚孔子学院的学生与“汉语通”大山共同出演，是央视春晚中少有的纯外国人表演的节目，展示了汉语的魅力和博大精深的中华民族文化，同时也拉近了中国与世界的距离。2012 年湖南卫视在小年夜春晚融入了“汉语桥”元素，邀请海外的“汉语桥”选手进行演出；《青春调频》由外国人来“串烧”演绎国人熟知的春晚经典小品，《中华曲艺秀》则由外国青年和孩子来表达中外文化的传承。2013 年北京电视台春晚的诙谐情景戏歌《中国象棋》，由几位来自英国、尼日利亚等外籍演员演绎，将象棋与京剧表演形式相结合，身着“生旦净末丑”的衣装，词中唱着“相车马炮”，加上高科技视频的配合，打造了一场中西文化和多种元素跨界混搭的视听盛宴。国际化可谓是 2013 年央视春晚的最大亮点之一。来自美国的演奏家雅尼·赫里索马里斯与中

图 4-4　2013 年北京卫视环球春晚《中外青年功夫梦》

国的古筝演奏家常静共同演奏了一曲《琴筝和鸣》，其中包括雅尼的成名作《圣托里尼》、雅尼为中国而作的名曲《夜莺》，以及我国著名的民族管弦乐曲《金蛇狂舞》，中西方文化在音乐中实现交流，给观众带来了别开生面的艺术享受。加拿大“流行天后”席琳·迪翁与歌唱家宋祖英合作演唱了一曲我国耳熟能详的民歌《茉莉花》，将万千中国观众都十分熟悉的《茉莉花》唱出了不一样的韵味。宋祖英与席琳的合作，是一次大胆的尝试，两人演唱的《茉莉花》既是中西合璧，又可谓是珠联璧合，惊艳四座，赢得了观众阵阵掌声。此外，来自各国孔子学院的学员与歌唱家李谷一一同唱响春晚代表曲目《难忘今宵》，成为春晚走向世界、与西方文化融合接轨的重要标志。

此外自 2010 年起，极具国际视野的北京电视台便开始推出面向全球华人的环球春晚，每年会聚众多中外顶级明星，打造一台面向世界、面向全球华人的中西合璧的晚会。如 2011 年有“英国林妙可”之称的英国天才选秀冠军得主、中国台湾“男版苏珊大妈”林育群、《中国达人秀》季军得主蔡岫勍、《星光大道》年度总冠军金美儿等同台献艺；2012 年来自加拿大的八彩虹乐队和中国马头琴艺术家合作内蒙古曲目《赛马》，小提琴、贝斯等西洋乐器与蒙古族传统乐器合奏齐鸣，震撼人心的演出真正阐释了“民族的就是世界的”。

春晚广邀来自五洲四海的海外友人登台献艺，使中国人的传统春晚添上一抹国际化的色彩，不仅拓展了观众的国际视野，满足了观众对西方文化的好奇与了解；同时体现了更深层次的内涵，作为一个中华民族文化走向世界的窗口，春晚展现了它高度的文化包容性，这是一场普天同庆的节日盛会，更是中西方文化友好交流的舞台，也是实现人类命运共同体中亮丽的艺术之笔。

三、推陈出新，走出樊篱

（一）创新晚会环节流程

春晚的基本模式一般包括：开场歌舞、喜庆节目、各界拜年、回顾与展望、零点倒计时、结束曲等，仿佛各个环节一一具备，才能构成一台完整的晚会。春晚要想创新，结构的灵活性必不可少，即在一个基调的基础上，变化节目的构架，否则换汤不换药的模式，没有新的创新点和吸引力，观众迟早会厌倦[①]。因此，除了变换的晚会中的节目形式和内容以外，创新甚至摒弃程式化的环节设计，说不定能出奇制胜，赢得观众的青睐，成为收视大战中的一匹“黑马”。

图 4-5　2008 年央视春晚全体齐唱《歌唱祖国》

“航天”是 2008 年央视春晚的重要内容之一，在零点倒计时前，春晚现场连线航天城指挥控制中心，首次展示了“嫦娥一号”拍摄的月球表面照片，最后全体齐唱《歌唱祖国》，与奔月的“嫦娥一号”一同实现“天地交响”，敲响零点的钟声。

2013 年央视春晚的开场联唱节目《欢歌庆新春》与往年春晚的开场形式有所不同。以往的春晚，开场歌舞在节目形式及人员构成上，主要以少儿演员群舞、影视或歌唱明星合唱歌曲为固定范式，在一片欢乐

① 王闯，钱艳丽．春晚后看现代综艺节目的走向 [J]. 今日南国（理论创新版），2008（4）：156—157.

祥和的氛围中拉开春晚序幕①。而今年的春晚开场，则是由中央电视台各个栏目共48位主持人担纲合唱，观众平时熟悉的主持人们走出演播室，走上舞台、走入观众席，演唱了《年轻的朋友们来相会》《恭喜发财》《好运来》《好日子》等大家耳熟能详的歌曲，一开场就营造出喜气洋洋、热热闹闹过大年的氛围。

与央视春晚略带保守的环节创新不同，部分地方卫视甚至另辟蹊径，在保留本土特色的同时颠覆传统春晚模式，打造别开生面的特色春晚。如泉州电视台2010年的两岸闽南人春晚《五世同堂》，以子孙们为百岁老太君祝寿的故事为背景，以寻根为线索，通过音乐情景剧的形式，勾勒出一幅“欢天喜地五世同堂，悲喜交加人间真情”的感人画面。它是中国第一个没有主持人的春晚，也是福建第一个海峡两岸音乐情景剧②。再如2011年天津卫视春晚突破主持人的传统串联方式，通过结合视频手段，设计生动感人的百姓生活细节，从细节入手、从故事入手，主持人在娓娓动听的讲述中，完成串联和主题阐述③；湖北卫视则办了一场“垄上农民春节晚会”，以农民作为春晚主角，晚会采用独创的复线结构，巧妙插入电视栏目《垄上行》的颁奖活动，由农民为《垄上行》的电视工作者办一台春节晚会，通常意义上的晚会主持人则在这个结构里消失了④。

除此之外，一些特定类型的春晚还特别设计了符合自身定位的新环节、新模式。例如主打网络文化、主要受众为网民群体的网络春晚，2011年BTV网络春晚添加的“评奖”环节让人印象深刻，晚会现场同时评出多个网络大奖，如“年度最具影响力团购事件”“2010年度网络

① 朱星辰.2013年央视春晚艺术特色[J].当代电视，2013（3）：31—32.

② 洪泳.论地方台春晚之构建——以泉州台2010年两岸闽南人春晚《五世同堂》为例[J].东南传播，2011（9）：162—163.

③ 赵颖.浅析在挑战中绽放的天视春晚[J].当代电视，2012（1）：33.

④ 陈振国.垄上春晚：农民演，演给农民看[J].媒体时代，2011（5）：5—8+2.

最具梦想人物”“2010 年度网络最红的流行语”等特色奖项，前期通过制造悬念和话题引发关注，在节目过程中随着一个个奖项颁出，晚会气氛推向高潮。再如 2012 年 BTV 卡酷少儿动画春晚一改传统的节目串烧形式，打造了一出“国内首部具有游戏风格的歌舞魔幻动画剧”。

（二）原创及改编节目吸引眼球

不难看出，混搭编排及糅合元素的节目形式已经成为各电视台创新春晚的常用手段，而形式上的小变换、小改动久而久之也会形成一种“新套路”，可能会导致观众的“二次审美疲劳”。因此一些春晚创作方对节目整体形式上做了升级版的创新，或是对原作进行改编，以打造与众不同的新节目留住观众。

例如 2010 年的北京电视台首届网络春晚中网络红人代表胡淑芬策划的《贾君鹏传说》，把上年最热门的话题人物“贾君鹏”编入了小品；在形式上采用了如明星反串动画 cosplay、网络流行语演绎、百人 MJ 模仿秀、极限运动跑酷、韩国泡泡秀等前所未有的节目形式，新潮、幽默，吸引眼球；更有对原作的创造性改编，如由周杰伦模仿者演唱的化学版《青花瓷》让人眼前一亮，改编版的词由四川一位化学老师所作，使枯燥难记的化学原理变成时常挂在嘴边的流行歌曲，同时也向辛勤的教师群体献上敬意与祝福，既充满新意又具有人文关怀。

虽说作为面对特定群体的网络春晚采用的创新手段，央视春晚或是其他各大卫视的电视春晚难以进行百分百的借鉴，但这无疑给电视春晚的创作方们提供了一个新思路。当观众再次对各种杂糅的节目组合形式感到疲倦时，不妨跳脱出小品、魔术、相声、杂技等固有形式的框架，创造一种全新的节目形式，给观众全新的感受，不失为一个良招。此外，当时春晚的歌舞节目多为创造性演绎，而甚少将原作进行改编，这份转换思路的创意运用得当，也为观众的收看取向带来意想不到的良好效果。

春晚自创办起已走过几十年，春晚形成的模式化的表述方式、同质化的内容取材、套路化的制作风格以及变化不大的主演阵容，让春晚陷入创意与创新的瓶颈[①]。不知不觉中我们已经进入了“后春晚”时代，经济发展了、文化繁荣了，观众的审美趣味与审美心态也变化了，对于春晚也变得挑剔了[②]。新加坡《联合早报》早前也曾对央视春晚进行评价：“央视春晚面临巨大的变革压力，主要是其创作指导原则和框架必须与时俱进，开拓容量，否则内不利于大众文化品位的整体提升，外不利于中国文化软实力的世界突击[③]。”为此，春晚的创新迫在眉睫。

在信息化时代，任何一个文化产品都会出现众口难调的局面，但春晚的创造者们，仍需以最大限度收编受众作为目标进行创新。可以看出，自意识到春晚发展的瓶颈之后，春晚创作方已经出谋划策，包括跨界合作、风格混搭、创新模式流程等，力求在每年春晚打造创新点，以此维持观众的新鲜感、坚持吸引受众的眼球。除此之外，为了满足特定群体收视需求，中国的电视文艺工作者每年都在尽最大努力改革创新，但这似乎还不够。当这些创新的手段用尽、用倦了，春晚又会遇到下一个瓶颈，因此这就要求春晚创作方一直保持前瞻意识，改革一直在路上，创新文艺内容更是如此。

尽管人们对春晚的评价向来褒贬不一，但春晚在国民心目中所积累的认同感和归属感还在延续，它的意义和价值不可替代，过年要看春晚仍然是我们的共识所在[④]。春晚的发展一定不只这几十年，或许未来有朝

---

① 杨洪涛．春晚 30 年的华丽转身——评 2012 年中央电视台春节联欢晚会 [J]. 当代电视，2012（3）：84—86.

② 周敏．试论后春晚时代的困境与出路——以 2011 年央视春晚为例 [J]. 新闻界，2011（2）：103—104+107.

③ 李嘉．“春晚”对中国文化艺术的意义和影响——以 2009 年中央电视台春节联欢晚会为例 [J]. 歌海，2009（4）：106—107.

④ 张颐武．2013 春晚的再出发：重新发现观众 [J]. 中关村，2013（3）：100.

一日，它又能重回除夕夜的主角之位，全家人再次围坐在电视机前目不转睛地收看喜闻乐见的“新春晚”。

第三节　创新探索：春晚的舞美、传播及广告

春晚的舞美设计融合了传统舞台文艺和现代技术美学，需要同时考虑到演播空间的观众和电视受众的观看体验。在春晚的视觉语系中，舞台空间、灯光色彩和服饰造型是各自独立又互相交融的艺术单元。为了缔造视觉奇观，推动影像极致，春晚采用技术美学融合价值取向，逐渐突破现实的边界，从硬件和软件等方面力求打造虚实结合的科技美学，满足现当代受众的新鲜观感诉求。两千年后，技术的进步与发展也为电视艺术的升级换代创造了条件。

广泛的受众基础是春晚强大传播力的源泉，如今经由互联网信息流的充斥，春晚的定位从主导地位慢慢过渡到陪伴地位，春晚的传播矩阵也由电视媒介在向互联网媒介生态靠拢。大众在社交媒体平台热议春晚、与春晚现场互动已经成为春晚传播的一种次生文化。同时，春晚的发展环境使其趋向于一种媒介商品，公开或者隐形的广告植入在春晚的发展历程中也几经变化，晚会与商业结合成为现当代春晚的必由之路[①]。

一、突破审美藩篱　融汇技术美学

（一）艺术化舞美的综合设计

舞台美术设计简称舞美设计，舞美设计是春晚演出的重要环节，是

① 朱冠男 . 传播学视域下的央视春晚研究 [D]. 辽宁大学，2015.

包括布景、灯光、化妆、服装、效果、道具等的综合设计①。春晚舞台的各个舞美设置单元看似独立，同时又相辅相成，共同构成春晚基本的美学系统。

春晚舞台采用科学合理的空间布景设计，以满足现场观众和电视直播的观看效果，设计理念一直秉持着人文关怀的气质。瑞士的舞美设计师阿皮亚认为，空间布置的主要作用在于将活动的因素和平台组合成一个功能的核心结构，供演员和他（她）/ 角色动作所支配②。2009 年的央视春晚在舞台上方吊设三排小体积圆柱，这些圆柱可以通过编导的安排，随表演和风格随心所欲地组合变化，制造错落有致的空间层次，是当年春晚舞台设计的亮点之作③。例如在舞蹈《城市变奏曲》中，圆柱造型在灯光影调的装饰下，根据舞蹈节奏从“幕布”变成“宫墙”，再经过时间的轮转变为“拱门”和“城市”，舞者随着这些意象的迁变从古代一路走到现代，观众感受也从古代的舒缓过渡到现代的瞬息万变。到 2010 年，北京电视台的网络互动春晚已经打破传统的“舞台 + 观众席”二元格局，突破了舞台固定模式，在半圆形的主舞台之外，设置 2 到 3 个造型各异、灵活多变的辅助舞台，有的舞台还深入观众席，不同节目类型和表演风格使用不同舞台，增加了春晚表演和摄像直播的可操作性④。随后，2011 年的首届央视网络春晚中，晚会设置舞台前端跨越泳池的表演通道，延伸到现场观众区并与 E 形舞台相连接，这种舞台的形制增加了互动性和前卫感。⑤自此之后，观众席和舞台的界线更加模

---

① 王海智，周玉基 . 数字舞美中的技术之美——以 2012 年央视“春晚”为例 [J]. 中国广播电视学刊，2012（3）：13—15.

② 曲国军 . 多种“主义”的艺术空间——浅谈 2012 年央视春晚的舞美灯光设计 [J]. 现代电视技术，2012（3）：22—26.

③ 陈岩 . 举起舞台的杠杆——2009 年央视春节晚会的舞美设计 [J]. 演艺设备与科技，2009（2）：5—7.

④ 金山 .2010 年 BTV 网络互动春晚的启示 [J]. 传媒观察，2010（4）：10—12.

⑤ 杨洪涛 . 网络“春晚”：电视节庆晚会的新突破——以 2011 年《中央电视台首届网络“春晚”》为例 [J]. 中国电视，2011（4）：25—28+1.

糊，互为一体。2012 年的央视春晚将整个演播厅变成一个大舞台，阶梯式的传统舞台被 180 度的环形半包围式舞台取代，多层次、多中心的形态加强了现场观众的参与性。[①] 另外，当年春晚在延续互动性理念的同时增加科技感，总设计师陈岩认为，“一个方块可能做不了什么，但是一万个方块一定可以做成什么，即使是世界亦能因此而呈现。”因此将极具现代工业美学的“视频方块”的设计概念应用于舞台，这无论对于现场还是直播画面，都可呈现一种崭新的视觉盛宴[②]。因此，在春晚的舞台空间设计中，考虑到观众体验至关重要，2008—2013 年的春晚舞台在空间、心理和动作方面与受众实现了连接，舞台在发挥表演场景功能的基础上，增加了人性化互动的效果。

春晚的灯光设计是根据舞美环境和表演内容来编程色调、操作明暗变化，对于春晚展现艺术元素、创造节目情景、塑造人物形象等方面具有重要意义[③]。舞台灯光类型繁多，包括天幕灯、悬挂灯、面光灯、地面聚光灯等，[④] 春晚对于灯光氛围有一个总体感官上的要求，需要在灯光设计上充分表达光色表现力，烘托陪衬各类节目的演出。例如历年春晚的开场节目往往较为统一，一般具有共同的喜庆、祥和等气氛特点，因此选用红、橙、黄等暖色调的灯光，以此来衬托喜迎新春的雀跃心情，表现出人们对于未来的向往和期待心情[⑤]。当然，灯光设计也随着晚会定位不同、节目类型不同，在主题和布局上各有变化。首先，主题方面，为了照顾到更多受众的观感体验，烘托春节喜悦心情，2008 年的央视春

① 邹欣，任金州．“春晚”还缺啥——龙年“春晚”后的思考 [J]. 中国广播电视学刊，2012（3）：18—20.

② 金晓红．用技术与情怀去打造的视觉盛宴——专访春晚舞美总设计师陈岩 [J]. 中国传媒科技，2012（Z1）：42—43.

③ 马银燕．2013 少儿春晚——《盛世少儿春节大联欢》灯光制作实施流程 [J]. 现代电视技术，2013（3）：116—119.

④ 卢妍君．试析央视春晚的发展嬗变 [D]. 曲阜师范大学．

⑤ 张乐．歌舞晚会灯光设计的意境美——以央视春晚为例 [J]. 辽宁工程技术大学学报（社会科学版），2015，17（1）：110—112.

晚演出现场淘汰低色温灯，采取了更高色温的灯光，解决了以往人脸图像颜色发蓝、影调缺少通透感的问题，给电视观众提供了更加明快清晰的画面[①]。与之相反的，2011 年的首届央视网络春晚的受众定位为年轻网生代，因此在灯光设计方面摒弃传统晚会明亮绚丽的暖色调，迎合现代感做出修改，整场风格选择颜色偏暗，以绿色和蓝色为主，营造了时尚感强烈的梦幻意境，连接现实与虚拟、网络与荧屏，实现传统和现代的文化对接[②]。其次，布局方面，2012 年的 T 形舞台在空间上延伸到观众席，舞台两侧的观众圆桌被融入灯光舞美的设计系统，桌子底端的灯光设计配合整个舞台的风格，根据音乐节奏与舞台光影一起变化。另外，灯光的布局在丰富舞美场景效果的同时，需要考虑到春晚现场其他

图 4-6　2013 年央视春晚 SHE 歌曲《Shen》

① 刘新．视频技术风光无限——2008 年春节文艺联欢晚会大屏幕制作体会 [J]. 现代电视技术，2008（6）：110—112.

② 刘秀梅，管颖华 .2011 央视首届网络春晚扬起电视与网络互动狂欢之帆 [J]. 当代电视，2011（3）：23—25.

系统的影响，2013 年央视春晚提出“大灯光”概念，灯光在自我控制之外，能够控制视频素材、机械装置等多个工种。灯光与舞美的其他系统浑然一体，成为绚丽多姿的有机整体。

在舞台美学设计中，服饰造型是面向人物的设计，在打造视觉艺术效果同时，也可以塑造不同风格的舞台角色形象和个性，体现艺术作品的思想。由于春晚的受众广大，晚会的服装造型需要在满足晚会风格，与空间布景和灯光设计配合之外，也需要契合和协调受众的审美观念和品位①。春晚舞台多以欢腾、热烈和团结为主要基调，现场设置灯笼、锣鼓和对联等多种元素，因此相应的，春晚主持人身穿礼服也具有龙凤、祥云、牡丹花、荷花等传统意象图案，女主持人的服饰造型在保有共性的基础上不断改良，设计更加精巧大气，男主持人的服饰在剪裁方面也更加考究。除了主持人之外，其他表演者的舞台服装造型更在辅助表演、暗示环境和展现人物情绪等方面发挥不可忽视的作用。例如 2012 年春晚舞蹈节目《雀之恋》的服装造型，设计采取的是仿生法，模仿的是大自然中的孔雀造型。演员身穿以蓝、绿两种色彩为主的孔雀舞服，裙端采用孔雀尾羽般的设计，整体上符合舞蹈与大自然接轨的原生气息，而且由于孔雀是云南少数民族的图腾，服装造型同时也体现了一种虔诚的文化信仰。此外，舞台服装需要布景和灯光的配合，质感和颜色随灯光变化而变化，迸发出不一样的视觉艺术体验②。另外，像 2013 年北京卫视的卡酷动画春晚这样面向青少年群体的专题晚会，更加注重服装对于表演者角色吸引力的作用。其中，《盛装大典》节目从前期形象设计到后期创意制作，再到录制现场的安排调度，团队成员重视对于歌曲匹配和人员演绎能力进行分析，都从专业角度保证了服装造型最大程度上还原动画元素，达成了动画角色、舞台表演和晚会定位的统一。

---

① 卢妍君 . 试析央视春晚的发展嬗变 [D]. 曲阜师范大学 .

② 段辉红 .2012 春晚《雀之恋》作品中的舞台服装创意设计分析 [J]. 艺术与设计（理论），2012，2（8）：111—113.

（二）数字化舞美的影像艺术

随着数字时代到来，传统舞美艺术更趋向数字化和技术化，在多媒体影像技术的加持下，春晚的视觉呈现更加富有想象力。虚拟和现实结合是当代春晚呈现科技感的一种影像手法，是为观众带来视觉盛宴的创新表达。为了达到合理的艺术效果，历届春晚都在革新 LED 屏幕技术之外，结合全息技术、数字动画技术、运动捕捉技术、数字水幕技术和 AR 技术等进行联合呈现。

LED 屏幕技术在春晚舞美系统中不可缺席，承载着制造大面积视觉效果的功能。LED 技术应用历史自 90 年代起，1993 年在春晚舞台上运用。LED，Light Emitting Diode，（发光二极管）是集电子技术、微电子技术、计算机技术和食品技术为一体的高科技产品，它的发光部分由 LED 模板拼装组成，是一种可将电能转换为光能的半导体发光器件，可呈现信息、文字、图片、动画视频等，并具有随意拼接且实时显示的优势[①]。在 2008 年央视春晚中，12m×8m 的舞台屏幕以及两侧 8 个立柱打造了全新的影像体验，它们出自同一个视频源，在视频内容表现上既能够横向贯通，营造纵深感，又可以首尾相接，同时增加彩幕、彩帘、彩砖等新电视技术增强表现效果。例如在节目《公交协奏曲》中，虚拟车厢在大屏幕上十分生动，实际拍摄的运动场景也随着剧情而变化，让观众产生实景感受。

随着 LED 技术在北京奥运会上的大放异彩，2009 年春晚充分借鉴了奥运会科技经验，彻底打破了电视晚会“一面墙”式的屏幕使用方式，将天棚、背景、侧幕、地面全部安装 LED 屏幕，让舞台的动画充分延伸到“天花板”和“地板”。同时为了实现“万花筒”一般的意

① 王留．突破与创新——浅谈 LED 技术在 2009 年 CCTV 春晚的运用 [J]. 东南传播，2009（3）：141—142.

图 4-7　2008 年央视春晚王宝强、冯巩小品《公交协奏曲》

境，充分配合表演内容，当年春晚所有节目的舞台背景采用三维动画[①]，例如舞蹈节目《蝶恋花》利用全场侧屏层层视频影像，将舞者和现场观众包裹在浪漫唯美的气氛中，中央 LED 屏幕内淡蓝色的蝴蝶随音乐缓缓扇动翅膀，最终和舞者一起完成彩蝶飞舞的美妙图景。2010 年的春晚为了制造更加全方位、立体的视频影像，邀请北京奥运会开幕式美术设计班底，进行 LED 软、硬件的设计和制造。当年的春晚创造性地采用 500 根视频柱，从台口到天幕共设计了 5 个层次的屏幕装置，展示了更加逼真的 3D 影像世界，打造了一个五彩斑斓的“春晚魔盒”[②]。随后，LED 屏幕技术的运用越发成熟，也使春晚的呈现效果再次升级。2012

① 李兰 . 关于电视文艺创新三题——由 2009 年央视春晚引起的思考 [J]. 当代电视，2009（5）：38—39.

② 李文峰 . 打造 3D 影像世界——浅谈 LED 在 2010 年中央电视台春节联欢晚会中的应用 [J]. 演艺科技，2010（3）：46—48.

年的春晚采用了180度三维全背景和6600平方米的巨型LED屏幕，并通过304块数控机械升降装置，根据节目呈现需要进行任意屏幕的组合和搭配。这种视频技术给观众带来了千变万化的视觉奇观，得到了观众的赞许，例如在某网站关于2012年春晚的调查中，有58.6%的观众表示“舞台设计科技感十足，LED屏幕很绚丽”，可以说LED技术的运用是春晚舞台多元化美感的主要载体①。

“全息技术”（Front-projected Holographic Display）又称虚拟成像技术，是一种无须佩戴眼镜的3D技术，是近年来春晚青睐的新技术表达手段。最早起源于1948年的英国，该技术是利用干涉和衍射原理记录并再现物体真实性的三维图像技术，通过利用投影设备将不同角度影像投影至全息膜上，达到立体影像效果。全息技术所展现的影像色彩鲜艳、对比强烈，清晰度很高，同时具有很强的纵深感，真实感较足。2012年的春晚节目《因为爱情》中漫天的花海影像便是全息技术在春晚当中的小范围尝试，舞蹈节目《雀之恋》也是LED技术和全息技术的配合典范，通过电脑动态影像的植入，舞者与舞台幻化成森林与生灵，观众也在不知不觉中融入自然，享受变幻莫测的美学体验②。

数字动画技术在春晚中能够丰富视觉元素，打造童真又梦幻的意境。制作数字动画依托计算机，通过图形图像软件来进行，能够虚拟现实和模仿方阵，制造别样的虚拟世界，被广泛应用于建筑模拟展示、产品展示、媒体传播等多个领域③。2008年春晚开场歌舞《飞向春天》创新运用了虚拟技术，利用软件特效让64个舞蹈演员在流光溢彩、变幻万千的方格中跳舞，并在最后将画面拉出至室外的虚拟全景，在中央电

① 张利英．春晚三十年不破怎能立——谈龙年央视春晚的革新[J].声屏世界，2012（5）：41—42.

② 任朋飞．春晚歌舞类节目中舞台美术多媒体应用探析[D].江西财经大学，2016.

③ 王芳雷．数字动画技术在片头制作和舞台美术设计中的独特价值——以2012年央视春晚片头和舞美影像设计为例[J].美与时代（上），2012（3）：65—67.

视台的主楼上形成巨大的“春”字，与场内欢闹的气氛相呼应[①]。2012年春晚通过模型动画营造3D奇幻空间，例如节目《万物生》的场景由植物的生长序列动画和模型生长动画组成，并在视频柱上制造旋转生长的藤蔓元素，配合运动多变且五光十色的例子序列动画，为了营造太阳普照的效果，还制造了与植物生长动画相配合的太阳光束系列动画，最终呈现美轮美奂并足以以假乱真的原始森林意境[②]。同年，2012年湖南卫视春晚作为地方春晚的代表，也在自己的晚会中运用了该技术重现一场“3D穿越秀”，制作增加机器人元素增加晚会的活泼性和生动性。

运动捕捉技术主要作为动画技术的辅助模块而存在，对角色动画和场景配合等方面作用突出。它主要是通过捕捉设备（感应器）对目标影像（参与者）进行捕捉拍摄，然后利用影像分析系统产生被捕捉物体的动作，将运动数据结合动画，创造一种趣味性视觉体验。2009年歌唱节目《辣妹子》就利用这种技术，通过反光球捕捉演员的各个运动关节轨迹，将数据经过处理输入到动画制作软件中，最终舞台屏幕内的人参、青椒等动画角色与舞蹈演员在现场一起舞动。

数字水幕技术同样是春晚舞台视觉表达的辅助型技术。它的主要载体为流动水，通过电脑编程对水流阀的时间进行精确操控，使得流动的水珠可以显示出图案和文字，国内最早应用于2008年的世博会，在春晚上的应用则开始于2013年。蛇年春晚的节目中，《我爱你中国》的舞美设计使用了数字水幕，流水随着激昂的音乐节奏和曲调不断跳动变换，在彩色灯光的映射下呈现玲珑剔透、五彩斑斓的特效，而且在歌曲的最后，数字水幕上呈现了“我爱你中国”的字样，视觉效果上新奇之外，突出渲染了表演者和现场观众的内心热情，将晚会的情绪推向了一

① 肖田，梁雯，史家澍.2008年春晚大屏幕——制作篇[J].电视字幕（特技与动画），2008（7）：19—22.

② 赵晔，李扬，封毅，耿之然.《2012春节联欢晚会》虚拟技术应用解析[J].影视制作，2012，18（3）：52—56.

个高潮[①]。

春晚的影像革新技术还包括AR（Augmented Reality，增强现实）技术，这是一种基于计算机计算的图像技术，能够实现虚拟世界和现实世界的无痕“缝合”。2013年的春晚节目组邀请了曾参与制作《阿凡达》《星球大战》等电影的克里斯以及以色列视觉设计师拉斯利。整场晚会运用3D仿真模型和计算机合成技术联动的“前视觉理念”，同时为了配合这种理念，2013年的春晚现场还运用了虚拟植入技术的摄像机，这种设备配备了一种来自以色列傲威公司（ORAD）的虚拟现场制作系统，在正确的透视关系下可以预演、评估和校正舞美创意效果，以便将三维图像和现场图像进行实时渲染，实现虚实的完美结合[②]。在具体节目中，AR技术的运用创造出叹为观止的效果。儿童节目《剪花花》中，小雪人、窗花和糖葫芦等形象极其富有立体感，与现场的小表演者能够实现视觉上的联动，歌唱节目《嫦娥》中升腾起琼楼玉宇给人一种置身其中、亦真亦幻的错觉。

二、立体传播矩阵　打造互动式春晚

（一）综合性渠道助力春晚传播

过去，春晚主要将电视直播作为仪式化传播的方式，营造一种“共同在场”的“文化场域”。[③]当电视观众围坐在客厅观看春晚时，感受到的是“天涯共此时”的心情，客厅是春晚观看的主要场景。处于主导地位的春晚创造了一种“共同体”，连接的是个人情感与公共情感，春晚提供了这种家庭连接于国家的宏观叙事感受，主要发挥的是政治宣传调

① 王闻道．高科技创新和节俭精神打造的视觉盛宴——记2013年CCTV春节联欢晚会舞美设计[J]. 当代电视，2013（6）：90—91.

② 刘畅．央视2013年春晚视频系统特点及技术应用[J]. 演艺科技，2013（3）：43—47.

③ 赵红勋，赖黎捷．论电视媒介的仪式传播功能——以央视“春晚”为例[J]. 东南传播，2011（5）：74—76.

图 4-8　2013 年央视春晚歌唱节目《嫦娥》

控、文化展示传播和主流价值引导的传播功能[①]。

随着时代的更迭和互联网媒体的成长，电视不再是春晚唯一的播送渠道，互联网逐渐淡化了春晚的仪式化传播，新媒体与传统媒体并行传播，受众观看春晚的选择更加自由灵活。据中国互联网信息中心发布的数据，至 2010 年 6 月中国网民规模达 3.84 亿人，互联网普及率持续上升增至近三分之一，手机上网成为当时新的增长点。春晚作为全民联欢的重要盛会，开始面对不断增长的网民群体。早在 2008 年，北京电视台的线下活动板块“我要上春晚”就利用网络新浪博客和贴吧进行推广。2010 年央视春晚第一次实现了多语言的高清直播，同时电视观众还可通过 CCTV 手机电视与 CMMB 手持电视同步观看春晚直播。

① 金玉萍 . 解读二〇〇九年央视春晚——国家认同建构的视角 [J]. 新闻传播, 2009 (6): 101—102.

2010 年北京卫视打造了网络互动春晚，时间上比央视更早，却获得了3% 的收视率和全国同时段收视第五的好成绩，这得益于其一系列试水措施，例如，开通新浪网视频板块，作为春晚直播的网络平台；与移动通信公司达成合作关系，用户可以通过 BTV 手机视频免费收看春晚节目的直播等①。在随后的 2011 年，央视、山东卫视和青海卫视纷纷入局网络春晚的布置当中。以央视网络春晚为例，其从 2 月 3 日大年初一至 2 月 8 日初六共播放六场，从传播渠道来看，2011 年网络春晚除央视综艺频道之外，主要在中国网络电视台、手机 IPTV、公交移动电视、搜狐网四大平台进行播出，融合了网络媒体和传统媒体，形成了较完善的带状春晚传播群②。随后，新媒体平台的兴起助推了互联网 2.0 时代传播方式的多样化，更多的春晚开始拓展新媒体介质，丰富春晚立体传播矩阵。如 2012 年北京卫视的环球春晚，在重视官方权威媒体之外，利用好世界主流媒体资源，邀请驻京外媒现场报道，在春晚的前、中、后期攻占手机报、门户网站、专业网站和微博等新媒体平台的传播主动权。在 2013 年，各台春晚进一步深化春晚的新媒体传播，例如 2013 年卡酷动画春晚首发卡酷动画 App，在移动客户端宣传方面占据先机，同时继续充分调动腾讯、新浪、搜狐等门户网站，地铁电视、移动电视、城市电视等渠道扩大宣传优势。2013 年的央视春晚也在宣传上比往年成效更大，通过电视口播、二维码等方式推介移动客户端，对“央视网络春晚”和“央视春晚”进行打包宣传，此外还将春晚中的公益网广告《回家——迟来的新衣篇》《美丽中国篇》移植到网络平台，获得超过 100 万次的播放量和单条微博阅读超过 200 万人次的成绩③。可以说，那

---

① 金山 .2010 年 BTV 网络互动春晚的启示 [J]. 传媒观察，2010（4）：10—12.

② 张健，李爽 . 网络“春晚”：对传统电视“春晚”模式的解构 [J]. 中国电视，2012（2）：21—24.

③ 朱真铁 . 以高度的文化自觉和文化自信办好央视春晚——2013 年央视春晚关于艺术与技术融合的思考 [J]. 现代电视技术，2013（8）：128—132.

个时期的春晚在利用新媒体平台扩散力的同时，发挥传统媒体受众基础优势，在整合传播资源、扩大品牌宣传等方面都有较好的推进作用。

（二）实时互动打造陪伴式春晚

互联网用户既是传播内容的消费者也是内容的生产者，网络媒体平台在弱化春晚直播形式的仪式感的同时，也为其提供了互动性和陪伴感，以更近的距离贴近受众的生活，让受众变成了春晚创作的重要一环。面对个性化和多元化的诉求，2010 年北京卫视的网络互动春晚注重构建立体化网络传播渠道，突出与网友的交互性，为此专门设置新浪网第二演播室，并与新浪博客、微博之间实现联动，发动“网络拜年”“网络许愿墙”“春晚朋友圈”“网络红人投票”等在线问题互动，另外还有建立新浪虚拟空间鼓励种植“许愿树”，向世界华人征集新年心愿等活动[①]。此时的春晚受网络文化及其互动方式的渗透，在传播渠道和网民互动上小试牛刀，扩大了一定范围的影响力。随后，2011 年央视的网络春晚不仅从内容风格上贴近网络用户群体，更是将互动形式融入节目内容之内，网络观众直接成为表演者，不同于传统晚会事先安排好的规定环节，网络春晚观众可以通过微博和短信留言方式进行实时拜年，而且可以“穿越”网络，与现场表演者实时共同表演，例如歌唱节目《大中国》《千里之外》的演绎方式，都是通过隔空对唱或合唱方式完成的[②]。在 2012 年北京卫视环球春晚，节目组还大胆运用微博互动和微直播等形式加强临场互动的实感，完成了一个相对完善的传播闭环[③]。2013 年，新媒体的互动方式应用更加充满人情味，为了提高听障朋友的春晚观看体验，央视春晚在延续以往“无障碍网上直播活动”之外，

---

① 金山 .2010 年 BTV 网络互动春晚的启示 [J]. 传媒观察，2010（4）：10—12.

② 张健，李爽 . 网络“春晚”：对传统电视“春晚”模式的解构 [J]. 中国电视，2012（2）：21—24.

③ 马嘉 .BTV 环球春晚的创新之路 [J]. 东南传播，2012（4）：128.

首次加入网友互动环节，邀请85万热心网友在春晚直播中为听障朋友送去关心和祝福，这是春晚真正实现陪伴意义和情感支持的体现①。

此外，一些春晚还结合相关节目、路演活动等与受众进行相互交流，从与民间互动中采纳创意。例如2011年9月央视春晚采取了一项突破创新，在晚10点播出长达15分钟的《我要上春晚》，在12点后档播出的《非常1+1》，构成主打“草根”牌的节目矩阵，将网民受众的关注焦点作为春晚议题选择的重要参考②。另外，像2013年的卡酷动画春晚也采取了这种方式，开展“团聚”照片征集活动、节日形象网上涂鸦、“掌上好节”移动终端游戏三个线下宣传活动，调动观众的参与热情，形成了对于春晚的期待。当然，这些活动均与网络社区互动相结合，在线上线下形成多轮热议话题，在舆论互动中形成更有效的传播。

三、春晚中的广告变革

（一）植入式广告成为春晚主流

春晚与广告一直有着很深的渊源，自1983年央视举办首届春节联欢晚会以来，“春晚”便以规模之大、观众之多、影响之深，受到越来越多广告商的青睐，广告也自然成为了春晚的主要盈利方式。据媒体报道，自从央视春晚举办以来，广告收入一直呈直线上升的态势，2009年接近5亿元，2010年超过6.5亿元②。

纵观我国三十多年来的春晚广告史，春晚中展现的广告不仅仅体现在数量的增多上，广告的表现形式与类型也逐渐丰富多样，其中植入式

① 央视网.2013央视春晚无障碍直播筹备中 互动环节引关注，http://igongyi.cntv.cn/20130209/102369.shtml。

② 央视春晚广告收入创新高 零点报时10秒5千万，https://finance.qq.com/a/20100208/002210.htm。

广告更是成为春晚中的常客，尤其在语言类节目中最为多见。此外，春晚也开始对公益广告进行了初步探索。

植入式广告作为一种新颖的营销方式，近年在我国得以快速发展。植入式广告（Embedded Advertisement），又被称为植入性营销，是指厂商将商品或其他具有代表性的符号、品牌、服务等有意且不醒目地加入任何形式的传播媒体中，以达到宣传效果，同时传播媒体可因此获得相当的对价①，以潜移默化、隐秘性、强针对性的特点成为了不少广告主的首选。随着植入式广告的不断发展，广告主也开始将广告投放的目光从电影、电视剧转向娱乐节目中。而一年一度的春节联欢晚会尤其是央视春晚，作为十几亿华人共同期待的文化节目，具有庞大受众群体、精准到达率与高广告持久性等得天独厚的传播优势，更是成为不少广告主的必争之地。历年来，春晚尤其是央视春晚中常见的植入广告表现形式大概分为以下几种。

一是通过企业冠名的形式出现。比如零点报时冠名，由于我国春节有守岁的传统习俗，因此零点报时作为央视春节联欢晚会中的重头戏，是所有观众最为关注的看点之一。广告表现形式为在报时钟画面上，出现冠名企业的名称，同时配有主持人“某某集团为您报时”的播报。此外，央视还通过举办“我最喜爱的央视春晚节目”评选活动来植入企业的独家冠名。相较于央视春晚的公共性、公益性与特殊性，卫视的春晚在冠名方面则显得比较简单直白，以湖南卫视的春节联欢晚会为例，2011 年的春晚由“金立”独家冠名播出，2012 年的春晚由“美肤宝”独家冠名播出，2013 年的春晚由“王老吉”独家冠名播出。

二是通过语言形式植入，其中包括了主持人台词植入与节目台词植入。主持人台词植入主要是在春晚特定的时段由主持人播报企业拜年贺电，诸如“某某企业向全国观众拜年！”。而节目台词植入则是春晚中

① 李剑 . 植入式广告的法律规制研究［J］. 法学家，2011（3）: 62—73+177.

广告植入最为常见的一种形式，大多出现在以小品、相声为代表的语言类节目中。其中最有代表性的便是2010年央视春晚小品《捐助》，在台词中十分明显地植入了三个品牌的广告，数次提到了“搜狐视频”与“搜狗输入法”“国窖1573”“海南三亚”这些词汇。台词植入在相声节目中也较为频繁，如2009年央视春晚姜昆的相声节目《我有点晕》中，提到“招行卡，一刷就行了”“百度一下，你就知道”；2009年央视春晚的群口相声《五官新说》更是在一段相声中连带出了三个酒类名称，“喝二锅头的礼拜二走，喝五粮液的礼拜五走，喝金六福的只能礼拜六走”。地方台春晚方面，语言类节目里的植入式广告更是较为随意，屡见不鲜，如湖南卫视2010年的春晚相声节目《蚊如其人》中，大兵便多次提到了自己代言的产品“雅格电蚊拍”。

三是通过实物形式植入产品，作用于观众的直观视觉感受。如2010年央视春晚，在小品《五十块钱》中，男女主人公围裙上明显的带着“鲁花”二字，而桌子上也放着“鲁花”牌花生油；小品《捐助》中主人公出场提着用来感谢恩人的白酒“国窖1573”；还有小品《家有毕业生》中，镜头甚至足足给了主人公手上提的“洋河蓝色经典”手提袋大约四秒钟的特写。除了语言类节目外，在刘谦表演的魔术类节目中，台下嘉宾桌子上摆放的“汇源”牌果汁也十分抢眼；甚至连歌舞节目《拍拍拍》中，伴舞演员手中高举着“佳能”牌相机也成了引人注目的植入式广告。

四是通过剧情和主题植入，将广告作为剧情的一部分。如2011年湖南卫视春节晚会中，由赵本山团队带来的小品《约会象牙山》，便以湖南卫视当时的相亲节目《我们约会吧》为背景，甚至在小品中多次提到了《我们约会吧》节目中的相亲规则，无形中宣传了这一节目，但也被网友痛批其“更像是《乡村爱情》与《我们约会吧》互相吹捧的广告推介会”。无独有偶，2010年央视春晚中的小品《家有毕业生》，也被网友诟病疑为土豆网量身定做的小品，台词植入痕迹明显，诸如“土豆，一切皆有可能”“土豆恒永久，一颗永流传”等。相比之下，同年央视春晚小品《一句话的事儿》，虽然节目中似乎没有出现任何广告的影子，但小品中主人公使用的“夏普”手机由于具有独特的广告属性，能够推动故事情节的发展，反而吸引了观众们的注意力，成为了节目后大家的讨论话题。

（二）观众褒贬不一，植入式广告引发争议

植入式广告的目的具有向善性，广告商植入广告的欲求是善的，因为追求商业利益符合商业逻辑，也符合人类社会的整体利益。[①]春晚作为一年一度华人期待的年度文化盛典，影响力空前，具有超高的人气与关注度，因此作为春节期间传播效果最好的媒体，春晚成为各大广告商的必争之地，在春晚中植入广告能够很好地提高品牌知名度、加深观众的品牌记忆、加大网络讨论热度。而就春晚节目组来说，举办春晚在丰富全国民众春节文化生活的同时又能获取经济收益，不失为一种双赢的选择。此外，对于春晚的表演者和创作者，植入式广告并非是直接地生搬硬套，而是需要将品牌或产品融入到要展现的剧情中去，需要节目的创作者付出一定的创意，从而达到对品牌、电视台、节目组、表演者而言多赢的效果。因此，从这个角度上来说，植入式广告也并不违反伦理准则。

但不可否认的是，近年来一些植入广告生硬地嵌入内容中而遭到了广大网友所批评、抨击，像 2010 年的央视春晚，植入式广告由于出现次数频繁、缺乏创意，备受诟病，成为典型负面例子，引起了多方的关注。根据新浪网的一项春晚网民满意度调查显示，2010 年虎年春晚网民投票满意度相当之低，有 11% 的网民投票为“好”，满意度刚超过 10%[②]，遭到网友“疯狂批判”，招致舆论的不满。其中最大的一个原

① 刘海明，王欢妮．论电视晚会植入式广告的伦理规范——以 2010 年“央视春晚”为例［J］．西南科技大学学报（哲学社会科学版），2010，27（4）：75—78+96.

② 虎年春晚 让我们品出了多少滋味．中国文明网，http://archive.wenming.cn/yyf/2010-02/23/content_19074957.htm。

因便在于网民对于植入式广告的不满，简单粗暴且数量众多的广告植入不但冲淡了春晚以往的年味氛围、极大伤害了观众的情感、降低了观众期待值，不少媒体如新华网、《南方日报》等也发出了“广告里插播春晚”“看的不是春晚是广告”等尖锐批评。从出发点来说，植入式广告本应该达到多赢的效果，那么为何在春晚中的植入式广告会引起诸多争议甚至遭到各界的批评呢？

首先，当春晚中植入式广告的数量愈来愈多，商业气息太过浓重时，它是与春晚公共性、公益性的定位相违背，自然会引起观众反感。据不完全统计，仅 2009 年的央视春晚的植入式广告就高达几十个品牌，在准点报时和拜年时段由主持人说出的品牌更是高达十几个。而在 2010 年央视春晚中，广告数量更是“创出新高”，广告分布密集，备受非议。其中植入的主要广告涵盖了“搜狐”“国窖 1573”“洋河蓝色经典”“汇源”“鲁花”“中国平安”“夏普”“佳能”等品牌。甚至在小品《捐助》中，几位表演者对“搜狐视频”和“搜狗输入法”的提及次数不低于 10 次，时间共长达约一分钟之久。过多的植入式广告不但破坏了节目的艺术性，更重要的是，使原来令人期待的公益性晚会充满了商业气息。在此背景下，央视就曾表示 2011 年春晚将杜绝广告，2012 年的央视春晚也宣布努力实现“零广告”。

其次，植入式广告表现方式直白生硬，广告与节目未能有机融合，影响观看体验，带来观众反感。植入式广告与以往传统意义上的广告相比，最大的特点与优势便在于其隐蔽性，然而在具体的实践中，不少植入式广告由于表现得过于生硬，生搬硬套，没有与作品紧密结合，使得广告意图十分明显，甚至会给观众带来一种为广告量身定制节目的错觉，大大降低了节目的审美意味。例如在 2010 年央视春晚小品《捐助》中，经济困难的单亲母亲却突然给恩人送上价值几千元的白酒“国窖 1573”，并紧接着对该酒进行介绍；记者屡次提到自己来自搜狐，教大家如何使用搜狗进行搜索等，情节粗糙且唐突，与日常生活完全不符，节目商业气息浓厚，不少网友表示一眼便看出其中的广告。盲目生硬的广告植入方式将广告与艺术本末倒置，不仅损害了节目的艺术质量，还导致了观众强烈反感和抵触，伤害了观众感情，进而不利于春晚的口碑维系，有悖于基本的职业伦理。

当然，事无绝对，从春晚中因植入式广告而遭受的批评可以看出，春晚植入广告并非不可行，问题就在于该如何更好地植入。把握好植入式广告的分寸、融入剧情、注重创意，那么植入式广告对电视晚会、品牌和观众来说其积极意义都将大于消极意义。

一是要把握好植入式广告的分寸。植入式广告本身就是艺术与商业之间的一个妥协的产物，因此需要在两者之间找到一个平衡点。把握植入式广告的分寸，除了控制一场晚会和某次节目中广告的数量之外，还要坚持艺术第一广告第二的原则，既要掌握好“量”的控制，也要注重“质”的提升，将两者把握得恰到好处。

二是广告植入要与剧情自然融合。为了满足观众的审美需求，植入式广告需要通过艺术性的植入，与节目内容情节融合；若生硬植入，不仅违背美学原则，而且会使广告与节目作品不能自然融合甚至脱节，整个作品与广告的效果都会同时大打折扣。植入广告必须符合节目的情节和道德常识，广告不能凌驾于节目之上，要让受众自然接受广告信息。媒体只有从产品自身的特点出发，来判断其适不适合植入，怎样植入才能取得良好的广告效果。另外，广告植入应满足审美要求。如果将显性广告比喻成“暴风骤雨”的话，那么植入式广告就应该“润物细无声”[①]。比如对于春晚中的小品类节目来说，还可以将被植入广告的产品做成小“包袱”，既有笑点，也有卖点，通常观众对“包袱”的印象也比较深刻，广告效果也较好[②]。

---

① 赵靓，王勇．广告如何植入——从虎年春晚植入式广告遭遇质疑说起［J］．新闻世界，2010（7）：134—136.

② 朱秋霞．今年央视春晚的植入式广告［J］．新闻爱好者，2010（14）：38—39.

注重创意，才能开创广告植入的新形式。创意是广告的灵魂与生命，相对而言，春晚由于时长和节目种类的限制，适合植入广告的节目形式有限，因此产生了往年植入式广告在语言类节目中扎堆的现象。同时，观众也对语言类节目中存在的植入式广告产生审美疲劳，传播效果并不佳。从某种程度上来说，2010 年央视春晚中的歌舞《拍拍拍》算是一种新的植入广告形式的探索，通过主题植入，为广告商设计特定的节目形态，找出一种适合进行广告植入的新形式，既丰富了节目类型，也增加了可以进行广告植入的手段[①]。

（三）春晚探索展播公益广告

2013 年的央视春节联欢晚会，与以往又有新的不同。整场晚会中插播了两支公益广告片，在节目中插播公益广告是央视春晚开播三十一年以来的首次尝试，显得十分特殊又充满人情味。第一支是在有农民工题材有关的小品《大城小事》之后播出的《回家——迟来的新衣篇》，讲述了在广东打工的一群农民工骑摩托车回老家过年的真实故事；另一支公益广告是《风光篇》，出现在歌曲《美丽中国》之前，展示的是祖国的大好河山与现代文明，同时为歌唱节目做了良好铺垫。

2013 年的央视春晚，是公益广告与晚会结合的良好开端，此后央视春晚插播公益广告已成固定单元，不少卫视春晚也纷纷借鉴公益广告的模式，在晚会中插入公益宣传片，如湖南卫视、北京卫视、东方卫视等，同样收到观众一致好评。这显示出电视台与春晚节目组在春晚的商业化运作中仍然保持着春晚的公共属性，坚持着晚会的公益底线，彰显社会责任。

从传播效果看，大家对春晚插播公益广告赞不绝口，获得了大量网友的支持，不少网友均希望能够一直坚持下去。清华大学新闻传播学院

① 韩佳．植入式广告在央视春晚中的运用——以 2010 年中央电视台虎年春节联欢晚会为例［J］．黑河学刊，2010（6）：31—32.

尹鸿教授也对2013年央视春晚首次插播公益广告表示肯定，“这两条广告在春晚的播出，既是公益文化传播的最大化，体现了央视作为国家电视台应该有的担当和责任，同时也体现了借助公益广告来塑造中华民族核心价值观的意识和自觉——家国一体、精神家园与美丽中国融为一体。”① 中央电视台广告经营管理中心副主任何海明也表示，“公益广告第一次上春晚，我作为一名广告人很兴奋。公益广告的加入，让蛇年春晚的形式和内容更加新颖和丰富，也产生了良好的社会价值。广告播出后观众和网友的反馈也表明，只要广告好，大家并不反感”。②

春晚作为万众期待的一年一度的大型联欢晚会，既体现了中国传统春节文化的延续，也随着媒介新技术发展让电视文艺形态更加丰富多彩形成新的电视文艺产品。而广告作为社会经济发展的一个重要标志，与媒体息息相关，密不可分。所以，在春晚中出现广告是无可厚非的，并且从媒体和网友的批评声中我们也可以看出，大家所关心的并不是春晚中“是否存在广告”，而是春晚中的广告该如何与节目自然地融合、符合整场晚会的调性，怎样做才能尊重观众的审美并提升观看体验等问题。因此，面对观众对于春晚的批评，我们不必“因噎废食”完全地取消春晚中的广告，而应该总结经验教训，不断改进推陈出新，以此实现春晚的艺术价值和商业价值的双赢。

2013年1月，国家新闻出版广电总局下发了《关于节俭安全办节目的通知》，要求包括春节晚会在内的节日广播电视节目要坚持以人民为中心的创作导向，在思想性、艺术性、观赏性统一上下功夫，不要讲排场、比阔气、拼明星；要提倡节俭简约朴素大方的艺术风格和舞台效果，不要一味追求舞美灯光炫目、服饰道具奢华；要削减不必要的项目，压缩不必要的开支，把节约的资金用于提高节目水平、资助公益

① 公益广告是春晚的一大亮点，http://1118.cctv.com/20130216/102409.shtml。

② 央视蛇年春晚31年来首次插播公益广告获好评，https://ent.qq.com/a/20130210/000133.htm。

事业，为形成勤俭节约良好风气发挥引领示范作用。2013 年 8 月，中宣部、财政部、文化部、审计署、国家新闻出版广电总局等五部委又联合发出通知，进一步重申、强调了制止豪华铺张，提倡节俭办晚会的要求。2013 年 10 月，国家新闻出版广电总局再次下发通知，确定了 2014 年上星综合频道调控政策，针对电视晚会，提出了原则上重要节假日每天不得超过三档晚会的具体要求。

节俭办晚会并不是封杀晚会，而是促进其更加健康有序地发展，使之回归到应有之义。通过政策的引导、调控，以往过多过滥的晚会数量大减，不仅节约了大量资源，而且使疯抢明星、哄抬价格的现象随之降温，打压了奢华之风和攀比心态，避免了过度娱乐化、商业化等不良趋势。

第五章

转型中求变：融合时代的新春晚

（2014年至今）

进入新时代，随着“讲好中国故事”的理念逐渐深入人心，春晚在创作导向上也越来越明确：在贴近百姓生活、抚慰百姓情感、赞美百姓品质的同时，“歌颂美好新时代，传播中国好故事”成为共识。无论是央视还是地方省级卫视，其在具体的节目策划中都非常注重从新时代里日新月异的生活出发，探寻美好的人和事物，让那些反映中国新生活、展现中国新面貌、传达中国新风尚的好故事，可以在每一年春晚的舞台上持续被讲述。在节目形式的设计上，春晚也是大胆革新，或借助于怀旧元素，让几代观众心目中的经典荧幕形象在春晚中“再聚首”；或借助于新技术，用科技的力量点亮传统艺术表现力；或借助于品牌节目的影响力，在春晚舞台上进行衍生创作。此外在注意力稀缺的当下，各台春晚也是借助于社交媒体进行播前预热以此制造悬念、进行碎片化传播以此满足受众或用户的接受心理、进行花絮内容的重新剪辑与播出以满足观众多角度全方位了解春晚台前幕后的收视心理。春晚已经显然不再是一台普通的综艺晚会，它成为了新时代的新民俗，成为全世界中华儿女同时表达家国情怀的重要符号象征。

第一节　创作导向：以人民为中心　温情讲述新时代的中国故事

近年来，“讲好中国故事，传播正确价值观”的理念已经渗透在各个类型节目的制作中。“讲好中国故事”，既是对当下百姓收视需求的积极回应，同时也是践行媒体责任，发挥媒体功效的重要表征；“传播正确价值观”则是“讲好中国故事”的终极目标。作为辞旧迎新的重要载体，春晚是一个特别适合讲故事的舞台，它既可以对过去这一年中我国社会在改革、创新与发展方面的累累硕果进行总结，也可以对过去这一年中的好人好事进行讴歌与赞扬。这些值得歌颂的人与事，既可以用歌曲、小品、相声等艺术手段进行包装传播，也可以由主持人或是当事人亲自诉说来传递。在春晚的舞台上，通过对那些可歌可泣的故事传递，不仅践行了国家层面要求的“以人民为中心”的文艺创作导向，更是可以借此让更多温暖人心情感在阖家团圆的节日氛围中得到升华与传递。

以人民为中心的创造导向　艺术化讲述可歌可泣的中国故事

党的十八以来，习近平总书记围绕着如何繁荣发展社会主义文艺这一问题，提出要“以人民为中心的创造导向”。这一要求既是对之前文艺创作存在问题的一种揭示，同时也为广大文艺工作者的内容创作与生产指明了方向。在具体落实“以人民为中心的创造导向”的要求过程中我们不难发现：春晚绝对是讲好中国故事的绝佳舞台。因为每一年的春晚不仅仅是一个有品质、有营养、有温度、有娱乐的综艺晚会，它更是可以让观众借此机会回望过去、思考意义、树立信心、展望未来。观众进入到了一个特殊的充满强烈仪式感的时空中，在各种艺术手法集中展示的过程中实现了观照自我、观照他人、观照社会、观照国家的积极效果。而实现上述积极效果的重要策略就是用故事化的手段呈现过去这一年中代表性的人与事。虽然每一年都有很多感人的故事发生，但是并非所有的故事都需要借助于春晚的舞台被传播。通过观摩近年来央视与省级卫视春晚后不难发现：那些在晚会上被讲述的故事，几乎都与当年的国家主题遥相呼应。除此之外，与重大突发事件有关的故事、普通人不平凡的故事、海外华人的故事、能串起人们美好回忆的故事、大国工匠与文化传承者的故事等，也都被娓娓道来，感动观众，温暖观众。

（一）讲述与“脱贫攻坚　全面建设小康社会”有关的中国好故事

在近年来的春晚中，有相当一部分故事都是围绕着“全面建设小康社会，实现中华民族的伟大复兴”这一时代主题而展开，所以在春晚小品创作中，讲述扶贫干部与村民之间的感人故事几乎成为各个春晚创作的重点。

在安徽卫视2018—2020年的春晚中都有扶贫题材的小品创作。2020年我们看到了《点灯》这个节目，它讲述了基层扶贫干部刘双燕书记舍小家为大家的奉献故事。任期已经满6年的刘双燕原本要离开朱集村了，面对乡亲们依依不舍，虽然愧对自己的丈夫与女儿，但是刘双燕毅然决然地决定继续留在朱集村与乡亲们并肩战斗。朱集村的路灯如约亮了起来，但是刘双燕用她的无私奉献更是温暖了每个人的心田。在安徽卫视2019年的春晚舞台上，小品《在灿烂阳光下》也讲述了扶贫干部与村民之间的感人故事。面对即将卸任的李书记，三位村民代表在老支书的带领下来到李书记住处，想送给李书记一些礼物以表示对他的感谢。在这三位村民与老支书的交谈中，观众既对他们的过往有了清楚的认知，更对李书记如何苦口婆心规劝懒汉、想方设法帮助村民的点点滴滴举动有了更加深刻的了解。最动情也最让人揪心的故事是在挖井的过程中李书记身负重伤，但是依然坚守岗位不辞辛劳。村民们本想送送李书记但是李书记却提前离开，言简意赅的一封信却意味深长，让人动容。在《吃水不忘挖井人》的背景音乐中小品结束，故事的情感表达也得到了强烈升华。2018 年安徽卫视春晚以扶贫为创作题材的小品《扶贫轶事》，讲述了扶贫干部王宽妻子因为一场误会而对丈夫大发雷霆，但是在经过劝导后，妻子终于理解了丈夫的扶贫工作属性与对象，而王宽那句“扶贫不是给点钱给点物就行了，我们得想办法让那些贫困的乡亲们的这儿（心）有盼头”更是获得了雷鸣般的掌声，该小品播出后在互联网上获得了很多年轻人的好评。

东方卫视因创作公益类真人秀节目《我们在行动》而获得了观众的喜爱与称赞，主流媒体《人民日报》就称其“不仅以节目形态呼应精准扶贫这一国家战略，更是在实践中贯彻扶贫先扶志，扶贫必扶智的理念”。[①] 节目从开播至今一直都有着良好的口碑，因此在 2020 年东方卫视的春晚中，由蔡国庆、宋晓峰、杨树林和陈蓉表演的小品《我们在行动》就延续了节目中的扶贫思想，艺术化地创作了一个“精准扶贫过程中尴尬相亲”的故事。作为《我们在行动》的主持人，陈蓉是准备要去宋晓峰家采访的，但是被其误认为是自己的相亲对象。在一问一答中，误解不断加深，尴尬油然而生，笑料层出不穷。最后误会还是由村长解开，陈蓉也见缝插针告诉宋晓峰科学养殖荷兰兔可以发家致富的信息。小品在《365 个祝福》的歌声中结束，尴尬相亲被化解，勤劳致富的理念被强化，美好的明天也让观众无限憧憬。而在小品结束后，主持人陈蓉又请上来一组嘉宾讲述发生在他们身上的故事：东方航空的飞行员和超提到自己是在上海支教老师的帮扶下实现了 15 年前儿时的梦想；四

① 《〈我们在行动〉构建扶贫公益生态》，搜狐网，https: //www.sohu.com/a/368387075_114731。

位藏族空姐是通过职教联盟与劳务协作而成为了东方航空的空乘人员。从和超与四位藏族空姐的故事中我们看到了精准扶贫与异地就业扶贫的重要成效，它让有梦想、爱拼搏的人可以飞得更高更远。而上海市第九人民医院的“医疗帮扶”则让云南患有先天性听障少女罗开玉重新回到了有声世界。上海市的援外干部在春晚现场也喊出了与扶贫地区人民一起“携手奔小康　奋进新时代”的响亮口号，着实振奋人心。正如有评论指出：通过请这些奔走在建设小康路上的代表们诉说他们的故事和心声，更深度地展现幸福奔小康、奋进新时代的时代精神，为所有奔跑在小康路上的追梦人加油鼓劲。①

浙江卫视 2020 年的春晚也选取了本省中与扶贫攻坚有关的感人故事。在 2019 年，浙江援藏助力对口支援的那曲市三县区实现了全部脱贫，在这可喜成绩的背后，离不开无数浙江援藏干部人才的辛苦付出。在春晚节目中，援藏干部吴晗鹏医生讲述了援藏经历。她所工作的地区是西藏的色尼区，其平均海拔已经超过了 4500 米，最冷的时候可以达到零下 40 摄氏度。吴医生讲述了自己对孩子的思念，对家人的感谢，也表达了浙江援藏干部对口支援西藏的坚定决心。虽然是简短的采访，但是从主持人与吴晗鹏医生的对话中，观众能够真真正正感受到浙江省脱贫攻坚的累累成果，浙江卫视春晚也借此机会向无数坚守在脱贫战场上的浙江人致敬。

江苏卫视 2019 年春晚节目也创作了一个跟扶贫有关的小品《幸福牛家村》，这个小品同样也是讲述脱贫致富的故事。张小斐饰演的张小霞与何欢饰演的牛成群是县里的养猪能手，但是一开始他们有私心，不愿意分享自己的养猪经验。正当他俩与书记意见分歧较大时，儿子的到来以及苦口婆心地劝说让他们终于愿意加入养猪专业链，进而为家乡多做贡献。这个小品不仅人物形象鲜明，语言风趣幽默，矛盾冲突集中，

① 彭锦:《东方卫视春晚：讴歌大时代 抒写大情怀》，《中国广播电视学刊》2020 年第 3 期。

同时也传播了正确的脱贫建设观，即“先富起来的人要支持脱贫政策，不仅需要依靠国家政策支持，更需要处在脱困线上的人们自发自觉，互帮互助，脱贫攻坚人人有责”。[①]

辽宁卫视的春晚语言类节目一直备受观众的喜爱与期待。2020 年辽宁卫视的春晚舞台上，很多语言类节目都是以普通百姓的真实生活为基础进行的艺术创作，观众耳熟能详的那些普通基层工作者，如外卖小哥、消防员、扶贫干部等均成为创作对象，《乡村趣事》也是一个聚焦扶贫的小品。虽然表演者口中提及的扶贫干部张大姐并没有在小品中出现，但是一个尽职尽责、爱岗敬业的扶贫干部形象却打动了荧幕内外的观众。

从上述列举的以扶贫为创作主题的代表性作品中不难看出：紧扣社会发展脉络、紧密追踪时代焦点、敏锐捕捉典型人物、生动呈现人物品质，以小见大反映国家新风貌成为讲好扶贫故事的核心要义。

此外由于 2020 年 1 月新冠肺炎的爆发让一场抗疫阻击战在神州大地突然打响，无数医务工作者奔赴第一线进行生死营救，因此通过艺术创作唤起抗击疫情的斗志，让平凡又伟大的战疫故事产生强烈的共鸣效果也成为 2020 年各台春晚的重要亮点。

（二）讲述与“抗击新冠肺炎疫情”有关的中国好故事

2020 年央视春晚舞台上，由白岩松执笔，欧阳夏丹、贺红梅、康辉、水均益等人带来的情景报告《爱是桥梁》让人泪奔，央视主持人们声情并茂地讲述着在抗击疫情一线上的动人故事，央视春晚也借此向奋战在战疫一线的白衣天使们表达最崇高的敬意。

同样在 2020 年 1 月 25 日播出的北京卫视春晚中，诗朗诵《我们的力量》便传递出首都人民对武汉的牵挂。7 位北京电视台的主持人用

---

① 《张小斐携团队登江苏卫视春晚 上演〈幸福牛家村〉获好评》，https://www.sohu.com/a/293540174_162522。

真挚的情感表达了对奋斗在一线的医务工作者的崇敬，用铿锵有力的话语鼓励感染者战胜病魔。《春满东方 · 2020 东方卫视春节晚会》也增加了跟战疫情有关的诗朗诵节目《因为有你》，浙江卫视 2020 年春晚也是临时调整原有的节目编排，新增了疫情防控情景朗诵节目《心手相连众志成城》。

无论是哪一台春晚中的朗诵，画面中医务工作者奋不顾身、奔赴一线的场景都让人肃然起敬，超强工作负荷后的疲惫面容都令人心疼不已，与患者一起抗击疫情的斗志都能凝心聚力、鼓舞人心。在危急时刻，作为全国观众颇为关注的各台春晚节目，能够审时度势改变原有编排计划，临时增加抗击疫情的节目内容，这充分显示了广电媒体的社会责任担当，也体现出在“以人民群众为创作导向”的理念下，春晚作品

图 5-1　2020 年北京卫视春晚《我们的力量》

释放出强大的情感交流与互动能量的巨大潜力。虽然作品形式非常简单，加工润色也不一定完美，但是朗诵者感情真诚并成功促使观众产生了共情效果，这些临时起意后创作的作品真正实现了以情感人、以情动人、因情而动的艺术传播效果。

（三）讲述普通老百姓的真实故事

各台春晚在坚持与突出“以人民群众为中心”的创作导向时，都力图深挖普通群众的好故事，一系列来自各省份那些真实、亲切、感人又接地气的故事被艺术加工后搬上了春晚的舞台。

例如浙江卫视 2020 年春晚就以访谈的形式讲述了 2022 年杭州亚运会场馆建设者尹硕与妻子的爱情故事。尹硕是杭州亚运会射击射箭现代五项馆项目的一名施工员，在春晚现场他向观众展示了一个自己的时间账单以此来向妻子表达爱意，虽然聚少离多但是这丝毫不影响这对“90 后”小夫妻的甜蜜爱情。虽然是短短的访谈，但是有限时间内的质朴言语让观众强烈感受到：那些为杭州亚运会建设默默做出贡献的普通基层工作者是值得全社会赞扬与歌颂的。

而注意挖掘身边事、留意身边人、歌颂新时代建设者的理念也体现在安徽卫视的春晚节目中，那些做出不凡举动的百姓英雄便成为整台晚会的焦点之一，如安徽省第一位开民航飞机的女飞行员顾新悦、获得全国特级优秀人民警察称号的陈三喜、2019 年感动中国候选人物叶连平老师、在新中国成立 70 周年阅兵式上飒爽英姿的女兵侯安平，等等。每一位百姓英雄都在自己的工作岗位上勤勤恳恳、忠于职守、尽职尽责。尤其是已经 92 岁高龄的叶连平老师目前依然坚守三尺讲台义务为乡村的留守儿童补课，老人家设立了奖学金并累计资助贫困留守儿童 177 人。全场不仅为老人的无私举动而鼓掌叫好，更为老人的高尚境界由衷感动。晚会选择了典型人物，讲述了发生在他们身上的不凡故事，这从某个层面也说明了正是由于各行各业的艰苦努力、拼搏奋斗与无私奉献，我们才有了文化上的延续、生活中的安定、经济上的富强、科技上的进步与国防力量的雄厚。

江苏卫视的春晚节目也通过主题策划的方式讲述普通人的奋斗故事。在2018年的春晚舞台上，江苏卫视别具匠心地设计了“我们的十八岁”这一单元。晚会请来了四位“青春分享者”以时间为线讲述属于自己的时代芳华：在1978年改革开放之初，清华大学的教授田薇与600万莘莘学子一起踏入高考考场，为自己的梦想努力；1988年中国原子能科学研究院的总工程师张东辉年满18岁，那时候中国的核能也才处于起步阶段；1998年长江流域的洪涝灾害肆虐半个中国，刚刚满18岁的战士梁爽在大堤上已经奋战了40余天；2008年举世瞩目的奥运会在北京召开，18岁的举重小将龙清泉夺得奥运冠军。晚会巧妙地以个体回忆的方式串起了国人的集体记忆，在四位“青春分享者”的讲述中生动再现中国改革开放四十周年取得的伟大成就。

同样在陕西卫视的春晚中，那些成为陕西名片的普通人，如大唐不夜城的“不倒翁小姐姐”冯佳晨、兵马俑的“网红”导游冰蛋等都成为了晚会的主角之一。这些在陕西扎根与生活工作的普通人，正是凭借着自己对故乡的眷恋和对工作的热爱，才在自己本领域中锐意进取、不断创新，从而使自己的表现透过互联网被全国的网友关注、支持与点赞。

总之借助于各个平台上的春晚舞台，普通百姓的动人故事与优秀品质感染了全国观众。在精挑细选的这些典型代表身上，我们看到了中华儿女热爱生活、乐于助人、坚强独立、乐观向上、奉公职守、锐意创新、爱国爱家等优秀品质，也深刻感受到“幸福是奋斗出来”这句话的真正含义，更不会忘记那些为了祖国的强大和进步而默默奉献的各行业英雄。

（四）讲述文化传承者与大国工匠的感人故事

近年来“大国工匠”一词炙手可热，文化传承也频繁出现，而很多春晚节目都通过讲述文化传承者守护与大国工匠奉献的故事，进而对国家层面提出的“传承发展非物质文化遗产”和“弘扬劳模精神和工匠精神”做出积极的回应。

在安徽卫视的春晚中，节目邀请了安徽徽州漆器髹饰技艺的传承人甘而可和花山剪纸传承人张学华，通过访谈的形式讲述他们的文化传承故事。

在北京卫视的春晚中，老北京胡同文化的见证者与守望者朱茂锦和老伴的故事令人印象颇为深刻。年逾古稀的老两口已经在草厂四条胡同生活了 70 余年且一直不曾离开，如今他们祖孙三代同堂来到春妮和张国立开设的“立春小馆”谈天说地。朱茂锦老两口既描述了在 2019 年新中国成立 70 周年之际来到天安门观礼的激动心情，也谈到了习近平总书记去他们的小院做客时的难忘情景。除了当事人述说之外，一张张见证胡同变化的照片也不断呈现，最后老人全家和歌唱家刘媛媛一起演唱了《国家》。

可以说这一段的内容设计非常出彩：访谈形式表达心声，照片展现诉说变迁，全体合唱升华情感。三种不同的艺术表现手段集中在一个故事的讲述中，让观众强烈感受到北京市民的真实生活变化，尤其是老两口讲述了胡同公厕改造等问题的解决更是温暖人心。

此外“科技英雄”们让研发成果助力产业升级、惠及百姓生活的故事也在晚会中得到了体现。江苏卫视 2018 年春晚就邀请了“北斗女神”徐颖博士和北京生命科学院邵峰院士亲临晚会现场，讲述他们在本职岗位上的兢兢业业与突出成就，凸显了我国科技取得的巨大进步，向科技工作者表达诚挚的感谢。

湖南卫视 2019 年华人春晚特别设置了致敬航天的环节，晚会邀请了中国国家航天局探月与航天工程中心副主任于国斌、嫦娥四号任务中继星“鹊桥”总设计师张立华等人讲述“嫦娥四号”的故事。一段简短的 VCR 和模拟动画生动形象地再现了“嫦娥四号”成功发射的过程，英雄代表们讲述着自己的工作经历，西昌卫星发射中心“嫦娥四号”01号指挥员陈政讲述了发射团队创造了2018年全年17战全胜的航天发射新纪录的故事；称自己为航天“90后”的蔡博宇则告诉观众，为了嫦娥四号的成功发射，自己推迟了婚期，直到“嫦娥四号”成功发射自己的婚礼才顺利举行。当他说到“嫦娥四号”是自己爱情的见证人时，他的妻子也在台下微笑示意，幸福之情溢于言表。从他们的言语中观众感受到了中国航天事业的进步、中华儿女的民族精神以及强大的自信心。2020年江苏卫视春晚则以“追梦路上的航天人”为版块主题，邀请“长征五号”幕后团队来到现场讲述“铸箭”路上的故事。他们的故事在主持人李响的介绍中拉开帷幕，一段精心制作的VCR率先展示了“长征五号”遥三运载火箭成功发射的历史时刻，紧接着节目用仪式化的手段欢迎这些幕后英雄亲临晚会现场，现场观众全体起立为他们鼓掌呐喊。随后这些值得敬佩的航天人用一连串的数字讲述了胜利背后的艰辛付出：14年契而不舍的努力终于换来了“胖五”的成功发射，但也经历过“长五”遥二失利的痛苦；平均年龄35岁的科研团队在全世界科技序列中都是最年轻的，现场的一位代表，“90后”航天人利洋那句“别人能我们就一定能”博得了现场观众的连连叫好；346秒的“至暗时刻”虽令人遗憾甚至绝望，但是他们越挫越勇直面失败，分析原因从头再来；908个日日夜夜航天人都是数着秒度过的，航天人代表许健的那句“巨大的困难会把人逼入绝境，更能把人锻造成强者”更是催人泪下，也振奋精神。最后航天人又告诉观众2020年中国航天事业那些振奋人心的计划，也足以令人期待不已。

从各台春晚对各行各业“大国工匠”以及“文化传承者”的故事讲述中，我们强烈地感受到他们执着、勇敢、担当、奉献、拼搏、敬业、专注、创新的优秀品质，这些故事潜移默化地告诉所有观众：幸福的生活离不开每个人的奋斗，而身处在伟大新时代中的我们，更是要致敬工匠精神，表彰文化传承，这样才能凝神铸魂、立根固本。

（五）讲述能够唤起国人美好记忆的动人故事

在春晚的节目编排中应该时时刻刻体现出独具匠心的设计与强烈的创新精神，用巧妙的编排与出其不意的人物组合，唤起观众对往昔岁月的美好回忆。北京卫视 2018 年春晚的主题策划《我们的生活充满阳光》、2020 年春晚的主题策划《要强！中国女排》和江苏卫视 2016 年春晚的主题策划《四代女排荧屏首聚》都为带给观众非比寻常的感受。

2018 年我国迎来改革开放 40 周年，任何一个行业在这峥嵘岁月中都会发生了翻天覆地的变化，因此北京卫视 2018 年春晚的特别版块《我们的生活充满阳光》就邀请了中国电影界四位影后陈冲、刘晓庆、张瑜和斯琴高娃首度同框，既聊她们的得奖经历，也谈她们的生活体悟，从而透视中国电影的蓬勃发展之路。晚会还特邀了蔡国庆、姜昆、郭凯敏和雷恪生作为神秘嘉宾亲临现场与四位影后互动。蔡国庆用一本《大众电影》讲述着年少的自己是如何追星的；姜昆则在现场聊起了刘晓庆的耿直火辣性格并再次表演二人之前合作过的片段《刘海砍樵》；郭凯敏则在现场谈起了当年拍摄《庐山恋》的点点滴滴并且再次获得了张瑜的一吻；雷恪生则给老朋友斯琴高娃带来了一瓶药酒进而凸显了他们之间的深厚情谊。四位中国电影界的影后再聚首让人感慨“时光不老我们不散”，四位神秘嘉宾的出场不仅讲述了他们与影后们之间的故事，也让观众强烈感受到朋友之间的美好情谊。整个策划温情动人，带有浓浓的怀旧情怀，众人合唱的《我们的生活充满阳光》既让观众感受到了中国影视行业的变迁，更感受到了中国社会的巨大进步。

如果说影视行业带给观众是美好的情愫的话，那么体育带给观众的则是振奋人心的精神力量。在中国诸多运动项目中，国人的“女排情结”最为深厚。在中国女排夺得 2015 年世界杯女子排球比赛冠军后，2016 年的江苏卫视春晚就进行了“女排四代运动员齐聚首”的主题策划。最终在当年春晚的舞台上，中国女排第一代的代表“铁榔头”郎平、白银一代的代表也是江苏女排的功勋运动员孙玥、黄金一代的代表赵蕊蕊、正直当打之年的江苏籍国家队队员惠若琪和张常宁齐聚一堂，共话女排精神、同贺新春佳节。同样在2020年北京卫视的春晚舞台上，女排运动员也成为了晚会主角之一，因为2019年中国女排不仅以11连胜的骄人战绩再次卫冕女排世界杯冠军，而且在新中国成立70年的群众游行活动中，中国女排乘“祖国万岁”方阵的花车出场。因此北京卫视也在其春晚中策划了女排老中青三代重聚的版块《要强！中国女排》。中国女排五连冠时期的老运动员率先登场，黄金一代与现役运动员随后亮相，当每一个运动员的名字被主持人喊出时，现场都发出了雷鸣般的掌声。老一代女排运动员指出“女排精神”就是“祖国至上 团结协作 顽强拼搏 永不言败”，中生代女排队员感谢老女排队员创造的女排精神，新生代女排队员表示会一直传承下去。虽然整个聚首的时间不长，但是女排精神又再次萦绕在每个人的心头，它也不断激励全社会各行各业努力奋斗，一起为祖国的繁荣昌盛贡献力量！

（六）讲述海外华人的故事

在省级卫视的春晚中，有一部分内容专门以海外华人为收视群体进行创作，如湖南卫视的华人春晚。每一年的湖南卫视华人春晚都会聚焦当年社会热点、回顾时代记忆、展现家国情怀、展示文化自信。相比较其他省级卫视的春晚编排思路，全方面呈现海外华人的奋斗故事、传播海外华人精神品质、为全球华人华侨带来家国情怀成为华人春晚的侧重点，因此在故事的选择与讲述中，“讲好海外华人的故事”成为着力点。

在历届华人春晚的舞台上一批海外华人好故事脱颖而出：有的故事讲述的是文化传承，如新加坡华裔戏曲世家朱敬芬一家人的故事就呈现了他们三代对于戏曲传播的坚持，他们希望用戏曲连接起全世界华人华侨以及中华民族优秀传统文化的脉络。

“马来西亚全国节令鼓贺新春”讲述的是马来西亚华人对中华文化

的传承和创造。所谓二十四节令鼓是马来西亚华人以中国的二十四节气为创意，结合广东狮鼓和传统书法而创造的一种鼓乐表演，也是马来西亚仅有的、两个华人创作的国家非物质文化遗产之一。这项活动的宗旨就是要让孩子们不要忘记中国文化，同时也是对郑和五次登陆马六甲的纪念，更是对中国和马来西亚两国共建皇京港再创美好未来的强烈展望。

“年轻华侨华人的中国年”VCR中展示了来自马来西亚、澳大利亚、美国和德国的4位海外青年华侨华人传承中国文化的新年故事。来自马来西亚的卢星佑酷爱舞狮，他表示通过舞狮能够让大家在马来西亚感受到浓郁的中国年味儿就觉得很开心；王娇娇是澳大利亚太平洋龙龙舟俱乐部的成员，她告诉观众在澳大利亚过春节也会划龙舟；来自美国的夏嘉欢在北美开了第一家国潮店，他口中关于潮牌的重点“Made in China”“Create in China”让大家感受到了中国制造的影响力；在德国的邵肖明是汉文社社长，他们每年都以汉服表演的形式庆贺中国新年。“侨乡的团圆年”讲述的是华人华侨的孩子在中国是如何过年的。节目组为孩子们准备了心愿告白室，孩子们在真情告别的同时却不知道他们的父母已经不远万里悄然回国，为的就是给孩子们制造一个惊喜。

图5-2 2020年湖南卫视华人春晚《年轻华侨华人的中国年》

从上述的详细分析中我们不难看出：讲好中国故事已经成为各大春晚展示特色、体现魅力的重要撒手锏。每一年的春晚都会从时代发展中找到核心主题，以小见大展示祖国发展新面貌；每一年的春晚也都力图呈现以人民群众为中心的创作导向，真诚讲述普通人的感人故事；每一年的春晚都会展示地方的好人好事，同时放眼全国，用开放豁达的心胸展示文化自信。与此同时部分春晚还放眼全球，力图呈现全球华人同圆共享中国梦的盛世华章。各台的春晚故事讲述不仅要为时代与国家塑像，同时也要为人民塑像。包括面临突发情况，春晚也会临时改变固有节目编排，用最简单但也最真挚的节目形式制造共鸣、凝心聚力、弘扬正气。

第二节　节目形式："跨界"理念添新意　"怀旧"风潮促共鸣　"带货"现象引新潮

与央视春晚节目形式相比，各省级卫视的春晚在节目形式的创新力度上明显加强，新奇、有趣、好玩、大胆的"跨界"节目令人耳目一新、眼前一亮，温馨、动人、感慨、治愈的"怀旧"风潮也让节目形式创意十足，与当下社会风潮密切联系的"带货"节目更接地气并被赋予积极的社会意义。春晚节目形式不断求新求变，不仅令观众拍手叫好，也引发了所有观众情感共鸣。

一、"跨界"理念广泛应用，惊喜不断，新意迭出

"混搭不是混乱，跨界不是出界，艺术形式的创新就是以充分掌握和合理应用传统艺术规律为前提。"[①] 纵观近年来的春晚节目形式不难发

① 王甫、李其芳：《接地气 进家门 暖人心——北京电视台 2016 年春晚观后感》，《当代电视》2016 年第 4 期。

现：跨界混搭已经超越两千年初期各类艺术门类相互配搭的初级模式，跨界混搭在潮流中向更高级的艺术手段升级，它既能在节目播出前给观众带来无限期待，也会在节目播出过程中引发观众持续关注，更会在节目播出后制造热议话题。因此通过新型跨界混搭的方式让节目形式出彩出新，观众在这新型混搭风中品味新体验，进而也凸显了电视文艺工作者强大的创新力与执行力。在各台春晚节目中，形式多样的跨界混搭主要表现在以下几个方面。

（一）主持人跨界混搭

在春晚节目中主持人的表现备受关注，而通常每一年各大电视台的春晚主持人选都是从本台内颇受观众喜爱的主持人中进行遴选。虽然主持人们的业务素养绝对一流，但是也会让观众产生审美疲劳，因此主持团队的大胆创新就成为了春晚节目形式创新的突出亮点。部分省级卫视春晚的主持人选已经悄然发生变化，如 2016 年北京卫视春晚在主持部分就大胆起用部分明星进行串场，大方自然、清新贴切的主持风格丝毫不逊色于专业主持人。曾经扮演过美猴王的张卫健以一镜到底的形式开场，萧敬腾等人穿插在整台晚会中，与台上主持人默契配合，引出节目。可以说精心打磨的串场形式把一个个零散的节目巧妙串联，让观众对节目本身期待之外又多了新的收视期盼。2020 年央视春晚也请来了影视剧演员佟丽娅搭档专业主持人一起主持春晚、北京卫视 2020 年春晚也邀请了沈腾、刘涛、张国立担任主持人，并专门为张国立和春妮的主持组合设计了一个名叫“立春小馆”的空间，招待做客春晚的亲朋好友。

影视明星客串主持的方式为春晚舞台带来新的样式，而他们在春晚中的跨界表演也带来了春晚节目新形式，改变了以往居高临下、仪式感十足的主持风格，这种主持新形式给予观众一种新鲜感，缩短了与观众的距离，延长了观众的审美时间，强化了观众与节目的黏性。

图 5-3 2020 年北京卫视春晚“立春小馆”

（二）表演主体与表演内容跨界混搭

在传统的春晚节目中明星们各司其职，小品演员演小品，相声演员说相声、歌手就是专门负责演唱，虽然也有歌手或是演员、主持人客串表演小品，但是这种混搭并未成气候。近年来为了凸显春晚节目形式创新，也希望通过混搭带给观众新意，让观众了解多面的明星，一批混搭节目脱颖而出，最令观众记忆犹新的就是 2014 年北京卫视春晚的节目《狂野之音》。李光曦、杨洪基和刘秉义三位德艺双馨的美声歌唱艺术家演唱了流行歌曲《雨一直下》《不想长大》《大笑江湖》《冷酷到底》，这一跨界表演掀起了当天晚会的高潮，尤其是在演唱《雨一直下》时，刘秉义将一把雨伞递给了坐在台下的“雨神”萧敬腾，这种寓意无穷的设计引发现场一片欢呼。《新周刊》就这样盛赞过 2014 年的北京卫视春晚：“它是最好吃的一顿中国马年年夜饭，端上来热气腾腾有滋有味，走心、真诚、温暖、好玩、会玩、敢玩、有笑点、有泪点、有槽点。它是业界良心，把人还原成了人，把欢乐还原成了欢乐，把好旋律还原成了好旋律。它向世人证明没有办不好的春晚，只有不会办的春晚。”[①]

此外在2016年北京卫视春晚中获得收视率第一名的节目《吴李取闹》也是一个典型的混搭节目，由相声演员李菁和香港演员吴镇宇联袂合作。李菁的京片子与吴镇宇的港台腔形成了鲜明的对比，又造成了“鸡同鸭讲”的娱乐效果，整个表演形式新颖精致，“包袱”一气呵成，跨界效果非常好。

在北京卫视的春晚舞台上，知名演员合唱也是跨界亮点，这种形式也契合了北京卫视颇受观众喜爱的歌唱类节目《跨界歌王》，于是我们看到了刘涛与王凯合作的《爱江山更爱美人》，姚晨与秦海璐合作的《红豆》，小沈阳与罗罗、展展合作的《沙漠骆驼》《一起摇摆》《大笑江湖》，郑凯、海陆、纪凌尘等人带来的歌曲《快乐进行曲》，靳东和肖战带来的《壮志在我胸》，冯绍峰、苗苗和黄明昊的《遇见》，郑爽与父母一起合唱的《你笑起来真好看》，等等。

除了影视明星演唱经典与流行音乐外，北京卫视的春晚节目还有很多其他的跨界混搭组合模式，如徐帆、黄绮珊跨界与戏曲表演艺术家王珮瑜合作观众耳熟能详的京剧选段《智斗》；相声表演艺术家冯巩也在晚会中拉起了二胡；蔡国庆、潘粤明、陈一冰三个不同领域里的明星跨界说相声。晚会为明星多样的才艺巧妙地设置了资源，以跨界为核心，打造了不同寻常的视听享受。

在东方卫视的春晚节目中，跨界成为节目编排形式的突出亮点，如乔杉、阿云嘎等人表演的音乐喜剧《三人成曲2020》，而且乔杉、蔡国庆和彩虹合唱团在此之前就合作过《三人成曲》；张杰也跨足相声圈，与岳云鹏和孙越一起表演了《你膨胀了》；宋小宝、柳岩与网红李佳琦合作小品《OH! 买尬》；靳东和朱一龙合唱《谢谢侬》《从头再来》和《掌声响起来》；黄景瑜和尹昉的《飞驰人生金曲串烧》；费玉清和张云

① 《〈新周刊〉电视榜发布 北京春晚获特别大奖》，新浪网，http: //ent.sina.com.cn/v/m/2014—04—02/03194120869.shtml

雷合作的相声《二人成曲》和歌曲《花儿清水河》；刘昊然表演的大型魔幻情境秀《驯龙高手》；胡一天和毛不易合作歌曲《想把我唱给你听》《请记住我》；王迅、肖央等人演唱歌曲《happy 扭腰》；陈思诚与歌唱家郁钧剑演唱《说句心里话》；阿米尔汗与中国舞蹈团的演员们先是跳起极具异域风情的印度舞蹈，再跳起中国色彩浓厚的广场舞“小苹果”。这些跨界组合的节目别开生面，非常容易调动观众的情绪，也能增强观众对整台晚会的好感度。老歌新唱带来的是耳目一新，舞蹈融合表现出的是文化相通，而混搭的目的就是在娱乐中进行文化的融合、传承与创新。

在江苏卫视的春晚节目中，邀请自己王牌节目中的素人与明星在晚会进行跨界表演成为亮点，例如汪苏泷与来自泰国的 Mike 和美国的 Samue 组成一个青春洋溢的“国际组合”，三人会用唱跳的形式分别带来自己的歌曲并合唱一曲《有点甜》。参与过江苏卫视自制节目《超凡魔术师》与《了不起的孩子》里的素人嘉宾也在春晚中进行了合家欢的表演。此外毛不易与京剧演员王梦婷合唱《一纸情书》，尤其是加入了京剧元素的流行歌曲带给观众全新的感受；因为演唱流行歌曲而上热搜的腾格尔则与来自哈萨克斯坦的迪玛希分别用自己国家的语言合作歌曲《鸿雁》。歌曲元素的混搭、歌手合作的混搭、表演主体的跨界都让江苏卫视的春晚效果实现了差异化传播，也让观众找到了节目新的欣赏点。

综上，春晚节目中的各种混搭与跨界组合体现了春晚工作者锐意创新，不断追求进步的创作理念，但归根结底还是为了满足受众求新求异的收视心理，而且这种混搭与跨界带有强烈的“陌生化”效果。“陌生化”（Defamiliarization）最早是由什克洛夫斯基在《作为手法的艺术》一文中提出，他认为：“艺术的手法是事物的‘陌生化’手法，是复杂化形成的手法，它增加了感受的难度和时延。”[①] 在各个省级卫视春

① 孙振虎、付明丽：《“陌生化”理论视域下的电视真人秀创作——以北京卫视“跨界”品牌为例》，《中国电视》2017 年第 7 期。

晚的节目编排上，通过跨界混搭带来的陌生化效果为春晚本身注入了新的活力，艺术呈现走向高级，使节目形式与内容都焕发出新的生机，极易满足观众的好奇心，因为“凡是新的不平常的东西都能在想象中引起一种乐趣，因为这种东西使心灵感受到一种愉快的惊奇，满足了好奇心，使其得到其原来不曾有过的一种观念……就是这个因素使一个怪物也显得有迷人的魔力，使自然的缺陷也能引起我们的快感。”①在各台春晚相对集中的时间内接连与观众见面的情形下，通过陌生化的处理方式让节目产生吸引力成为各大春晚锁定观众收视的重要撒手锏。

当然对于“陌生化”而言，一方面是指节目本身的形式与内容都是第一次与观众见面，是观众闻所未闻的，另一方面则是指节目形式与内容本身并不是陌生的，但是经过艺术加工处理后焕发出了新意。绝大多数春晚的节目均属于后者，是通过演员跨界混搭与表演形式的混搭制造惊喜、丰富节目层次感、促进收视动机的产生，进而让观众产生新的审美体验。

二、怀旧元素屡屡奏效，经典时刻层出不穷

除了用陌生化的方式制造惊喜，创新审美主体的体验之外，怀旧元素的应用对于吸引观众收视、唤起过往美好回忆也是功不可没。所谓怀旧，就是用一种特别重建的方式利用过去来满足一个人或社区的当前需求。②在当前社会，怀旧已经成为一种当代人群普遍存在的社会心理，它俨然已成为每一个现代人生活在新旧更替的两个时代的摆渡者。在中国电视荧屏中央视《艺术人生》《经典咏流传》等栏目开创了怀旧先河，其典型代表作就是《红楼梦20年再聚首》，此后《西游记》《三国演义》

① 孙振虎、付明丽:《“陌生化”理论视域下的电视真人秀创作——以北京卫视“跨界”品牌为例》,《中国电视》2017年第7期。

② 郝文琦:《怀旧社会学视角下我国综艺节目的意义生产研究》,《中国电视》2020年第4期。

剧组演职人员也在该节目中实现了再聚首。又如在央视虎年春晚中，当小虎队在舞台上唱起了《爱》《蝴蝶飞呀》和《青苹果乐园》时，很多观众的眼泪夺眶而出。王菲与那英在合作了《相约1998》后也是时隔20年在春晚舞台上再次合体演唱《岁月》。

在各个省级卫视综艺节目中，浙江卫视的《王牌对王牌》和深圳卫视的《年代秀》也是以主打怀旧元素为核心的综艺娱乐节目。面对常规栏目主打怀旧元素且取得了较好传播效果的情况下，省级卫视春晚又应该如何借助于怀旧元素，不仅让春晚舞台星光熠熠，让久违的面孔再次唤起大家的记忆，更是能够在新年的氛围中用温暖的回忆激发观众的情感共鸣。细数各大卫视春晚中的怀旧版块我们发现：经典影视剧作品中的主创人员重聚是核心思路，畅谈影视剧拍摄过程的美好回忆是主线，影视剧歌曲的重新演绎是高潮。

江苏卫视率先在其春晚中掀起了怀旧风潮，《新白娘子传奇》主演的再聚首成为当年春晚中最受观众期待的节目。1993年该剧在中国台湾地区播出，随后被大陆引进也创下收视奇迹。20年后当主演赵雅芝、叶童与陈美琪三人并肩出现在江苏卫视春晚的舞台上时，观众的情绪一下就达到了沸点。三人共同回忆在苏州拍摄的点滴，陈美琪还化身导游重游拍摄旧地。《新白娘子传奇》三位主演的聚首在经典片头曲《千年等一回》中结束，但是三人坚不可摧的情谊还是令观众印象深刻。随后《流星花园》剧组也在江苏卫视春晚舞台上实现了重聚，当年这部红遍整个东南亚的台湾偶像剧成为很多“80后”的美好回忆，当依然帅气有魅力的F4成员再次唱响《流星雨》时，年少时的美好情愫又在无数观众心中生根发芽。

2015年江苏卫视策划了“西游女神再聚首”也令人泪奔。该主题策划邀请了10位西游女神，如猪八戒“媳妇”的扮演者魏慧丽、玉兔精的扮演者李玲玉、观音菩萨的扮演者左大玢、道童明月的扮演者王羊、哪吒的扮演者艾金梅、小白龙妻子的扮演者张青、嫦娥的伴舞扮演者马羚、黎山老母的扮演者孙凤琴、撞天婚中真真和爱爱的扮演者杨凤一与沈慧芬。众人的聚首自然是开心不已，而当总导演杨洁出现时现场10位演员既惊讶又兴奋，久别的泪水夺眶而出。虽然导演杨洁对部分演员的记忆已经模糊，但是时隔十二年多的聚首重新拉近了彼此之间的心理距离，重温了那些美好的往事。《西游记》的导演杨洁既感谢江苏卫视促成了这次团聚，同时也透露《西游记》试拍的第一集就是在扬州取景。该策划既体现了怀旧主旨，又点出了怀旧元素与江苏之间的密切关系。

2016年江苏卫视春晚请来了《戏说乾隆》剧组，赵雅芝与郑少秋两位主演时隔25年再次在电视荧屏相聚，这也不禁让人感慨时光飞逝，两人合作的该剧片尾曲《问情》也让观众在缠绵悱恻的旋律中再次回想起剧中的经典桥段。2017年江苏卫视春晚则是邀请了《渴望》剧组与TVB经典影视剧中的男主角。《渴望》作为国内第一部大型室内电视剧在20世纪90年代播出时造成了万人空巷的盛况，剧组的聚首掀起了浓浓的“回忆杀”，刘慧芳、王沪生等电视剧中耳熟能详的名字再次将观众带进了节目组构建的美好回忆空间。TVB经典电视剧的男演员黄日华、苗侨伟、罗嘉良等均依靠着精湛的演技博得了内地观众的厚爱，在现场他们不仅演唱了经典代表作的歌曲，也给江苏卫视的观众送上了诚挚的新春祝福。

北京卫视也在2019年和2020年策划了以怀旧为核心的聚首环节。2019年邀请了《我爱我家》剧组，2020年则邀请了《家有儿女》剧组。在围炉谈话的节目形式中，一众主演们开心拥抱、兴奋畅谈拍摄趣事，亲情氛围十分浓厚。在《我爱我家》剧组重聚过程中，梁天谈到首次见到宋丹丹时的情形与心情，宋丹丹则猛夸梁天在该剧中的精彩表现。杨立新讲到拍摄时的搞笑花絮，导演林丛讲述自己如何在剧中扮演6个角色但又没有被观众发现的秘密。保姆小桂的扮演者一上台更是热泪盈眶，这些演员有的二十多年虽未见但感情依旧深厚。随后由巴图与妻子王博谷演唱了《我爱我家》的插曲《你是我的家》，一张张剧照出现在电视荧幕上，让这档中国第一部情景喜剧中的精彩画面在观众头脑中不断回忆，北京市五好家庭的代表上台共同演唱更是体现了家的含义。

《我爱我家》剧照重聚的精妙之处就在于：在阖家团圆之日，晚会让这样一个在全国观众心目中有着共同记忆的家庭出现，对于所有观众来说都是温暖的。而且这种温暖又延续到了2020年北京卫视的春晚，因为又一部国民情景喜剧剧组《家有儿女》重聚了。杨紫、张一山、尤浩然三人一登台就上演了“夏雪夏雨夏冰雹”的名场面，回忆感爆棚。因该剧为网友贡献了很多表情包，因此重聚的第一个环节就是各位主演还原表情包上的各种表情。紧接着妈妈宋丹丹和爸爸高亚麟上台后，家庭成员就开始了互相吐槽的模式，尤浩然的体重、杨紫与张一山的CP感、高亚麟拍摄期间的迟到等都在重聚过程中一一呈现。而在新年

图5-4　2019年北京卫视春晚《我爱我家》剧组人员聚首

寄语中已是过第五个本命年的宋丹丹情真意切地告诉三个孩子“认认真真演戏，老老实实做人”，这一幕着实令人感动。重聚的最后一个环节则是用 VCR 回顾了宋丹丹从艺以来在话剧舞台上和影视剧中的精彩表演，在《读你》的背景音乐中宋丹丹诸多精彩的角色再次重现，而

图 5-5　2020 年北京卫视春晚宋丹丹照片

VCR 定格时的那句文案“读你千遍不厌倦 感激有你每一年”更是体现了节目深厚的人文关怀，让温暖驱逐冬日的寒冷，令每个人心中都暖暖的。

同样在东方卫视 2020 年春晚舞台上，《情深深雨濛濛》剧组的重聚也让这部以大上海为创作背景的影视剧掀起了怀旧风潮。当“情深深雨濛濛，多少楼台烟雨中”这熟悉的歌曲响起后，依萍的倔强、如萍的善良、杜飞的幽默、陆振华的霸道、傅文佩的隐忍、雪姨的刻薄、书桓的才情都历历在目。在访谈中众人依然回忆美好的过往，在游戏中检验的是曾经朝夕相处的剧组演员之间的默契，在吐槽中见证的依旧是众人的深厚友谊。

综上，省级卫视春晚中主打的“怀旧牌”在新春佳节产生了一种极具感染力的情绪，它通过邀请经典影视剧中的主创人员来激发观众深埋身处的记忆，将过去时光中的人、场景、故事等重新激活。而且在春晚这种强烈充满仪式感的传播活动中，这种“精心策划不是简单地在回望过去中寻求新鲜内容，而是企图在重新回望中获得新鲜感受和集体认同。”同时，每一次怀旧都以经典影视音乐来烘托观众情绪，让音乐的魅力唤起观众的记忆，每一首歌都会引发一段人生故事，让人或感慨时光飞逝，或珍惜美好岁月，或重拾坚定信心，最终实现的意义是共享与共识达成。

三、“带货”现象增添灵感，春晚直播再创风潮

近年来直播带货成为互联网新现象与新热点，无论是影视明星还是当下网红，无论是政府官员还是节目主播，大家都在凭借一己之力借助于社交平台进行直播带货，尤其是政府官员与节目主播，其带货直播的性质更具有公益色彩，因此直播带货成为一种社会新风潮。非常擅长敏锐捕捉社会热点现象的春晚节目也在形式上进行了大胆创新，湖南卫视和安徽卫视的2020年春晚都以“直播带货”创新了春晚的节目表现形式，是一次值得肯定的探索。

湖南卫视2020年春晚的场景包含了三个：作为主舞台的长沙演播室内、作为分会场的十八洞村以及直播间里的“新春扶贫年货会”，尤其是这个“新春扶贫年货会”在春晚进行的过程中在线下直播间同步展开，且湖南全省15个县市领导与青年代表一起通过芒果TV直播间同步带货，将各自家乡的特产推销出去，助力脱贫攻坚。而参与晚会的各路明星也会在空档时间来到直播间，成为助推带货的成员。例如作为湖南的特色，茶叶在被推荐的年货中占比非常大，各路明星品尝了张家界莓茶、雪峰山云雾茶和安化黑茶后便开始卖力带货，甚至有的明星因为只能体验一种年货而大呼不过瘾。在年味十足的晚会线下直播间，湖湘儿女用自己的实际行动践行着脱贫致富的目标，表现出势必奔小康的信心。

在安徽卫视的2020春晚节目中，安徽籍明星、也被誉为“淘宝第一人”的薇娅在现场发起了“薇扶行动”的帮扶活动。她开设了直播专场并且向全世界推荐安徽的特色物产，力图将帮扶行动落实到位。这一融合多种媒介表现形式的节目策划，将国家政策、社会风尚、热点话题、明星魅力、地域特征等元素完美结合，是春晚节目形式创新的一次有效探索。“传统春晚”与“直播带货”相结合，将年轻人喜欢的“买买买”和国家扶贫工作有效结合，可谓极具创意，也为下一步的春晚发展方向提供了重要的参考价值。

第三节 创新探索：大屏小屏互动协同拓展

上文提到在2020年春晚的舞台上，已经有节目开始从线下火热的“直播带货”中获取灵感，将传统春晚与直播带货相结合，而促成这一现象成为可能的根本原因就在于技术的支撑与服务完全可以满足这种需求。其实从互联网开始逐渐渗透到普通百姓的日常生活中以后，传统的电视媒体就开始孜孜不倦地探索如何与新媒体实现良好的互动。微博的兴起让传统电视媒体纷纷开设官方微博，视频网站的兴起让传统电视媒体的节目实现了自由点播，而抖音等短视频App的兴起更是拓展了传统电视媒体的营销渠道。可以说在媒介融合的背景中，在各种社交媒体层出不穷的现状下，大屏与小屏之间的无缝对接互动频繁，促进了传统电视媒体的内容生产与营销新渠道，而作为每年一次的春晚更是借助于跨屏传播的优势增强了自己的注意力、影响力、传播力与互动性，促使热点话题频频刷屏。那么近年来各台春晚都是怎样进行跨屏传播的呢？

一、短期注意力的捕捉：借助多种形式预热开通多维社交空间

在融媒体时代最稀缺的资源当属用户的时间与注意力，正如诺贝尔奖得主赫伯特·西蒙所说：信息的富裕造成注意力的分散，因此我们需要在丰富的信息源中有效配置注意力。[①] 面对海量的电视节目与互联网视频，受众只能在碎片化的时间内选择那些足以吸引其注意的内容进行

① 詹姆斯·韦伯斯特：《注意力市场：如何吸引数字时代的受众》，郭石磊译，中国人民大学出版社2017年版，第7页。

消费。笔者认为：任何电视节目要想突出重围，在融媒体时代获得受众的注意力，一是要从整体上呈现出新奇与独特的气质来牢牢锁定受众的短期注意力，二是需要通过精彩纷呈的内容打造以及深入人心的价值取向让受众对节目内容保持持续的关注。对于春晚而言，其获得受众短期注意力的策略之一，便是春晚代言人的设置。

近年来部分省级卫视春晚通过设置春晚代言人的方式，在春晚紧锣密鼓筹备时就开始吸引网友的注意力。例如北京卫视近年来的春晚代言人就包括杨紫、肖战、蔡徐坤、杨幂等人在内；东方卫视则请来了胡歌做代言人，湖南卫视邀请了蔡徐坤，江苏卫视春晚的代言人则是范丞丞和欧阳娜娜，山东卫视的春晚代言人则是黄晓明和周涛。这些代言人要么就是当前娱乐圈的顶级流量明星，要么就是地道的本省或直辖市人。通过设置春晚代言人的方式，用明星吸引观众的注意力，并通过各种社交媒体予以宣布，春晚对受众的短期注意力的捕捉便形成。

除此之外，借助于网络媒体搭建一个全新的跨媒介社交时空，这也是春晚构建短期注意力的一个策略。例如北京卫视曾推出了一档名为《春晚抢先看——大型全媒体互动直播节目》的节目。该节目的核心亮点便是实现春晚录制过程的网络同步观看。这个策划对于捕捉观众短期注意力非常有效果，因为作为一年一度的春晚盛典，几乎每一个观众都非常关心春晚节目的彩排与录制、春晚演员的遴选等，因此通过网络直播春晚录制进行时，无疑是成功地利用了观众的好奇心与新鲜感，毕竟大多数观众是看不到春晚的录制过程的。但是如何做到既有新鲜感但依然要保证播出时观众的观看热情，做到剧透但不完全泄露，这是主创人员面临的一个重要考验。经过一番论证后，节目开启抢票模式，每天只开放 10 万个虚拟观众席；成功抢票后的观众可以在手机端和 PC 端进行网络直播观看；在观看过程中观众还可以发弹幕，这种全新的短期注意力构建策略可以让参与者获得新鲜体验，而且不仅可以在线上与志同道合的人一起交流，还可以将话题热度延续到线下，这无疑会让更多的观众注意力集中到北京卫视的春晚动态。所以“晚会录制现场＋网络直播互动”这种别开生面的模式不仅提升了观众的参与感，更是满足了“边看边聊”的社交心理，因此成功为春晚预热，捕捉观众短期注意力也不足为奇。

当然，也有的省级卫视春晚别具匠心地用概念海报的形式吸引受众，为本台春晚预热。例如安徽卫视就曾经发布过概念海报，以提供线索的方式引发网友猜测嘉宾阵容，一时之间在线上线下掀起了竞猜热潮。“台词版”海报展示的是未公布嘉宾们的经典名句，“物理版”海报上是一张电路图，而礼物、红包和爱心等图标在电路图上方，此外海报最上面显示着一个比较模糊直播画面，网友们自然浮想联翩。而最为暖心的则是“数学版”海报。该海报上罗列了各种数学等式，且最终得出的答案是“回家团圆 =1 月 22 日”，这也寓意着辛苦奔波了一年后人们最朴实的愿望还是回家过年，并且还暗含了“看安徽卫视春晚，全家团圆”的美好愿望。

总之，借助于不同的表现形态，各路春晚奇思妙想抢夺受众的短期注意力，将受众的黏合度从一台晚会牢牢黏合在一段时期的电视文艺节目中，春晚品牌的空间大大延展。正如有研究者指出：春晚的仪式空间同时也是娱乐空间。在这样的空间中，高度卷入给受众带来深度娱乐感，网民在深度参与娱乐互动的同时，也体验了最新媒介技术使用的时尚感，从而提升了娱乐空间的时尚引领价值，拓展了年轻人重回电视屏幕的溯游通道。[①] 而要想保证受众持续关注且产生高度情感卷入，则还是需要依赖每一年都要打造优质精彩的节目内容。

二、长期注意力的吸引：优质精彩的内容打造

所谓长期注意力，即指我们对某一事物进行长期关注或保持长期兴

① 戴元初：《融媒体时代乱媒介生态营造的核心突破——北京电视台 2015 春晚媒体创新价值初探》，《现代传播》2015 年第 4 期。

趣。在获得短期注意力后，我们必须要认真思考如何为受众创造有益的价值来吸引其长期的注意力。而毋庸置疑的是：要想获得观众的长期注意力，打造优质精彩的节目内容是基础与关键。纵观各大卫视春晚，优质精彩的内容打造除了上文提到的“以人民为中心温情讲述新时代的中国故事”和“跨界理念添新意、怀旧风潮促共鸣、带货现象引新潮”外，还具备以下的共性特征：

首先，多元化的中国文化元素展现。由于春晚的受众面非常广泛，因此那些能够激发观众国人文化自信，点燃国人民族自豪感的文化元素统统被涉猎到春晚舞台的节目中。例如由于近年来“国潮”在青少年群体中走红，国风音乐、国风服饰、国风舞蹈等全新文化概念颇受关注，于是各台春晚就纷纷将“国潮”元素渗透在节目中。央视近年来的春晚节目当仁不让地将传统优秀文化渗透在节目中，尤其是具有浓郁地方特色的文化寓于其中，如齐鲁文化、海岛文化等。特别是分会场的选择，既有政治意义上的考量，也凸显出地方的文化色彩。湖南卫视在2020年的春晚节目中就有非遗节目《华夏》、戏曲节目《梨园璀璨》以及国风歌曲串烧。在歌曲串烧节目中，舞蹈演员身着国风服装惊艳亮相，在《知否知否》《梅香如故》《雪落下的声音》这些耳熟能详的歌曲中，上演了一场精彩绝伦的汉文化元素时装秀。2019年湖南卫视的华人春晚也是以弘扬中华传统文化为基调，鲜明的文化元素熠熠生辉：《喜从天降》就有东方古彩戏法的融入、杂技《齐天》则把中国古典乐器之一的箫点缀于表演之中、歌曲《生僻字》则展示了汉字文明，且将传统通俗歌曲唱法与京剧唱腔相结合、表演秀《小小传承人》则将山西的临桌子戏、台湾地区的抖空竹、永康九狮图、长乐抬阁故事会等非物质文化遗产与传统民族一网打尽，展现“非遗”魅力，体现创作者传承“非遗”的决心。北京卫视的节目也一直秉承着展现首都风貌与古都风韵的宗旨，让具有两千年文明历史的文化名城在每一年的春晚节目中都有新的文化特质与魅力出现。例如2018年北京卫视的春晚节目《一眼千年》

就呈现了故宫博物院的国宝级文物——60柄八成金累丝嵌绿松石干支纪年如意，这件国宝的惊艳亮相令观众大呼过瘾，而且在节目进程中通过多媒体技术、AR技术展示的《三希堂》字帖、《千里江山图》等文物也都令观众对中国灿烂的文化产生无上的敬意。歌曲《就是爱》带领观众领略“西山永定河文化带”“长城文化带”“大运河文化带”。东方卫视春晚节目单中也有诸多展示多元文化的节目，如将中国京剧与西方歌剧融为一体的《新贵妃醉酒》+《第五元素》、在歌曲《梦里水乡》中融入昆曲、越剧、沪剧和黄梅戏。安徽卫视春晚也将韩再芬与王珮瑜两位戏曲界的大咖聚在一起表演《戏韵流长》，广东卫视的春晚则重点突出岭南文化，诸多表演融合了多种当地民俗，“逛花街”“客家山歌”“舞狮”等都以耳目一新的方式呈现在节目中，粤剧、潮剧等广东特色戏剧元素也在春晚节目中精彩亮相，带有浓厚的地方文化气息，而用保留了大量古音的粤语朗诵诗词更是别有一番风味。

其次，对当下热点话题与社会现象的主动融入。有评论指出：春节联欢晚会不仅是一次优质年度综艺娱乐的集中亮相，更是给观众借此回望过往、思考生活意义的一次机会。因此在春晚的节目中对当前社会热点话题与社会现象进行了艺术化处理与表达，实现对国家主题的积极呼应、对社会现象的深度思考、对社会风尚的积极引领。除了那些可歌可泣的中国好故事外，各大春晚几乎都是通过语言类节目的创作实现这一目标。因为语言类节目“以用语言、动作塑造形象”，讲述故事的特质，肩负起弘扬时代精神、展现社会生活百态的重任。进入21世纪以来，随着社会进程的加快，日新月异的变化冲击着发展中的中国，春晚的语言类节目便紧随时代步伐，敏锐号脉时代属性，用叙事来抒发时代豪情。①

---

① 刘子琪:《民俗与狂欢：文化与国家医师的多声部表达——对新世纪以来央视春晚语言类节目梳理》，《太原师范学院学报》2017年第6期。

例如央视的春晚小品《将军与士兵》聚焦的就是世界反法西斯战争胜利大阅兵事件，民族自豪感会油然而生；《投其所好》等小品用辛辣的讽刺力度揭示部分官员的陋习与不作为；《扶不扶》《我忍不了》等小品深刻揭露社会道德现象；《大城小爱》关注打工者在大城市的身份融入问题；《老伴》关注的是老龄化社会中极易被忽视的老年人精神世界这一问题。2020 年湖南卫视春晚的唯一一个语言类节目《消失的新郎》讲述的就是在筹备新中国成立 70 周年阅兵仪式过程中，一位解放军战士与其未婚妻之间的故事。北京卫视春晚小品创作也是精品不断，熊孩子现象、霸座现象、老赖现象、相亲现象、垃圾分类现象等都在小品中得到了呈现；东方卫视的小品《爱在路上》以列车员和空乘为创作对象，向在节日期间坚守工作岗位的所有劳动者致敬；《我们是一家》则以民警调解居民抢车位的事件向为城市治理默默奉献的工作人员致敬；《通讯已中断》则呼吁春节期间放下手机而多陪伴一下父母；天津卫视春晚也主打语言类节目，魏文亮和董建春小品《绿色时代》展现时代变化感受科技进步、小品《这一年我和你回娘家》讲述了新婚夫妻被催生孩而闹乌龙的故事。

最后，突出地域特色中放眼世界。虽然春晚这道年夜饭是众口难调，但是与央视春晚必须彰显大格局不同的是，省级卫视春晚可以尽情彰显地域特色，凸显得天独厚的地域文化，因此各台春晚都在深挖本地特色资源、展示本地风土人情上狠下功夫。几乎所有省级卫视的春晚都力邀本省艺人回家过年，凸显他们对家乡的眷恋。在故事讲述中也都是精挑细选本省好故事，彰显时代大精神。与此同时各个省级卫视春晚还放眼国际，让中外艺术巧妙交织，让中华文化源远流长。

可以说正是由于注重短期注意力的捕捉和长期注意力的打造，春晚受众才会从瞬间注意到情感卷入再到行为支持，加之各种新媒体技术的应用以及电视人真心诚意与受众进行互动，春晚受众的忠诚度才在跌宕起伏的电视收视传播中企暖回升。

三、对跨屏受众收视共通点的敏锐把握与洞察

媒介融合时代的受众俨然已经成为了“屏之民”，移动互联网的兴起更是让跨屏传播成为媒介生态的新表征。在网络技术保障与受众/用户需求的共同作用下，电视节目的传播渠道也发生了翻天覆地的变化，大屏观看与小屏互动成为当下受众/用户媒介使用的基本行为。因此在跨媒介传播势不可当的背景下，任何电视节目要想获得广泛的影响力、传播力与互动力，必须要想方设法找到大屏受众与小屏用户收视喜好的共通点，并在此基础上增强节目的社交属性，这样才能实现大屏造势、小屏刷频的传播效果，进而在各种社交媒体上获得用户的认可，满足用户的社交需求。

例如在北京卫视 2020 年春晚的部分节目就在其抖音官方账号上进行二次传播，而被置顶的三个短视频片段分别是充满娱乐感与新鲜感的“苏大强想要手磨咖啡，谢广坤竟这样回复”、极具圈粉效应的“肖战《沧海一声笑》，歌声如虹荡气回肠”。东方卫视 2020 年春晚片段在抖音上点赞数较高的包括充满怀旧与感动氛围的“赵薇、林心如、苏有朋、古巨基合唱，时隔 20 年，感动依旧！”和“赵雅芝带着儿子黄恺杰同台唱《上海滩》，不像母子像姐弟！”，也有新鲜感爆棚的“张杰相声首秀，和岳云鹏同台飙歌？”“李佳琦惊喜登陆 一看架势就是专业的”以及搞笑十足的小品片段，如“贾冰压着火用空姐腔解释高铁窗户不能开，get 了吗？”“文松和范湉湉花式互怼，精彩怼人语录频出”。

江苏卫视 2020 年春晚片段在抖音上被置顶的三个视频分别为春晚代言人范丞丞演唱的《男孩》、范丞丞与欧阳娜娜合唱的《世间美好与你环环相扣》、刘宇宁和韩甜甜演唱的《飞云之下》，尤其是歌曲《飞云之下》获得了上百万的点赞数。此外也是具有新鲜感与颠覆性的表演片段，如腾格尔全新改编《对你爱不完》、国风歌手霍尊演唱国漫歌曲《爱就一个字》、解晓东与赵露思的合唱《健康歌》也在抖音上获得了

高关注度。湖南卫视2020年春晚的节目在抖音上点赞量较高的是：带有怀旧色彩与震撼力的表演“田震复出首秀、毛阿敏金曲联唱，大型开口跪现场！真是神仙打架！”，超人气明星互动秀“王一博、蔡徐坤蹦床贴福字，给大家送祝福了！”，当红歌手刘宇宁和张碧晨的合唱歌曲《给你们》。而以语言类节目见长的辽宁卫视春晚节目在抖音上点赞数较高的就是孙涛与巩汉林表演的小品片段、冯巩的小品片段以及岳云鹏和孙越的相声片段。

由上不难看出：各台春晚敏锐地洞察到跨屏受众收视需求的共通点，即受众/用户追求充满年轻态、娱乐感、新鲜感的节目，因此各台春晚无论是和哪家社交媒体合作，都会将上述满足跨屏受众/用户心理需求的内容在社交媒体上进行二次传播，实现跨圈层的传播效果。

四、多渠道传播互动　增强传播力影响力

在媒体融合时代，在跨屏传播的当下，备受瞩目的春晚要想在传播力和影响力上达到最佳效果，还应该打造多渠道、全方位的传播矩阵。各台春晚作为一年一度的“大菜”，必然深谙此道。近年来省级卫视春晚高度重视受众/用户的参与度，如北京卫视就通过微信摇一摇、新春照相馆活动、留住你幸福的样子征集活动等，积极调动受众的参与性。此外北京卫视还将自己春晚的互动分为预热期与直播时两个阶段。在预热期内，各种小剧透抢先看、“幸福瞬间”影像征集、“语速达人”挑战等互动活动已为春晚在网络中积累了较高的人气，春晚开播前全台微博矩阵也启动话题预热形成强大传播力；晚会开播后，不仅在北京网络台BRTN网站、北京电视台官方微信电视、BTV大媒体客户端同步网络直播，而且春晚主创人员还亲自受邀进入北京网络台，开启导演评论陪伴的春晚观看模式，这一别开生面的真正意义上的传受互动带给了观众更加新鲜与真实的收视体验。

湖南卫视的小年夜春晚也推出了“小年回家，最好的新年礼物”等

图 5-6 2020 年北京卫视春节联欢晚会扫码领红包照片

征集活动并让观众通过春晚官方微博、抖音、今日头条等多种渠道参与话题互动。辽宁卫视春晚在预热期曾发起过“晒父母年轻合影，助父母上辽视春晚”等互动活动，其隐藏的寓意便是倡导对父母的感恩。而在彩排期春晚组又推出“哈小宝与宋小宝兄弟相认，合影乐翻了”这一2分钟的新媒体短视频与互动话题，进行春晚氛围的烘托。东方卫视、江苏卫视的春晚不仅在爱奇艺、优酷、腾讯、B站等视频网站同步直播，还通过海外渠道为华人华侨送去新春祝福；东南卫视的华侨华人春晚还在凤凰卫视美洲台、欧洲台进行播出，有效拓展了晚会的覆盖面。

近几年的央视春晚也非常注重和新媒体合作，借助于融合传播提升影响力。例如 2015 年央视春晚就向全球网友发起“五湖四海同唱难忘今宵”的视频征集活动，尤其是当春晚的结束曲《难忘今宵》响起时，多视窗的影像将网友的演唱与李谷一的演唱进行融合，春晚的结束环节立马增添了新意。2019 年央视春晚就与抖音、快手等短视频 App 合作，为春晚吸引了诸多年轻受众。据报道早在 2018 年 6 月春晚就开始在抖音上设置了官方账号，此后就不断通过发布各种与春晚有关的短视频为春晚预热。而到了 2019 年 1 月抖音又策划了一场名为“幸福又一年”

的春晚活动，“春晚看我的”“拜个抖音年”“我们的新年心同步”“春运看我瞬移回家”四个话题再掀新高潮，因为网友们有趣、可爱、幸福的小视频可以分 4 次在春晚现场大屏幕上呈现。可以说借助于新媒体新平台，传统春晚绽放出新意，网络空间的新年味道带给大家前所未有的新鲜感与沉浸感。央视网也继续推出融媒体产品《@ 春晚》，让其贯穿在春晚的预热、直播与回顾的全过程中。《@ 春晚》用年轻人喜闻乐见的方式对春晚进行了深度描绘，引领受众关注春晚、热爱春晚、回味春晚。此外春晚还努力扩大在海外华人心目中的影响力，除了可以在线观看外，2019 年央视网首次联合全球知名视频网站 Dailymation 进行春晚直播及点播推送业务，还通过美国 8sian Media、《俄罗斯龙报》、肯尼亚中国商会、四达时代、SPB TV、汉雅等合作伙伴多终端平台向全球各区域用户提供春晚直播和点播推广。[①]

图 5-7　央视网融媒体《@ 春晚》照片

① 徐伊然：《融合传播助春晚影响力再上新台阶》，《中国广播电视学刊》2019 年第 4 期。

在与快手的合作中，最令人印象深刻的也是2019年央视春晚与快手合作并制作了一个励志短片，6位快手用户——玛薇少儿艺术团、最潮刘老头、卡车司机云歌、人雁同飞、彝绣阿呷姐、独臂单腿少年郭少宇纷纷亮相后，他们的精神世界带给观众的是无限的激励力量。

总之，这些花样百出的互动方式与活动拓展了各台春晚的传播广度与深度，让海内外华人都可以共享新春的快乐，也让台网互动的理念进一步落实到位，更将大量年轻人重新拉回到春晚的荧幕前。尤其是当前在已经进入全媒体时代的背景下，在中央要求推动媒介融合朝纵深发展的要求下，春晚如何借助于全媒体进行跨屏传播以及最终的传播效果也成为检验媒体融合效果的重要方式。

第四节　总结：不可或缺的新民俗

民俗是人们自觉遵从的文化行为。民俗者，化育成习，习染为俗也，就是具有共同的价值和行为准则。民俗具有全民性，认同感，是不可或缺的文化事象、文化行为、文化仪式。[①] 从1983年开始央视首创除夕春晚至今，春晚已经不仅是一台集合全年优质节目的综艺晚会，更是成为中国人每年不可或缺的新民俗。

首先，春晚依然是全国观众翘首期盼的年度盛典。无论是央视春晚还是省级卫视春晚，无论是面向国内观众的春晚还是华人华侨春晚，它依然具有强大的感召力和影响力。它是所有中华儿女除夕之夜阖家团圆的“下饭菜”，它也成为承载国家发展、社会进步与集体记忆的一种重

① 《央视春晚是新民俗吗》，http://www.wenming.cn/wmzh_pd/sy/201401/t20140104_1674627_1.shtml?collcc=1891798705&。

要文化符号。它从一台百姓无比期待的新年晚会已经变成中华儿女向往团圆、祝福祖国、歌颂时代的文化表征。对春晚的观看具有空间的仪式感和时间的仪式感。每个家庭都要齐聚一堂共同围坐在电视机前，大家欢声笑语幸福感倍增。零点倒计时更是让所有家庭的守岁变得更有成就感，也就在一刹那新的一年已经来临，这也昭示着每一个人都要在新年为美好的生活更加努力拼搏奋斗。

其次，每一年每一台特色鲜明的春晚都会选取多个有典型意义的时代符号，用各种文艺表现形式进行展演。它彰显民族大团结、盛世大联欢的主题思想，用正确的导向、积极的主题、精彩纷呈的艺术表现和雅俗共赏的节目基调营造全民联欢的喜庆氛围。不管是央视还是省级卫视，它们的春晚都在弘扬主旋律，传播正能量，对社会主义核心价值观深入人心起到积极的作用。它契合了全球华人对除夕夜文化氛围的需要，让幸福、吉祥、安康、喜乐等情绪通过电视荧幕传递给千家万户。同时那些脍炙人口的小品与相声、那些余音绕梁的流行歌曲、那些精彩绝伦的魔术杂技、那些感人至深的不凡故事都成为此后一段时间内人们相互传颂的热门话语或热议话题，也真正参与到了新民俗流行与建构之中。

再次，春晚作为新民俗还不遗余力在晚会中展示中华文化形象与魅力。无论是演播室设计、舞美造型还是节目编排无一不体现着中华优秀文化的表征与内涵。它担负起全球华人共享盛宴的重任，也诚心祝福全世界各国人民，从而发挥新民俗展示民族风采、激发民族凝聚力和民族生命力的功能。近年来春晚已经成为海外主流媒体争先报道的重要对象，有相关研究就指出：2019 年 1 月 25 日以来，意大利 RadioWe 电台网站（Facebook 账号、Twitter 账号）、中俄头条 App、日本 Record China 网站、日本 Niconicon 网站、巴基斯坦中巴友谊网和 Twitter 账号、泰国 Like FM103 电台 facebook 账号、约旦环球电台 Facebook 账号、印度《每日晨报》网站、哈萨克斯坦《实业报》网站、华人 PT 门户网站、华人头条 App、《葡新报》App（Facebook

账号、Twitter 账号)、《欧华联合时报》网站、欧联华文网、《北欧时报》网站、《非洲时报》网站、西非在线网站、日本华商网、美国商业新闻网、《香港商报》网站等众多境外媒体转发和报道央视春晚相关信息。[①] 由此可见春晚的国际影响力与日俱增，但如何进一步提升春晚的国际传播力也亟待进一步研究。

最后，春晚的文化内涵也悄然发生了变化，它在承载重要政治功能的基础上也充分发挥正能量的娱乐传播效果，用不说教、不刻板的方式满足新时代青年人的文化诉求，从而让春晚真正成为一个全民共享的文化产品。可以说近年来春晚的节目创作过程中已经开始有意识融入互联网思维，强调参与体验与用户表达，让带有强烈新民俗色彩的春晚更具年轻化、时尚化。也通过借助于各种社交平台和多元的内容呈现方式，春晚不断串起海内外华人对家的集体记忆，思考新时代春节的深层次文化内涵。

在春晚的发展过程中，它不仅为广大观众带来精神愉悦享受，也为改革开放 40 多年留存了珍贵的文化遗产。它可以为时代塑像，因为时代的变化恰恰是通过每一年代表性的可歌可泣的英雄事迹以及那些普通人的不凡举动展现出来；它可以为国家塑像，无论是歌曲、舞蹈还是小品，都通过艺术的表现手法呈现一个国泰民安、繁荣富强、科技进步的国家形象国民塑像。当然春晚不仅仅是文化盛宴，它必须承载着教育、引领、感召、动员等社会价值与意义，必须寓教于乐、润物无声，这样才能唤醒记忆、激发情感、传承文化、制造共鸣，从而让这一不可或缺的新民俗在新时代持续奏响新乐章、展示大情怀、提升新境界。

---

① 吕岩梅:《央视春晚：唱响欢乐幸福年》,《中国广播电视学刊》2019 年第 4 期。

结　语

春晚的社会文化意义及未来发展

第一节　春晚：中国电视文艺的集大成之作

截至 2020 年，春晚这一独具中国特色的电视文艺形式，已经走过了将近 40 年的历程。近 40 年来，从蹒跚起步到羽翼丰满，从独领风骚到百花争艳，春晚早已成为海内外中华儿女集体记忆中不可或缺的重要组成部分，并以其独特的大众媒体艺术形态和独具鲜明特色的时代气质，成为中国电视文艺的集大成之作。自 2014 年起，央视春晚被定位为国家项目，与奥运会开幕式同等级别。[①] 且央视春晚在演出规模、演员阵容、播出时长和海内外观众收视率上，一共创下中国世界纪录协会世界综艺晚会三项世界之最，入选中国世界纪录协会世界收视率最高的综艺晚会；世界上播出时间最长的综艺晚会；世界上演员最多的综艺晚会。[②] 春晚对春节文化的丰富和发展主要体现为它在空间上把以春节为代表的中华传统文化的影响范围以同步性的方式扩展到了大中华地区乃至全球，并在时间上把千年的历史传统和当下时代的价值关切进行了无缝对接。这是以电视春晚为代表的当代大众传媒文艺的一大创举。[③]

---

① 《央视春晚被定位成国家项目 与奥运开幕式同级》，《东南快报》，http: //ent.ifeng.com/ tv/special/2014chunwan/content-3/detail_2014_01/29/33471586_0.shtml。

② 《龙年春晚舞美强调互动》，《校园歌声》2011 年第 10 期，第 16—17 页。

③ 黄典林：《电视春晚仍是不可或缺的文化大餐》，《光明日报》2018 年 2 月 23 日，第 11 版。

一、春晚是对电视文艺的一次大汇聚、大融合、大检阅，也是推动中国电视文艺创作发展的重要契机

习近平总书记在2014年的文艺工作座谈会上指出："文艺创作是观念和手段相结合、内容和形式相融合的深度创新，是各种艺术要素和技术要素的集成，是胸怀和创意的对接。要把创新精神贯穿文艺创作生产全过程，增强文艺原创能力。"对于春晚创作而言，可谓真正意义上的"重装备"电视文艺，每年春晚从前期策划到节目选拔，再到彩排和最后演出，往往都要持续数月时间，作为国家项目的央视春晚，整个筹备过程甚至超过半年，重视程度和复杂程度可见一斑。不仅如此，无论是央视春晚还是地方卫视春晚，都是一次电视文艺创新创意的大比拼、大考验。在春晚的舞台上，主创们为观众呈现的是最能代表时代风貌、最能引领时代风气的艺术精品，其综合感、现场感、艺术感、审美感、参与感相较于其他电视艺术类型更加突出。尤其是新时代以来，以央视春晚为代表的各台春节联欢晚会，不断创新，亮点频出，彰显出电视文艺晚会不竭的生命力与艺术感染力，具体呈现出以下三方面的突出特征。

1. 主题突出、导向鲜明，充满时代感，是创新型精神文化产品的先锋和旗帜。作为主流媒体的电视媒体，肩负着引领社会主义先进文化、传播社会主义核心价值观的责任和使命。因此，每年的春晚创作都有着清晰的主题，积极吸纳社会热点、聚焦公共信息，将其通过艺术创作融入到节目中，且在整个创作过程中主动遵循传播规律，讲求传播原则，践行传播责任，充分诠释文化传播领域的知行关系，并将这种关系动态化衍生，通过在春晚内容创作层面的重点布局，将中华民族传统的慈孝观、个体对理想的不懈追求以及民族自豪感等先进文化内容系统性地贯穿于每一台晚会、每一个节目中，从而打造出独特的创新型精神文化产品。[①]

① 赵多佳:《弘扬社会主义核心价值观 推动春晚可持续发展》，《中国广播电视学刊》2011年第4期，第35—37页。

以2020年各台春晚为例，“小康”“幸福”“奋斗”是各家春晚共同的主题词，而围绕这一主题主线，各家春晚都费尽心思，打造能够引发观众共鸣的节目亮点。比如江苏春晚特别聚焦“追梦路上的航天人”这一主题，邀请长征五号幕后团队来到现场，带领观众重温长征五号遥三运载火箭成功发射这一激动人心的历史时刻，用数字解读发射故事，以真实讲述中国故事。湖南春晚在“精准扶贫”的首倡地——湖南湘西十八洞村设立分会场，与观众一起见证十八洞村的改变，感受脱贫攻坚的丰硕成果。

表6-1　2020年央视及部分省级卫视春晚主题一览

	播出日期	春晚主题	创作重点
央视春晚	1月24日（除夕夜）	“共圆小康梦欢乐过大年”	紧紧围绕全面建成小康社会、决胜脱贫攻坚这一主题主线展开，讴歌新时代，抒写幸福中国年
北京春晚	1月25日（大年初一）	“数你最幸福”	聚焦社会话题，重温集体记忆，分享祖国的华彩、人民的喜悦、家的温暖
上海春晚	1月25日（大年初一）	“幸福奔小康奋进新时代”	聚焦防疫抗疫、城市治理、精准扶贫等内容，表达百姓对于幸福生活的向往
江苏春晚	1月25日（大年初一）	“幸福合家欢”	凸显幸福主题，汇入航天精神、情怀记忆、国风文化等内容
浙江春晚	1月25日（大年初一）	“开门红，中国燃，且将热爱赋新年”	从“民俗”内核出发，融入年轻活力元素
湖南春晚	1月18日（腊月二十四）	“奋斗奔小康幸福过大年”	展现自强不息的奋斗精神，传达中华儿女奋斗奔小康的坚定信心
辽宁春晚	1月23日（腊月二十九）	“新时代合家欢，小康梦今朝圆”	展现人民生活幸福的生动场景，营造共圆小康梦、欢乐过大年的浓厚氛围。
山东春晚	1月23日（腊月二十九）	“最爱中国年”	融合多重本土文化元素，呈现浓浓的山东味、家乡情

2. 贴近生活、贴近群众、贴近实际，充满感召力，更好发挥主流媒体“反映群众呼声，满足人民精神需求”的舆论引导作用。一年一度的春晚，举国关注，如何为观众献上一道高水准的文化娱乐盛宴，是春晚创作者们每年都需要挑战并超越的课题。因此，要想充分了解受众的欣

赏需求，满足受众的收视期待，就必须在研究受众心理、了解受众需求上下功夫。央视春晚在筹备阶段，总导演“下基层”就必不可少。曾经担任过2012年、2013年、2015年三届央视春晚总导演的哈文，就特意跑到春晚收视率偏弱的南方，专门寻求意见和建议，并且定期组织媒体见面会，发布最新筹备情况，回答记者们提出的一系列问题。2014年的春晚导演冯小刚，也曾南下江苏等地采风。①

北京台春晚在创作中也十分注重从基层采风、采访中获取节目创作灵感。比如2012年北京春晚创作前期，主创团队深入平谷、顺义等区县基层单位，相继走访了北京各大社区、各级企事业单位及相关高校，围绕“百姓心中的好春晚”“群众为春晚献计策”等话题，充分了解基层文艺工作者和群众对春晚的期待，并面向全国开展春晚节目方案征集。② 正是在这样扎实的基层调研基础上，才有了一系列关注社会民生诉求、走向百姓内心的精品节目。这一年北京春晚上，“小水井”合唱团以独具特色的方式完美演绎了美声合唱《哈利路亚》，他们正是春晚

图 6-1　2012年北京卫视春晚“小水井”合唱团演唱《哈利路亚》

① 揭秘春晚筹备全程 半年开200个会外加N次彩排，https://ent.qq.com/a/20140114/000410.htm。

② 赵多佳:《实力锻造品牌 创新引领未来——2012年北京电视台“春晚”创作手记》，《中国广播电视学刊》2012年第3期，第24—27页。

剧组在“走、转、改”活动中发现的苗族原生态合唱团，成员全部由普通农民组成，来自云南富民县一个海拔 2380 米的村落，村子的名字就叫小水井。舞台上，他们阳光般的笑靥和天籁般的歌声感染着每一位观众。

2013 年的北京卫视春晚，主创团队通过走出去、走下去，在与普通百姓的接触中挖掘到丰富的民间艺术元素。比如在“爱的记忆”主题环节中，北京一户普通家庭——萌萌一家的故事由网络搬上了春晚舞台，跨度 30 年的父女合影及其幕后主人公们真实情感的流露动人心弦，十五组代表家庭共同演绎的《让爱住我家》更是将浓浓的亲情以及中国人代代相传的孝道表达得淋漓尽致。而在《永定河畔的大河之舞》节目

图 6–2　2013 年北京卫视春晚萌萌一家与十五组家庭演唱《让爱住我家》

图 6–3　2013 年北京卫视春晚《永定河畔的大河之舞》

中，全部演员来自于北京门头沟雁岭镇淤白村的纯朴农民，她们几近专业级的踢踏舞表演不仅让观众耳目一新，也折射出中国农民积极乐观的生活态度以及对美好生活的向往与追求。[①]

3. 综合性融合感显著增强，在跨界创新中不断发展。近年来的春节晚会，各种舞台艺术、各种音乐、各种风格的综艺形态交相呈现，既体现出融合创新，也展示出众多个性化元素。尤其是大量科技元素的应用，推动传统春晚不断跨界创新，诸如虚拟现实、人工智能、无人机等高科技手段的应用，极大地增强了舞台艺术的时空拓展力和审美感染力。[②]

提起春晚舞台上的舞蹈节目，2005 年央视春晚上由中国残疾人艺术团表演的舞蹈《千手观音》一定是其中的经典，该节目不但以绝对优势获得了当年春晚节目评选歌舞类节目一等奖，还获得了央视首次设立的春晚特别大奖。[③]《千手观音》之所以大获成功，不仅是因为演员们深厚的舞蹈功底和精妙绝伦的演出，更在于其将传统与现代有机融合、大胆创新。这支舞蹈的创作背景源于宗

图 6-4　2005 年央视春晚舞蹈节目《千手观音》

① 李雪萍、宋毅:《传播主流价值 锻造核心品牌》,《中国电视》2013 年第 2 期，第 46—48 页。

② 盛伯骥主编:《中国电视文艺通论》，中国广播影视出版社 2019 年 9 月版，第 40 页。

③《千手观音》获得央视春节联欢晚会节目评选特别大奖，《天津日报》，http: //ent.sina.com.cn/x/2005—02—24/0906660897.html。

教文化，但又超越了宗教文化的艺术形象，融入现代化的舞蹈技巧和古典韵律，从构思编排到表现手法，从配乐到舞台元素搭配，都力求突破和创新，从而将作品的形体美、感官美、外在美升华到观念美、精神美和人性美的最高层面，真正体现了“诗言其志，歌咏其声，舞动其容”的中国传统美学思想。①

2015年北京卫视春晚上演的创意杂技《逐梦》也是一个令观众印象深刻的节目。这个节目是当年北京春晚舞台上原创难度最高的节目，从一开始的创意到最后的舞台呈现，创新与传统的融合无处不在：既要改变传统杂技在表演现场切换道具带来的分离感，又要解决灯光、LED大屏和投影三者之间的配合，这是一个集合了光学、力学、杂技、舞

图6-5　2015年北京卫视春晚创意杂技《逐梦》

① 李佳、李刚胜:《千手观音》创作探析，2016年第6期，第19—20页。

蹈、绘画、表演、传统文化、人生哲理、努力加团结的作品。[①] 整个节目串联采用“1+1+1 > 3”的编排结构，即“杂技表演 + 主持人采访 + 歌曲《你是我的家》”，当杂技演员尹中华完成演出之后，与家人团聚在一起，舞台上随即响起歌手韩磊演唱的经典歌曲《你是我的家》，将情感主题由“逐梦”推向“亲情”。

二、春晚丰富和发展了传统春节文化，建构国家认同，凝聚民族情感

经过近四十年的积淀，春晚对于中华儿女而言早已不再是一台单纯的文艺晚会。作为一种文化符号，春晚是一种结合了传统合家欢与近现代民族宏大叙事、融各种视听文艺表演形式为一体的综合性艺术样态，其从形式到内容、从直接目的到长远意义都对传统春节文化构成了一种丰富和发展。一方面，春晚借助电视这种传播技术形态，从传播学意义上第一次真正实现了“普天同庆”和“天涯共此时”，春节和“中国年”由此获得了一种通过媒介文化呈现出来的统一性和连续性，这在中华民族数千年的春节文化史上是第一次；另一方面，春晚嫁接了客厅这个小舞台和国家这个大舞台，从内容上把个人和家庭的小叙事与国家民族的大叙事结合起来了，从而赋予了春节和中国新年这一延续数千年的古老文化传统以更丰富的时代内涵。[②]

首先，春晚追寻并重构中华儿女的春节文化记忆。德国著名学者、文化记忆理论奠基人扬·阿斯曼（Jan Assmann）认为，“文化记忆的首要组织形式是仪式，仪式的展演在时间和空间上保证了群体

① 孙勤：《追求朴素价值观 做让观众记住的好节目》，《当代电视》2015 年第 7 期，第 70—72 页。

② 黄典林：《电视春晚仍是不可或缺的文化大餐》，《光明日报》2018 年 2 月 23 日，第 11 版。

的聚合性。”[①] 在古代农业社会时期，春节正是一年当中新旧交替、辞旧迎新的时间节点，预示着春耕的开始。每到这时，劳累了一年的人们祭神祭祖、走亲访友、除旧纳新。这些习俗经过数千年的事件演变，逐渐成为固定的节令习俗，也就是我们今天的春节民俗。自1983 年央视春晚播出以来，以家庭为单位收看除夕夜的春节晚会已经成为中国人年俗文化的新选择、新形式。而电视媒介顺应阖家欢乐的文化心理也与传统年俗的发展方向相一致，进一步扩充了传统年俗的内涵和外延。

不仅如此，20 世纪 80 年代以来，尤其是改革开放以后，中国社会城市化进程加快，加速由以乡村为基本载体的传统型社会向以城市为内驱力的现代化社会转型，经济迅速发展，社会分化加剧，人们的认知结构、文化心理以及对精神文化产品的需求都发生了显著变化，乡村文化渐趋失落，以乡村文明为纽带的集体记忆也在渐行渐远。在这样的社会背景下，主流媒体搭建起的春晚舞台就不仅仅是一场提供放松与娱乐的文艺汇演，更是社会转型期中华传统春节文化仪式建构的重要载体，并逐渐发展成为一种附有权威与庄重感的国家仪式。纵观历届央视以及地方卫视春晚的主题建构，“家”与“国”被反复提及，“在私人化的情感空间中注入民族、国家的概念，是在文化的意识形态谱系中家与国关系的异质同构。”[②] 比如 1983 年首届春晚主题定位“举国除夕万家欢，共品春晚头道餐”，2002 年的“祖国颂、社会主义颂、改革开放颂”，2012 年的“回家过大年”，2015 年的“家和万事兴”，2016 年的“你我中国梦，全面建小康”，等等。

---

① ［德］扬·阿斯曼：《文化记忆：早期高级文化中的文字、回忆和政治身份》，金寿福译，北京大学出版社 2015 年版。

② 欧阳宏生、徐书婕：《文化记忆视阈下央视春晚 35 年的影像表达》，《西南民族大学学报》2018 年第 5 期，第 142—146 页。

表 6-2　历届央视春晚主题一览

年份	央视春晚主题	年份	央视春晚主题
1983 年	举国除夕万家欢，共品春晚头道餐	2002 年	祖国颂、社会主义颂、改革开放颂
1984 年	爱国、统一、团结	2003 年	凝聚力、自信心
1985 年	团结、奋进、活泼、欢快	2004 年	祝福
1986 年	团结、奋进、欢快、多彩	2005 年	盛世大联欢
1987 年	团结、向上、喜庆、红火	2006 年	团结、奋进
1988 年	团结、奋进，欢快	2007 年	欢乐和谐中国年
1989 年	团结、欢乐、向上	2008 年	飞向春天
1990 年	团结、和谐、欢快	2009 年	中华大联欢
1991 年	团结、欢快、多彩	2010 年	虎跃龙腾贺新春
1992 年	团结、欢乐、祥和	2011 年	励志
1993 年	欢乐、祥和、自豪、向上	2012 年	回家过大年
1994 年	团聚、自尊、奋进、祈盼	2013 年	新春中国
1995 年	亲情、友情、乡情	2014 年	欢乐祥和迎新春，同心共圆中国梦
1996 年	欢乐、祥和、凝聚、振奋、辉煌	2015 年	家和万事兴
1997 年	团结、奋进、自豪	2016 年	你我中国梦，全面建小康
1998 年	中华民族春节大团圆，万众一心迈向新世纪	2017 年	大美中国梦，金鸡报春来
1999 年	欢歌笑语大团圆	2018 年	喜庆新时代，共筑中国梦
2000 年	满怀豪情跨世纪，龙腾报春庆振兴	2019 年	奋进新时代，欢度幸福年
2001 年	喜庆、亲切、昂扬、展望	2020 年	共圆小康梦，欢乐过大年

春晚作为传播、弘扬春节文化的重要载体，更是通过创意影像勾连起社会共同记忆，以绚丽丰富的视听符号体系对具有民族记忆属性、充满民族英雄史诗想象的内容进行编码、展演，建立起符合社会秩序的历史解读，勾勒出与国家认同、民族情感有关的文化想象。每年的春晚舞台都会把本年度难以忘怀的人物、事件、场景进行艺术创作呈现给亿万

观众，将抽象的回忆内容感性化、艺术化，进而将其中的精神文化内涵加以提炼升华，达到强化中华民族共同身份标签，生成文化记忆的作用。比如2004年的央视春晚，新年钟声即将敲响之际，航天英雄杨利伟在豪迈的音乐声中，带着那面在太空中飞扬过的五星红旗来到晚会现场，表达了对祖国、对人民的热爱之情，将全场气氛推向高潮，再一次点燃全国人民的民族自豪感与荣誉感。再比如2016年江苏卫视春晚推出的特别策划《“一带一路”上的团圆》，以纪录片的形式讲述了南京女孩陈萱远赴孟加拉国与已经五年没有回家过年、正在建设帕德玛大桥的父亲相聚的故事，以小人物折射大时代，将家与国、个人与社会有机融合，带给观众关于大美和大爱、故事与情感的回味，也激活了观众心中的爱国主义情怀和民族自豪感。

图6-6　2004年央视春晚航天英雄杨利伟出场

图6-7　2016年江苏卫视春晚特别策划《“一带一路”上的团圆》

其次，春晚呈现了丰富多彩的地域年俗文化与民族人文特色。法国社会学家涂尔干认为，一个社会如果要生存和发展，都“有必要按时定期地强化和确认集体情感和集体意识，只有这种情感和意识才能使社会获得其统一性和人格性。这种精神的重新铸造只有通过聚合、聚集和聚会等手段才能实现，在这些场合个体被紧密地联合起来，进而一道加深他们的共同情感”。[①]中华民族地域广袤，人口众多，丰富多彩的各民族文化、地方文化共同创造了博大精深的中华文化。春晚作为国家节日叙事的重要内容，既是当代中国大众文化的重要组成部分，也是一场负载了个人认同、民族认同、国家认同、文化认同的具有高度仪式感的集体文化活动，是构建民族、国家“想象共同体”的重要载体。

每一年的央视春晚都尽显民族特色，全力呈现各美其美的诗意表达，不仅成为一次集中展示中华民族传统文化精髓的“嘉年华”，更成为弘扬国粹、汇聚民心、增强民族凝聚力的大舞台。1993 年的央视春晚，首次实现了中国内地与中国香港、中国台湾、新加坡的节目对传，营造出天下华人共度新春佳节的祥和气氛。1996 年由张晓海担任总导演的央视春晚首次走出北京，在上海、西安两地设立分会场，三地互传，互相呼应，形成举国贺岁、神州同乐的欢乐场面。2016 年以来，央视春晚都是沿用“北京主会场 + 各地分会场”模式，各分会场充分结合地方特色人文风情及自然景观，呈现地域人文风格，打造地方文化名片，同时与北京主会场交相辉映，很好地实现了全国共庆、四海同欢的节日盛况。以 2020 年的分会场设置为例，受新冠疫情影响，河南郑州、粤港澳大湾区两个分会场以录制形式进行。在河南郑州分会场，炎黄广场、黄河、洛阳牡丹、郑州二七塔等景观一一呈现，舞龙、风筝、高跷、打铁花、曹屯排鼓等非遗展示和地方民俗文化展演纷纷亮相，彰显出浓郁的中原地方风味。在粤港澳大湾区分会场，舞台设置在港珠澳大桥的白海豚岛上，这个近 10 万平方米的岛屿被打造成一艘扬帆起航

① ［法］爱弥儿 · 涂尔干：《宗教生活的基本形式》，渠东译，上海：上海人民出版社 1999 年版，第 562 页。

的航船，寓意着大湾区引领中国经济发展。伶仃洋上，近 2000 架无人机起舞，包括特效、投影、无人机矩阵在内的高科技，结合岭南当地民俗特色，造就了粤港澳大湾区分会场的独特亮点。

除了通过设置地方分会场的总体框架安排来凸显“和而不同、美美与共”的中华文化，每年央视春晚舞台上对于地域文化、民族文化的节目设计更是精心筹划，以不断突破地域障碍、扩大受众群体，体现出地域多元化与文化包容性的不懈努力和探索。以语言类节目为例，南北方方言的差异一直都是大众舆论探讨春晚的热点话题之一，很长一段时间以来，北方方言节目在春晚舞台上都是占据主流，尤其是以赵家班为代表的小品将东北地域文化可谓展现得淋漓尽致。而在多年的春晚流变中，为数不多的南方小品也令人印象深刻。比如 2010 年的南派小品《五十块钱》，虽然最终亮相版本放弃了大量运用湖北方言的想法，但鲜明的人物性格与对话以及舞台布景中的木板商铺、红布幌子、湿漉漉的青石板小路等元素，同样让观众感受到了浓郁的荆楚文化气息。除了语言类节目，歌曲、舞蹈等节目对于地方特色和地域文化的展示同样多

图 6-8　2020 年央视春晚河南郑州分会场

图 6-9　2020 年央视春晚粤港澳大湾区分会场

元多样。比如春晚舞台上的山西歌舞就极具代表性，自 1988 年山西省歌舞剧院表演舞蹈《看秧歌》后，带有浓厚黄河流域文化特色的山西精品舞剧相继亮相，《瞧这些婆姨们》（1990 年）、《踩鼓点》（1992 年）、《山妞与模特》（1993 年）、《大年夜》（1995 年）等舞蹈完美展现了黄河流域劳动人民的日常生活，既饱含地方意蕴，又颇具中华文明发祥意义。再比如央视春晚舞台上丰富多彩的少数民族节目，1992 年藏族歌手达珍演唱的《向着太阳》、2001 年蒙古族歌唱家腾格尔演唱的《蒙古人》、2005 年民族歌舞《争奇斗艳——民族风》、2018 年民族歌舞《中华手拉手》等节目都很好地展示出多民族文化在春晚舞台上的碰撞融合，体现出中华民族博大精深、兼容并包的文化底蕴和精神内涵。

各地春晚更是紧扣地域特色，展现中国文化大家庭中不同地域丰富多彩的年俗和人文内容。比如每年的北京春晚，挖掘京味儿元素，融入首都精神都是节目策划创作的重中之重。在 2013 年的北京春晚上，虚拟视频先锋相声《北京好青年》、北京人艺老中青三代艺术家们的集体拜年、全部以北京人熟悉的声音制作完成的音乐歌舞剧《听，北京的声音》以及京味歌曲《微琴书》等“京味儿”浓厚的节目均给观众留下了

1992 年《向着太阳》

2001 年《蒙古人》

2005 年《争奇斗艳——民族风》

2018 年《中华手拉手》

图 6-10　央视春晚舞台上的少数民族节目

深刻印象。[①] 湖南卫视的小年夜春晚在演绎现代与传统、本土与国际的碰撞与融合之余，更是洋溢着浓厚的湘味风情。以 2020 年的湖南卫视春晚为例，本届春晚首次设立了“家乡推荐官”，邀请湖南籍明星蔡徐坤以“家乡推荐官”的身份“带观众回家”，并向全国观众推荐诸如剁辣椒、腊肉、猕猴桃等湖南年货，描摹了一幕幕湘味浓郁的过年图景。不仅如此，在湘西十八洞村分会场，湘籍歌唱家王丽达携手青年歌唱家

① 李雪萍、宋毅:《传播主流价值 锻造核心品牌——2013 BTV 春晚的品牌内涵及创作维度探讨》,《中国电视》2013 年第 11 期，第 46—48 页。

赵一、赵越，与当地舞团带来独具特色的苗家歌舞《十八洞村飞出幸福歌》，唱出了独具特色的湖南乡村美满生活。地处北国风光的辽宁春晚则是另一派景象，语言类节目成为其当家王牌。尤其是近年来央视语言类节目在数量和质量上都有所下滑，而云集了众多辽宁籍笑星的辽宁春晚在语言类节目上不断深耕，推陈出新，结合“催婚”“空巢老人”“婆媳问题”“子女教育”等百姓关注的社会热点，推出了一大批笑点与泪点并存、欢笑与情怀并重的经典小品作品。比如2016年宋小宝搭档程野、田娃等人表演的小品《吃面》以“天价大虾”等当年引发舆论广泛关注的宰客事件为创作背景，塑造了一个机智而幽默的“大忽悠”形象，为了吃霸王餐而抖出的一系列“神逻辑”，令观众捧腹大笑的同时也鞭挞了这种欺客宰客的不诚信经营行为。

第二节　未来：春晚发展的变与不变

一年一度，春节联欢晚会已经成为全国人民年庆文化的一项必需品，成为全球华人在特定时刻欢度中国年的精神寄托。不管路多远，回家吃饭看春晚，是所有中华儿女深植于内心的朴素情感。不可否认的是，21世纪以来，以央视春晚为代表的传统电视文艺晚会在传媒环境演进、受众欣赏水平变迁等多重因素的影响下，动辄引发从普通观众到专家学者的热议和争辩，可谓是集褒奖与贬损、肯定与否定于一身。究其原因：一是春晚既是中国传统电视文艺的集大成之作，更是中国社会大众文化的焦点文本，其任何表征的细微变动都映射着社会政治经济文化脉络的发展变迁，因此其受众的广泛性、舆论的关注度对于电视节目而言可谓“独一无二”。二是以春晚为代表的当代电视文艺所包含的文化价值观之多元化前所未有，是中国社会价值观念多元化的映射，自然

2016 年《吃面》

2017 年《烤串》

2018 年《非诚来扰》

2019 年《明明白白我的心》

图 6-11　2016—2019 年辽宁卫视春晚宋小宝小品

会产生诸多争议。尤其是在讨论中国电视文艺中“精英文化”与“大众文化”的关系时，春晚可谓是首当其冲、最具代表性的案例之一。三是21世纪以来，经济全球化快速推进以及以互联网、移动互联网为代表的新兴媒体迅猛发展，这些都对电视文艺形成强大冲击波，春节晚会的策划创作也面临着如何平衡全球化与本土化、如何坚守电视文艺的舆论引导作用与最大化吸引受众、如何在传播电视美学价值基础上推进媒体融合创新尝试等问题。

随着社会的发展变迁，尽管中国人过春节的方式不断发生变化，尽管观众对春晚的是与否有着各自的评判，但除夕之夜看春晚，却已是全球华人过春节、贺新岁必不可少的重要仪式。春晚这一新民俗，早就脱离了单纯的娱乐提供者的角色，而成为全球华人情感寄托的重要载体，凝聚着全球华人追求团圆幸福的美好愿望，传承着中华儿女的家庭、社会伦理观念，对全球华人的文化身份认同具有重要影响——这就是春晚始终未变的核心价值。[①]而从春晚的艺术创作角度来看，无论传播技术、传媒格局以及受众的欣赏需求如何变化，紧扣时代主题、融入人民生活，做到启迪思想、温润心灵、陶冶情操始终是优秀文艺作品创作的关键。正如习总书记在文艺工作座谈会上的讲话中所言，“优秀作品并不拘于一格、不形于一态、不定于一尊，既要有阳春白雪、也要有下里巴人，既要顶天立地、也要铺天盖地。只要有正能量、有感染力，能够温润心灵、启迪心智，传得开、留得下，为人民群众所喜爱，这就是优秀作品。”对于春晚而言，如果没有内容品质的创新为支撑，再炫目的技术手段和多元的传播渠道，也难以留住观众，留住口碑。面对社会结构、文化形态、传媒技术、传播环境的剧烈变化，春晚传播力、引导力和影响力的延续，需要从近四十年历史的宝贵经验中汲取智慧，也需要在媒介生态变化的现实中寻求突破。

① 孙佳山:《春晚的“变”与“不变”》,《光明日报》2018年2月24日，第5版。

一、适应融媒体时代文化多元化发展以及大众文化消费转型的基本现实，加快从电视晚会到全媒体视听文化产品的转变

从技术呈现方式来讲，技术虽然是内容的辅助，但是在媒体融合发展的当下，技术对于内容传播的引领作用愈发凸显。作为电视文艺发展的航向标，每一年的春晚都是新技术、新创意、新应用大展身手的舞台，尤其是近两年，4K/8K、5G、AI、VR、AR等一系列尖端科技与文艺创作的融合运用，令春晚呈现出前所未有的视听效果，给受众带来更强的真实感、体验感和沉浸感。未来，春晚的发展必将紧跟技术潮流，不断拓展视听节目的感官边界，提升受众的视听感受，进一步激荡受众的情感共鸣。就传播渠道而言，未来的春晚必将是全媒体联动的春晚，所有的传播媒介、传播载体共同搭建起全景式、融合式网状传播平台，晚会从策划创意到节目呈现，再到宣传营销，所有的信息从一家独占走向资源共享，从自成体系走向开放体系，从单一传播走向交互传播，从而实现几何式传播效应。从大众文化消费的角度来看，文化从来都不是一元的，正是文化的多元多样才使得人类文明呈现出百花齐放的魅力。电视文艺晚会向来是多元文化的载体，其建构的文化形态具有丰富的层次性，既有主流文化、精英文化成分，也有大众文化元素，当然还包括多种文化融合变通的一面。对于拥有最广泛受众的春晚而言，必须以开放包容的心态将更多的受众群体纳入节目创意和创作的各个环节，以受众为中心融入更多参与互动元素，增强观众的收视黏性和忠诚度。

二、在文化与情感聚合上进一步下功夫，观照社会现实，把握公众情感诉求，强化传统文化传承，展现中华文化的精神坚守

文艺是时代前进的号角，最能代表一个时代的风貌，最能引领一个

时代的风气。当今中国正处在波澜壮阔的转型发展期，这也为电视文艺创作提供了丰厚的文化土壤。互联网技术和新媒体改变了文化产品的样态，催生了一大批新的文化产品类型，也带来了内容创作观念和创作手段上的深刻变化。在媒体融合时代，春晚既需要技术的创新、思维的转变，更需要对美好情感和文化价值的坚守，与社会的焦点、现实的痛点以及人们内心的“盼点”同频共振，与中华优秀传统文化一脉相承，唯有如此，才能建立起技术、文化与情感的强关联，才能让受众在欢歌笑语中感受真情、体味温暖、享受快乐、畅想未来。

三、深刻理解全球化背景下文化传播的理念与路径，不断拓展“中国年”的文化价值，助力国家软实力建设

长期以来，春晚在推动海内外华人对中华民族的文化认同方面一直扮演着重要角色。随着中国国际影响力的不断提升，越来越多的国外媒体将春晚作为识别、理解中华文化的窗口之一。英国广播公司（BBC）曾在2015年推出纪录片《中国春节：全球最大的盛会》（*Chinese New Year: The Biggest Celebration on Earth*），将央视春晚描述为“中国最大的盛会”“覆盖范围最广的电视节目”“世界上收视率最高的电视节目”。显然，作为中国人民和全球华人的文艺大餐，将春晚作为观察中国、理解中国的一个窗口，对西方媒体而言既是观照中国社会热点，又有潜在收视保证的理想选择对象。[①]2016年除夕夜，日本最大的弹幕视频网站NicoNico同步直播央视春晚，并邀请嘉宾对节目内容和演员背景进行解说，吸引了大量日本观众观看并参与互动。不难看出，春晚作为中华民族文化的重要组成部分，一旦走出国门，国际影响力便与日俱增，在国家软实力建设中发挥了更加积极、更加重要的作用。

① 张国涛、苟博、李艳：《中国故事的跨文化表达与国际传播——解析纪录片〈视春晚：中国最大的庆典〉》，《现代传播》2013年第3期，第101—104页。

图 6-12　BBC 纪录片《中国春节：全球最大的盛会》

文化是一种具有生命感染力的精神价值。比如，无论多远都要回家吃年夜饭，这一文化意象背后所体现出的就是中华儿女对家庭团圆的美好追求。这种对亲人、对家庭的爱是能够打动任何种族、操着任何语言的人的。从这个意义上说，春晚不仅是电视文艺领域的领头羊、风向标、集大成者，更是我们弘扬传统节日文化、保护非物质文化遗产的重要媒介艺术传播手段，甚至于春晚本身就具备申请非物质文化遗产的要素和条件。我们有理由相信，未来的春晚将在内容、技术、市场等的多轮驱动下不断改革提升，展现更加长久的生命力，将独属于中华民族的文化记忆激活并保存下来，进而成为汇聚中华民族情感能量、展现中华文化精神坚守的特有载体。

后 记

岁月你我，春晚有情

写在中国共产党成立一百周年

赵多佳

真的没有想到，历经一年多的疫情困扰，《中国电视文艺暨中国春节联欢晚会历史变迁探析》一书终于出版了。望着跃然纸面的字符，春晚历史的流光碎影像天空的星辰忽隐忽现，点点滴滴，历历在目。此时此刻，想到《慎余堂》一书中的一句话“时代滚滚而来，你我各尽努力”……

一

我们都知道，春节起源于殷商时期年头岁尾的祭神祭祖活动，在中国已有四千多年的历史了。作为全世界范围内最悠久的传统节日之一，春节体现了中国人的伦理情感与生命意识，也展示了中华文明的深厚底蕴与审美旨趣。胡占凡同志在这本书的序言里这样写道：

> 从20世纪80年代开始，中国的语汇里多了一个专用名词“春晚”，全名是“中央电视台春节联欢晚会”……
>
> 本书以“春晚历史变迁”为主题，它并不是简单地以年代为序对春晚历时性地静态描述，而是对于“历史变迁”的意义做了深入的结构性解读。比如，首次将春晚和中国电视文艺发展的脉络相关

照，体现出春晚与中国现代电视文艺发展息息相关的血肉联系；首次将春晚中的广告呈现和春晚艺术相结合，将二者互为促进、互为补充、互为牵制、互为助力的关系做了详尽论述；首次全面系统地从内容层面到技术层面、从中央到地方梳理了春晚发展的历史进程；首次将春晚融入20世纪80年代以后中国现代社会文化发展的大背景中分析、研究。应该说，“历史变迁”中涵盖的艺术方法论、大众传播与社会文化意义尽在其中。

一个人从出生到四十岁，可以说是一生中色彩最丰富、经历最多样，体验也最珍贵的时期。也许有人会觉得，那些劳心费神，激荡情绪的日子已经离我们很远了，但对我们这代人来说很多事是忘不了的。近四十年的“春晚历史”让我记忆深刻的不是光鲜绚丽的舞台，不是色彩斑斓的荧屏，而是数九寒天中食堂员工不辞辛苦地为参加春晚的演职人员准备的几千份的盒饭，是保卫部门为了春晚各项工作安全有序，夜以继日巡逻检查。

我不会忘记春晚第一次用20多个机位录制时导播的双眼几乎很少眨一下，全身心死盯屏幕，深怕错过一个有价值的镜头，这才有了观众乐开怀的笑脸和舞台上的明星彼此照亮。我不会忘记那年春晚，导演走进我的办公室拿着一个房屋的图样对我说要把它放在舞台中央，我认为他破坏了整体舞美效果拒绝了，但导演固执走到我面前，说这是一位盲人女孩画出的她心中的家的模样。“家”“祥和”“欢乐”“幸福”这是北京台多年春晚的主基调，也是北京台春晚始终保持暖暖春意的原动力，尽管每次春晚导演创作前都感觉自己江郎才尽了，但一想到我们这些年的主基调，晚会就有了灵魂，创作的生命力再度泉涌。清代戏剧家李渔曾提过：创作的前提是立主脑。这些彰显本土文化价值观的传递激励着春晚的主创们勇往直前。那年，当盲人女孩在自己心中“家”的舞台上唱起《你是我的眼》时，天籁般的声音让台下的我眼眶湿润，久久不能平静。

我不会忘记，当新闻战线开始深入贯彻“走、转、改”精神时，我在编前会上提出搞电视文艺的新闻工作者一样要用“走、转、改”精神深入基层开展采风活动。这一提议让很多编导心情激动跃跃欲试，这就有了我们后来春晚舞台上呈现的门头沟区，平均年龄50多岁的农民阿姨的《大河之舞》，有了来自云南“日出而作、日落而息”的纯朴农民的“小水井”合唱团。他们原生态的表现力与几近专业级的美声演唱水准不仅让观众耳目一新，也折射出中国农民积极乐观的生活态度以及对美好生活的向往与追求。记得采访合唱团的一位农民姑娘时她告诉主持人:“唱歌是一件快乐的事情，我们常常一边在地里干活一边唱着歌，这样活干得又快又好。”她阳光般的笑靥和大屏幕上她们在田间地头快乐歌唱的画面感染了电视机前的每一个人。这就是可圈可点的百姓幸福文本，是对北京台春晚主基调的完美诠释。

春晚的舞台是由无数电视行业的“匠人”、幕后工作者共同创造的。现在的回忆不仅仅是对过往的致敬，更因为那每一抹绚丽的背后都是这些创作者、“匠人们”内心深情的一种涌动，每一个朴素感人的故事里都体现着创作者思想底蕴中的涓涓深流。

二

电视媒介一直被认为是一个开放的体系，具有极大的包容性，特别是技术的运用在当代电视传播中举足轻重。技术进步不仅推动到节目样态、舞台视效、受众互动、传播渠道等方面，更深刻影响到节目的创意、制作和传播理念。电视内容的大规模传播和覆盖与传输技术密不可分，而作为形象化表达的电视作品，春节联欢晚会首当其冲成为科技与艺术双轮驱动的“试验田”。北京台早在十年前就以前所未有的胸怀引入了多媒体联动的概念，让晚会信息从一家独占走向资源共享，从自成体系走向开放体系，从单向传播走向双向交互的新模式。2011年北京台首次运用360度自由全景视频的拍摄和网络播出，为网民首次提供了独特的晚会视觉新体验。也就是在那年，BTV 在线观看北京台春晚视频互动直播的用户量比上一年提升了 63%。

在今年的各大电视台春节联欢晚会中，来自河南卫视春晚节目中的歌舞节目《唐宫夜宴》“C 位出圈”，百万网民在线“打 CALL”，节目视频播放量超 20 亿次，微博主话题阅读量近 5 亿次。这档“王炸”节目正是通过 5G+AR 技术，营造出“人在画中游，前阻青山，后倚廊桥”的幻境。这支 5 分钟节目如果单纯地看舞蹈表演，实话说影响力没那么大，但运用了虚拟现实技术，通过时间、地点的变化，把整段舞蹈分段切换，并结合了中国山水等一系列耳熟能详的文化符号，重新焕发了传统文化原本的价值魅力。

《唐宫夜宴》的刷屏现象，也给了当下电视工作者很多业务思考。虽然技术创新、技术革命改变了荧屏面貌，提升了创作空间，但不管技术怎样的千变手段，都是为内容服务的，在技术和内容的天平上，技术永远处在工具为内容锦上添花的位置。戴锦华女士曾有一句话：“面对新技术革命，只有真正与现实连接，才能重启人文科学的价值。”

让我感动和印象深刻的不是《唐宫夜宴》的美轮美奂，而是这场晚会导演陈雷的一番话“最开心的不是听到别人对节目的夸赞，而是听到有人看完节目后，确实想去博物馆转转”。这种朴实的言语不是炫技不是秀酷，而是代表一代电视人内心对艺术的真正追求。它也表明，经典晚会在内容的文化自信和隽永的人文价值上都远胜技术一筹，是留存在观众心里很难泯灭的。

三

大数据时代成就了艺术创作的前端和后期的评估标准，让观众和节目之间有了更精准的科学依据，和当年的创作者相比，在沸腾的激情中现在的晚会更有了理性的梳理。然而，不管身处何种环境，只要你进入其中，无论是媒体管理者（领导），还是导演、摄像、制片、监制，“突破”二字一直像个小锤子敲打你的心怀。我记得2011年，从农历腊月二十五至正月初五，北京台第一次一气推出了网络互动春晚、动画春晚、春节联欢晚会、环球春晚、政法春晚、美丽乡村晚会、双拥晚会。这七台晚会可谓极富特色，就像一道春晚的饕餮大宴，在收视率、美誉度和社会影响力上都得到全面丰收。它让晚会从单一文艺类型走向更多元，更对象化，从说拉弹唱的艺术表演到纪录片和新闻元素等的融入，让很多专业的理论想法在实践中落地开花，让很多没有机会的导演、编辑、制作有了一展才华的舞台。“欢乐”二字有时不仅仅体现在屏幕上，更飘荡在创作者的队伍中。

也许今天的数据已经不能和十年前相提并论，这个数据包括了投入、包括了流量等很多今天环境中才有的元素，但面对各种压力，十年前和十年后的春晚舞台，创作的共识和创作的激情依然彼此交相辉映。对所有电视文艺工作者而言，这是一种与血脉相连，与生命底色相融的情怀，它就像涓涓细流一样，始终在滋润着所有电视人的内心。

在中国共产党百年诞辰之际，我们通过一本书，从另一个侧面见证我们党历史的进程。前人书写历史，后人创造未来，这就是我们永远不变的初心。